新知文库 68

XINZHI

The Descent of Woman

Copyright © 1972,1985 by Elaine Morgan

Copyright licensed by Souvenir Press Ltd

arranged with Andrew Nurnberg Associates International Limited

女人的起源

[英]伊莲·摩根 著　刘筠 译

生活·讀書·新知 三联书店

Simplified Chinese Copyright © 2016 by SDX Joint Publishing Company.
All Rights Reserved.
本作品简体中文版权由生活·读书·新知三联书店所有。
未经许可，不得翻印。

图书在版编目（CIP）数据

女人的起源／（英）摩根著；刘筠译．—北京：生活·读书·新知三联书店，2016.11　（2018.5 重印）
（新知文库）
ISBN 978-7-108-05689-4

Ⅰ.①女…　Ⅱ.①摩…②刘…　Ⅲ.①妇女史学　Ⅳ.①C441.9

中国版本图书馆 CIP 数据核字（2016）第 089494 号

责任编辑	曹明明
装帧设计	陆智昌　康　健
责任校对	张　睿
责任印制	徐　方
出版发行	生活·讀書·新知 三联书店
	（北京市东城区美术馆东街22号　100010）
网　　址	www.sdxjpc.com
图　　字	01-2016-8470
经　　销	新华书店
印　　刷	三河市天润建兴印务有限公司
版　　次	2016 年 11 月北京第 1 版
	2018 年 5 月北京第 2 次印刷
开　　本	635 毫米 × 965 毫米　1/16　印张 15.875
字　　数	184 千字
印　　数	08,001-16,000 册
定　　价	32.00 元

（印装查询：01064002715；邮购查询：01084010542）

新知文库

出版说明

在今天三联书店的前身——生活书店、读书出版社和新知书店的出版史上，介绍新知识和新观念的图书曾占有很大比重。熟悉三联的读者也都会记得，20世纪80年代后期，我们曾以"新知文库"的名义，出版过一批译介西方现代人文社会科学知识的图书。今年是生活·读书·新知三联书店恢复独立建制20周年，我们再次推出"新知文库"，正是为了接续这一传统。

近半个世纪以来，无论在自然科学方面，还是在人文社会科学方面，知识都在以前所未有的速度更新。涉及自然环境、社会文化等领域的新发现、新探索和新成果层出不穷，并以同样前所未有的深度和广度影响人类的社会和生活。了解这种知识成果的内容，思考其与我们生活的关系，固然是明了社会变迁趋势的必需，但更为重要的，乃是通过知识演进的背景和过程，领悟和体会隐藏其中的理性精神和科学规律。

"新知文库"拟选编一些介绍人文社会科学和自然科学新知识及其如何被发现和传播的图书，陆续出版。希望读者能在愉悦的阅读中获取新知，开阔视野，启迪思维，激发好奇心和想象力。

生活·讀書·新知三联书店
2006年3月

目 录

第 1 章　人造神话　　　　　　　　　　　1
第 2 章　逃亡之路　　　　　　　　　　　15
第 3 章　脱胎换骨　　　　　　　　　　　35
第 4 章　性高潮　　　　　　　　　　　　56
第 5 章　爱　　　　　　　　　　　　　　77
第 6 章　语言　　　　　　　　　　　　　94
第 7 章　大转折　　　　　　　　　　　　112
第 8 章　人，狩猎者　　　　　　　　　　129
第 9 章　灵长类动物的政治　　　　　　　160
第 10 章　女人的需求　　　　　　　　　　188
第 11 章　现在和未来　　　　　　　　　　205

后记（1985 年）　　　　　　　　　　　　229
参考资料　　　　　　　　　　　　　　　243

第 1 章
人造神话

按《圣经》所说，上帝最先创造了男人。女人不仅是后创造的，而且是取悦男人的尤物。在将近两千年的时间里，人们对《圣经》深信不疑，并以它来确定女人的从属地位，以它作为女人低人一等的依据。因为即使作为男人的复制品，她们也不够完美——差距仍然存在，女人不是上帝的杰作。

有一首古老的民歌这样唱道："我的毛驴像匹马，摇摇晃晃向前跑。"描写性别差异的文学作品，大都隐晦地把女性想象成摇摇晃晃的男人，是被扭曲的形象。男人是正常的，而女人则偏离了正轨。

真希望达尔文能魂兮归来，写一部内容完全不同的《人类的起源》(The Descent of Man)。这本书自然会消除这种错误的假想，因为达尔文不认为女人是后创造的，他坚信女人在最初的时候至少和男人旗鼓相当。他的思想理应引起两性关系认识方面的革命，但是可惜一切如旧。

男人们跃跃欲试，订立了一项在他们中间既能产生共鸣又能引起兴趣的任务：找出最新的理由，证明女人的一切明显处于劣势，从属地位永远不会改变。目标刚一确定,他们便乐此不疲地忙碌起来,毅然摒弃了神学思想,启用生物学、生态学和灵长目动物学等先进手段。但不论采用什么,结果当然是换汤不换药。

现在,他们准备对最复杂的经济改革问题进行一次大辩论,不再拿上帝的旨意做武器,而是以丽鱼的性行为方式①作为依据。因此,如果一个女人要求同工同酬或平等提升,总会有不可一世的男人站出来,先对性激素的特点做些说教布道,然后指出,女人会自觉不自觉地受到性激素的影响,其结果必然造成自己生活中的男人失去阳刚之气。

这在我们女人看来更像是老一套的情感敲诈,就像一个女人声称,如果小萨尼不按妈妈想的去做,就会给他点颜色看。所以毫不奇怪,大多数想提高自己社会地位的女人都想避开生物和物种起源的理论,希望忽略它们,一心一意地想着将来一定会改变。

我认为这是个错误。人类起源于丛林,并进化为以狩猎为生的食肉动物的学说深深扎根在人们的意识里,就像《圣经》一样根深蒂固。男人甚至可以坦然地认为同工同酬是对男性尊严的蔑视,他的头脑中有一幅理想的构图:自己高高在上,支撑在下面的是一大批经过科学证明的事实。我们不能拒绝这些事实,也不该无视它们的存在,我想我们所能做的是提出建议,让大家明白,现在对这个事实的理解不一定完全正确。

实际上,我对科学家们非常景仰,特别是进化论和生态学方面的专家。我知道虽然他们有时也会误入歧途,但却不会纯粹出于偏见。问题的部分原因是语义造成的,即"人"(man)一词具有双重含义,既表示一个物种,也表示该物种中的雄性。如果你准备

---

① 如果雌性丽鱼不表现出"畏惧的形态",雄性丽鱼就"没有勇气交配"。——译者注

写一本关于人的书，或建立与人有关的理论，就无法避免使用这个词，而且必然会用到一个代词，即为了语言形式的简便一定会用到"他"。所以第一章还没写到一半时，这种进化中的动物就会在你的脑海中形成具体的形象。那是个男人的形象，是你所写故事中的主人公，书中所发生的一切都将围绕**他**展开，你描写的每一个人物也会与**他**相关。

这些话听起来有点像语言学上的诡辩术，又像女权分子的牢骚。要是你相信我，那我就会告诉你，这两种情况都不是。我想，man一词究竟表示一个男性公民还是表示一个种族，其语义上的混乱由来已久，它起到的是反作用，在很大程度上影响了人们对人的起源、发展，以及对人性的思考。

关于这类题目的思索大部分都是男性中心说（以男性为中心），这与哥白尼以前人们头脑中的"地心说"如出一辙。对男人来说，打破认为自己是种族中心的思维模式和打破认为我们是宇宙中心的思维模式一样艰难。他们下意识地认为自己是进化的主流，女性则以追随者的身份围绕在他的鞍前马后，如同月亮围着地球转一样。结果造成他们不但忽略了我们祖先留下的有价值的线索，而且还时常发表一些毫无来由的论调。

男人写自己方面的书，我看得越多越希望能有一本的开头是这样的："当人类的第一个祖先从树上下来时，**她**的大脑还没完全成熟，智力是**她**与其他物种有着明显区别的地方……"

当然，**她**不一定就先于**他**成了人类的第一个祖先，但也不是完全没有可能。女人为子孙后代的成功延续贡献着一半的基因。大多数的书籍在大多数的时候都会把**她**抛在脑后，只有在谈到性和生育时，才不得不突兀地把**她**推上前台，然后迅速地结束："好了，亲爱的，现在你可以走了。"之后，继续描写那些"勇敢猎人"血肉丰满的故事，以及**他**新打造的漂亮武器，还有**他**用笔直的双腿飞快地奔跑在更新世①的原野上。**她**任何形体上的变化都是在模仿**他**，如若不然，就是为了取悦**他**。

近来，进化论思想有了长足的发展，考古学家、生态学家、古生物学家、地质学家、化学家、生物学家以及物理学家，集百家之长，齐心协力，为最后的攻坚做准备。尽管研究者的胜利果实不断结出，今天发现了下颌骨，明天会有新的统计数据，但仍然有一部分奇怪的现象无法解释。很多书中会出现这样的字眼："……人类进化过程的早期阶段依旧迷雾重重""人类的诞生完全出于偶然，是一系列超级巧合之最……""人类是令人难以置信的特殊环境下的产物。"科学家们感到，一定有什么被忽略了，但究竟是什么谁也不清楚。

专家们的问题在于思想过于僵化，偶尔也有一些事情让他们深受触动。罗伯特·阿德里（Robert Ardrey）②讲述了肯尼斯·奥克利（Kenneth Oakley）博士所受的启发，那是在非洲首次发掘出南方古猿遗址的时候，他写道："没有任何预兆，答案就突然闪现在他硕大的脑壳里，当然，奥克利博士说，我们确信，最先出现的是大容量的大脑！据此可以推断，第一个人一定是英国人！"他和阿德里都忽略了一个细节，没有注意到这个推断同样出自潜意识，同样不够全面客观。也许不久，可能就会冒出一位进化论专家，他拍着自己的大脑门说："当然了！我们断定世界上诞生的第一个人是男人！"

☙❦❧

现在我们先对目前相关的资料做个简要的总结，虽然所有发现

---

① 距今200多万年到1万多年。——译者注
② 罗伯特·阿德里（1908～1980），美国人类学家，好莱坞编剧，著有《非洲创世记》（African Genesis）、《地域法则》（The Territorial Imperative）等。——译者注

的最新证据为近期的研究带来了一丝光明，但人们对人类进化的总体认识没有太大的改观。

最主要的是人们的头脑中还残留着"泰山"式的形象，这些男性猿人离开了高大的树木，看到草原上到处都是猎物，于是拿起了武器，摇身变成了勇敢的猎人。

这就是与我们女人相关的所有事情的根源。我们直立行走，是因为勇敢的猎人当时要站得高一些，以便巡视远处的猎物；我们住在山洞里，是因为猎人需要一个落脚的地方以便外出后返回；我们现在用语言交流，是因为当初猎人要计划下一次的远行，并吹嘘上一次的战果。德斯蒙德·莫里斯（Desmond Morris）在研究了女性乳房的形状之后，马上断定，它们变成这种形状是因为配偶成了勇敢的猎人，莫里斯还为他的荒唐言论找了各种理由。泰山的形象令他们如此痴迷。

我认为这些言论都不能令人信服，它们不是前后矛盾，就是故弄玄虚，还包含着许多无法解释的问题。但从没有人问过为什么谴责比无解的问题还要多，因为，就像彼得·梅达沃（Peter Medawar）教授所说："科学家们不会给自己出难题，除非他对解决问题成竹在胸。"我写本章的目的是想先列出这些问题，然后再介绍对裸猿的新看法，它至少可以为每一个问题找到可能的答案，对其他的问题也有所启示。

第一个未解之谜是：上新世①期间发生过什么事情？

目前普遍接受的理论是人类最早起源于非洲。2000万年前的肯尼亚活跃着一支猿人，他们的体形大小不一，小的和小长臂猿类似，大的和大猩猩差不多。利基（L. S. B. Leakey）博士曾在维多

---

① 距今500多万年至250多万年。——译者注

利亚湖地区挖掘出上百块骸骨,看得出他们当时的生活悠闲自在。那一时期被称为中新世①,气候温和,雨量充沛,森林郁郁葱葱,一切生机勃勃。

随之而来的是上新世的极度干旱,罗伯特·阿德里是这样描述的:"很难想象人类曾经历过上新世的漫长岁月,类似的艰难困苦十年已经难以忍受了。二十几年前,美国南部曾暴发了这样一次大灾难,整个地区受到干旱和沙尘的侵扰,对那里的居民来说,十年的时间一定是遥遥无期,而非洲的上新世却整整持续了1200万年。"

遍及非洲大陆,至今尚未发现上新世时期古猿的化石。②这一时期,许多中新世时期朝气蓬勃的古猿全部灭绝,这并不奇怪。一小部分猿被困在日渐缩小的森林中,当上新世结束时,他们重新出现在地球上,不过是用手臂吊在树上,他们的手臂由于特殊的关节结构活动自如。

然而,也有让人惊奇的事情发生,南方古猿就是一例。1925年,雷蒙德·达特(Raymond Dart)教授首次发现了他们的遗迹之后,又发掘出了相当数量的化石。

经历了1200万年恐怖的艰难困苦,南方古猿以崭新的姿态出现在地球上,各个方面都得到了进化。从颅骨枕部结构可以看出,头的角度已经发生了变化,表明他们不再用四肢行走,而是直立行走。据威尔弗雷德·勒·格罗斯·克拉克(Wilfred le Gros Clark)爵士说,他们的眼眶部位"和人类的极为相像"。他们的智力也有所

---

① 距今2300多万年至500多万年。——译者注
② 本书初版时间较早,实际上,目前已在非洲发现许多上新世时期的古猿化石。——编者注

提高，与此相关的证据是在奥杜威峡谷（Olduvai Gorge）①地区发现的，同时出土的还有比较粗糙的石器，这标志着人类早期文明已经开始。罗伯特·阿德里说："我们进入了（上新世的）艰苦时期，一个未分化的生物身上显现出人类的潜能。我们只缺少智能的大脑和一个下巴。那后来我们碰到了什么事情？"最重要的问题是："他们碰到了什么事情？又去了哪里？"

第二个问题：他们为什么会站立起来？大众对这一点的认识如同蜻蜓点水。德斯蒙德·莫里斯简单地解释为："面对重重压力，他们深入挖掘着捕杀猎物的潜力，身体变得更加直立，也就意味着奔跑速度更快。"罗伯特·阿德里的说法也不复杂："我们学会了直立，首先是为了满足狩猎生活的需求。"

可是，先等等，我们那时是四足动物，这些说法传达出的意思是，一只四足动物忽然发现用两条腿跑动的速度比用四条腿要快。想象一下其他的动物吧，猫、狗或是马的情况如何？显然这种说法荒诞不经。同样，四条腿必然比两条腿跑动速度快。两足形态的出现显然是非自然因素造成的。

白鼬、黄鼠、兔子和黑猩猩都会双足蹲立或站立观望远处，但需要速度时，就会毫不犹豫地把四条腿都用上。我能想到的用两足行走快于四足的动物只有袋鼠和一种名叫"Taxas boomer"的小型蜥蜴，但它不能长时间直立。事情的关键在于那条沉重的、保持平衡的尾巴，当然我们从来没长过。你可能会说，那对于灵长类动物是自然的演化，因为它们常常挺直身体坐在树上，但这样的情况是自然规律吗？狒狒和短尾猴千百万年来大部分时间生活在陆地上，但至今没有任何迹象表明它们正在向两足转变。

---

① 在坦桑尼亚境内。——译者注

乔治·巴塞洛缪（George A. Bartholomew）和约瑟夫·伯塞尔（Joseph B. Birdsell）指出："……哺乳动物中两足现象十分罕见，这表明它不太实用，除非极特殊的情况。即便是现代人独特的近乎垂直体态的运动方式和四足哺乳动物相比，也相对处于弱势……必然有一个与运动无关的、重要而有利的因素导致了这一现象的出现。"

那这个有利的因素到底是什么？泰山派认为两足行走能够让猿在手拿武器的时候追逐猎物，最初的武器大概就是石块。但一只黑猩猩若是没来得及把香蕉放到口中，也能拿着它（也可能是石块）到处跑，它会一手拿着东西，然后手脚并用地奔跑，因为三条腿也会比两条快得多。那我们的祖先究竟打算做什么？双手各拿着石头蹒跚而行？还是双手一起搬起石头扔出去？还是要搬动大木头？

不，都不是！一定有更充分的理由迫使我们在较长的一段时间内习惯了用后腿走路，尽管那样速度更慢。我们需要找到其中的原因。

第三个问题是：猿是怎样开始使用武器的？德斯蒙德·莫里斯的解释同样轻描淡写，而且是跳跃式的："面对重重压力，他们深入挖掘着捕杀猎物的潜力……他们的手可以坚实有力地握住武器。"与莫里斯相比，罗伯特·阿德里对武器更感兴趣，他称那是"人类最重要的文化贡献"。他对人类使用武器的解释和其他人一样草率："在人类早期的进化中，我们已经能够熟练有效地使用武器，从而废弃了灵长类动物天然的匕首（比如猿巨大的犬齿）。"

但是我们不能过早地下结论，人类是怎样又为什么开始使用武器的？为什么只有一种生存在中新世的猿使用武器？走投无路的狒狒也会和猎豹厮杀，饥饿的狒狒还会吃掉小鸡，按理说它们也能拿起石块，不再用它"灵长类动物天然的匕首"，从而成为勇敢的猎人。但是它们并没那么做，那我们为什么做了？萨雷尔·艾默（Sarel Eimerl）和欧文·德沃尔（Irven de Vore）在他们的《灵长类动物》（*The Primates*）一书中指出：

> 实际上，对它的解释众说纷纭。例如，如果一种动物的正常防御方式是看到捕食者就逃跑，那它一定会这么做。如果正常的方式是用牙齿作战，那它就会毫不客气地龇牙上阵，一般情况下不会突然采取新的措施，比如拿起木棍或石头投掷出去。它们想不到要这么做，即使无意中做了，也不会寄希望一定能发挥作用。

现在许多灵长类动物的确都养成了使用工具的习惯。黑猩猩会用木棍把昆虫从巢穴中拨出，会把树叶卷起来盛水。沃尔夫冈·科勒（Wolfgang Kohler）的猿能用棍子取到笼子外的水果。类似的例子还有很多。

但是，这种学习需要三点保障。一是必须能够从容对待一次又一次的试验。二是工具必须供应充足（森林中的木棍和树叶比比皆是），或者就在手头［即使科勒聪明的黑猩猩苏尔坦（Sultan）看到面前摆着水果，而可以利用的新工具在身后，它也会不知所措，它需要这两样同时出现在视野中］。三是若要保持这一习惯，必须要求同一动作每次所产生的结果都是一样的。

现在再让我们来看看这种猿。对他来说时机不对——当他面对一个毛发直立的劲敌，或者猛冲过来的豹子，甚至是一只逃跑的猎物，他不会愚蠢到去采用新奇的办法。黑猩猩有时会挥动木棍威胁对手，但如果敌方执意要冲上前来，它会扔掉木棍用前掌和牙齿投入战斗。即使我们假定一种变异的猿在肾上腺素急速涌进血管时能够冷静思考,"一定有比牙齿更好的办法",他还需要幸运地看到,远古草原的正中,刚好有一块大小适当的石头,不偏不倚地摆在他和对手之间。而在他捡起石头扔出去的时候,必须瞪大眼睛,第一次是这样,以后每次都要如此。因为如果他不能击中猎豹,也就无法把这一技巧传授给后代,告诉他们只需改进就完全能够使用。再假如没能打中羚羊,他就会想:"噢,好吧,这一招显然不灵,还是用老办法吧。"

不,如果一切都很凑巧,致使人成了杀戮成性的动物,那我们现在一定会以肉食为生。

很多泰山派学者心里都明白自己的双足理论和武器使用理论都站不住脚,于是又炮制出另一种"反馈"的说法,认为尽管这两种理论毫不相干,独立看来好像是空话,但放在一起,还能说得过去。他们提出,虽然猿用双足走路不稳,但却使他成了优秀的石块投掷者(为什么?)。他投掷石块时虽然不很准确,但更有利于他双足行走(为什么?)。艾默和德沃尔再次提出了那个棘手的问题:黑猩猩也能直立行走,还能熟练使用简单的工具,为什么只有智人从反馈中得到了益处?大家都可以认真想一想。

下一个问题:裸猿为什么会变得浑身没毛?

德斯蒙德·莫里斯称,与狮子、豹这类纯粹的食肉动物不同,食植的猿从身体条件上讲不能"飞快地追击猎物"。他"在打猎的时候身体会感到很热,没有体毛对快速追逐猎物非常有好处"。

这是大男子主义思想的典型例证。当两种性别同时存在时,我绝不相信可以轻而易举地让一个女士脱掉她的裘皮大衣,仅仅是为了避免一个老头在快速运动时的大汗淋漓。在向全身裸露的变化过程中,女性身上会演绎怎样的故事呢?

莫里斯博士说:"当然了,如果气候极度炎热,这一身体机能不会发挥作用,因为暴露的皮肤会受到损伤。"所以,失去体毛显然应该发生在"地狱"般的上新世之后。但接下来是更加肆虐的更新世,间或出现的是非洲巨大的"积洪期",与此相呼应的还有北部的冰河期。"积洪期"是一个世纪接一个世纪连绵不断的暴雨,因此,我们要勾勒出的女性祖先的形象是:她光着身子坐在平原的中央,天上下着倾盆大雨,她需要用两只手才能抱住湿滑、扭动、同样光滑的婴儿。这太过荒唐!对勇敢的猎人来说,如果回到家中,发现儿子奄奄一息,妻子已被冻死,那他绝不会感到安全和爽快。

或许这一现象可以通过两性有别来解释,一个性别的失毛现象比另一个性别的要严重,当然事实也应如此。但泰山派学者却不幸看到,脱掉毛发最彻底的是待在家里的雌性,而奔跑在外的猎人胸部的毛还保留着。

再下一个问题:为什么我们的性生活会变得错综复杂、混乱不堪?

不用我说,答案明摆着,一切也是从男人学会打猎开始。他得跑很远的路去追逐猎物,此时的他开始在意那个小女人在做些什么,还会担心队伍中其他的成员,因为,按德斯蒙德·莫里斯的解释:"在打猎的时候,如果弱小的男人要参与围猎,就得出让更多的性权力,就必须更频繁地出让女人。"

于是,事情进一步发展,建立一种"对偶"体制就非常必要,它可以确保一生忠诚。我引用一句话:"最简便、直接的方法就是让配偶的共同活动更多变、更有乐趣。换句话说,就是让性更富有情趣。"

结果是,裸猿长出了耳郭、肉乎乎的鼻子、外翻的嘴唇,据说,生成这副模样是为了相互刺激,以达到冲动的目的。裸猿夫人的乳头变得对性反应敏锐,还专门长出了能够达到性高潮的器官,并学会了在任何时候都能做出积极的性反应,甚至在怀孕期间,"因为在一雄一雌的关系中,长时间地无法满足雄性的身体需要是危险的,会威胁到对偶关系"。他可能会一气之下拂袖而去,还可能去寻找另一位雌性,也可能在打猎活动中表现出不合作的态度。

此外,他们还采取了面对面的性交方式,改变了过去后位交配的形式,这种新的方法可以产生"个性化的性交"。身体前部的接触意味着"双方之间传递出的性信息和性乐趣可以彼此呼应"。简而言之,你明白是在和谁做爱。

这让裸猿夫人陷入了困境。当时,性接触中最值得炫耀的就是"一对丰满圆润的屁股",可一夜之间,它们变得毫无价值。她要和配偶面对面,要与他配合默契,激情洋溢,恰到好处地展现新长出的耳朵和鼻子。但不知怎么,他毫无兴趣,要知道,他怀念那丰腴的臀部。莫里斯博士提醒到,这种境况非常不妙,"如果我们种族的雌性能够成功地将雄性的兴趣转到前面,那就需要把身体的前面进化得更刺激"。能猜出是哪个地方吧?一猜就中!她的前胸长出了第二对半圆形的肌肉,人类再一次幸免于难。

说起这些确实很令人激动,但经不起仔细推敲。狼群在寻找配偶时不需要这些催情的诱因。我们的近亲长臂猿可以保持一生忠诚,它们既不需要"个性化"的前位性交,也不需要复杂的性感部位,更不会长年里随时发情。那我们为什么不能呢?

最主要的是,从什么时候开始,增加的性特征提高了忠诚的保险系数?如果雄性裸猿看见发生在自己配偶身上的这一切附加的性变化,他怎么会看不见周围其他雌性身上也发生了同样的变化?这些特征对他会有什么作用?特别是后来当他注意到裸猿夫人的四个半圆形部位不如从前丰满的时候,他会有何反应?

其实还有很多问题我们没有涉及，本章结束前，我要先提出其中的两个。

第一，如果女性性高潮现象的出现首先是为了使频繁的性行为给女性带来"行为乐趣"，以达尔文的名义，为什么这事做得那么拙劣，结果造成有些部落中所有的女人都对此一无所知，还有一代又一代的女人根本不知道它的存在？即使在性开放的美国，按金赛①博士的说法，女性在30岁以前也很少能够达到最佳的状态。自然选择何以选中了这样风雨飘摇、极不稳定又迟迟不能发挥作用的机能，特别是在史前严酷的生存环境中，那时的女人能活到29岁就算十分幸运了。

第二，为什么人类的性活动与进攻行为密切相关？多数高级灵长类动物的性行为是生命中完全不带敌意的行为。雌性灵长类动物翘起屁股准备性交的姿态可以立即转移雄性的愤怒。一个雄猴也能够通过模仿雌猴的这个姿势让狂暴的进攻者平静下来。洛伦兹（Lorenz）曾讲到一条被激怒的蜥蜴，它向一条身上伪装着雄性斑点的雌蜥蜴猛冲过去，当到了近处才明白搞错了，禁忌反应异常迅速和果断，它的进攻行为像一道光一样转瞬即逝，想停下已经来不及，结果它跃向空中，翻了个筋斗掉到地上。

雌性灵长类动物公认地不在这样的行列，她们不会总是指望这种骑士风度出现。一只雌猴如果太任性了就会受到体罚，一只雄猴如果看到她与别的雄猴交配就会对她产生敌意（这种情况很少），但对于两只交配中的猴子，性永远都是最友善的交往方式，比相互

---

① 阿尔弗雷德·查尔斯·金赛（Alfred Charles Kinsey，1894～1956），美国生物学家、性学家，代表作有《人类男性性行为》（*Sexual Behavior in the Human Male*）、《人类女性性行为》（*Sexual Behavior in the Human Female*）、《金赛性学报告》（*The Kinsey Reports on Sex*），是20世纪最具影响力的人物之一。——译者注

间的梳理体毛更和谐,绝不会掺杂敌对的情绪。

性和进攻行为在动物世界是完全不相容的两种东西,那为什么唯独在人类中紧密地结合在了一起,又为什么人们在侮辱和咒骂时会用到与性活动有关的词语?我们用什么样的进化方式可以解释萨德现象[①],又如何解释他的名字为什么能在那么多人心中引起共鸣?

我想泰山派是无法解释这一切的。现在,让我们从整个事情的开端说起:这一次是从女性的角度出发,顺着一条完全不同的思路展开。

---

① 萨德侯爵(1740~1814),全名多纳西安·阿方斯·弗朗索瓦·德·萨德(Donatien Alphonse François, Marquis de Sade),法国历史上最具争议的情色作家,其作品以对性虐待的大肆描写著称。在20世纪以前,被当成淫秽、不入流的小作家,20世纪之后,蜚声文坛。人们甚至将性生活中的施虐行为称为"萨德现象"。——译者注

第 2 章
逃亡之路

从前……但确切是什么时间？按照时下流行的说法："人是更新世时期的产物。"

我不准备从更新世谈起。那个时期富于活力、精彩纷呈。当时的世界，气候多变，造就了一个形式多样的进化时代。假如你想谈论智人，无疑要提到更新世，因为就是在这一时期，智人完成了进化。至于我为什么不想谈它，是因为从猿到人最重要的变化过程早在更新世之前就开始了。

更新世不能解答真正的难题，比如，我们的祖先最早为什么要用后腿走路？最初走路时是什么样子？第一次拿起石头的原因是什么？为什么用它作工具？因为这一切都发生在更新世之前。在奥杜威峡谷出土的维拉弗朗阶[①]（更新世的最早期）时的人科动物就已经开始用后腿走路了，并有使用工具的迹象。接下来，需要完善的是扩大脑容量，让走路的样子更优雅，再就是长出下巴。更新世之前

---

① 维拉弗朗阶（Villafranchian），意大利北部新生代陆相年代地层单位，其上部属第四纪更新世，是更新世早期的重要地层和年代划分单元。——译者注

是上新世，再之前是中新世，我们当然要从最初开始说起。

温和的中新世距离现在已非常遥远。当时，有一种常见的前人科动物——身上长毛的古猿，她只吃植物，大容量的头脑还没有形成，这是目前我们区别人类和其他动物的重要指标。

一个灵长类动物学家很容易就能辨认出她是森林古猿非洲种[*Dryopithecus Africanus*，普罗猿（Proconsul）①]中的一支。她活跃在那个时代，生命力旺盛，目前已经发现了许多与她相关的遗迹。和现在的大猩猩一样，她从树上采集食物，夜晚睡在树枝上，但也有一部分时间要在地上度过。和大猩猩相比，她个头较小，体重也更轻，更缺乏大猩猩所具备的那种信心，因为她的种族尚未主宰日常出没的那片森林，几种体形较大的动物全都令她心惊胆战。

他们平静悠闲地生活持续了几百万年之后，上新世的第一次热浪席卷而来，无情地烘烤着非洲大陆。四周森林的树木因干旱而枯萎，取而代之的是低矮的灌木丛和草原。越缩越小的林地面积再也不能像从前那样，可以为所有的猿提供广阔的活动空间和充足的食物。结果，体形瘦小又不够凶悍、无法适应在地上生存的动物全都被赶出了辽阔的热带草原，她就是其中之一。

很快，她感到无法适应新的环境。她有四肢，抓住东西要比走路容易得多，而且在地上，她行动缓慢。过去曾以水果为生，可如今，放眼望去，树上一个果子都看不到。

受到猛兽威胁时，她本能的反应是爬到树上、逃跑，或是躲藏起来。但是现在，光秃秃的平原上根本找不到树，可以藏身的地方屈指可数。走在大街上的现代人无法理解她的困境：通过观看有关

---

① 一种生活在约2500万年前的非洲的灵长类动物，被一些人类学家视为人类的祖先。——译者注

史前的电影，只知道她所能做的就是拔腿跑进附近的山洞。可是，假如你把她随机空投到南部非洲草原的中心地带，她会走上几个星期，甚至几个月也找不到一个可以藏身的山洞。

有森林的时候，她除了吃果子，有时也换换口味吃些小虫。可很长时间了，她只能捉到这些小虫，虫子实在难以下咽。她从没想过可以挖些块茎植物来吃，那时的她，头脑还很简单。她也会感到口渴，但水塘是死亡的陷阱，周围总是埋伏着虎视眈眈的虎豹，结果，她形容枯槁，瘦得皮包骨。

你可能会想，她的兄弟不是也面临同样的困境吗？的确如此，但情况又不完全一样。还记得吧，她属于灵长类动物，灵长类动物的婴儿生长缓慢。多数生存在野外的雌性灵长类动物在成年期除了怀胎就是哺育，幼崽一个接一个。她经常是牵着大的，抱着小的，无法行动自如。在从食植向尝试食肉的转型期，或许可以吃些虫勉强度日，但要靠吃它来满足母子二人的需求，那多半时间都会饥肠辘辘。更何况，还没等到饥饿难忍时，奶水早已枯竭，婴儿也会被饿死。

另外，她的兄弟可能长得更结实，自身条件也更好。有人说过，她的亲戚普罗猿长着"很大、可以作战的犬齿"，阿德里把它们比作"猿和狒狒锋利的匕首"。但他说的并不准确，实际上，只有雄狒狒会用到"匕首"。在食植动物中，尖牙主要用在激烈的争夺内部统治地位的战斗中，雌性对此毫无兴趣。以此类推，生活在上新世的猿也是一样，当受到豹子那样和自己体形大小相同的动物袭击时，她的兄弟也会发起反击，把对方咬得遍体鳞伤。而她能做的，至多是顽强抵抗，比如咬一口对方的耳朵，可豹子能在顷刻间把她撕得粉碎。

正是因为这一点，人们塑造了人猿泰山的形象，那是对孩子父亲的朦胧期望，希望他能明白自己该做的一切：迅速地冲出去，扑倒一只黑斑羚，拖着它凯旋，回来后放在她面前，大方地说："亲爱的，给你，随便吃吧。"

遗憾的是，他一条都做不到。我说过，她头脑简单，但他也并不聪明。他没有任何负担，可以快速地四处活动，像所有的灵长类动物一样，他不会在看到一块肉时掉头而去，但如果碰巧看到狮子吃剩下的东西，他会赶走鬣狗，但却不会分一份儿给雌猿。以水果为生的动物不需要有侠义心肠。反过来，如果她自己发现了一块被丢弃的肉，他会立刻跑过来抢夺。阿德里恰好对这种雄性的霸道行径有过评述："雄性灵长类动物很少表现出自我牺牲精神，包括在对待雌性伙伴时。"假如他们都可能在酷热的上新世草原上饿死，那他必然清楚，先死的一定是她。

简而言之一句话，她感到自己面临着严峻的形势。唯一取之不尽的食物是草，可她的胃却消化不了。周围的动物（昆虫除外）不是比她块头大，就是比她凶猛，奔跑速度也更快，很多她都比不过。

唯一让她觉得欣慰的是自己处在一个团体中，如果同时逃跑，捕食者会抓住最慢的一个，其余的得以苟延残喘，其实这算不上是优势。如果大家聚集在一处，便会面临空前巨大的压力：食物极度匮乏，不得已会吃一些从没吃过的东西，即使有了可以吃的，雌性也是最后一个才能轮到。刚刚从树上下来，生存在陌生的陆地上，雄猿还没学会狒狒的组织策略，即当群体向前行进时，最凶猛的雄狒狒要走在前面，随时准备冲锋陷阵。如果捕食的野兽总是会先吃部落里最慢的一个，那当自己身怀六甲的时候，最慢的那个肯定不是别人。

她该怎么办？突击学习直立走路？还是马上选定一个雄猿，让他来养家糊口？支持他，同意他的意见，把一看就知道是最弱小的那个猿送给路过的野兽？还是变成裸猿？

当然，她一项也没做成，原因是时间不足。在那种环境下，她只可能变成一种东西，而且无须费时，那就是成为猎豹的晚餐。

配偶的情况比她稍微好一些（所以男性代词用得更多，掩盖了他们的绝望）。他生存的时间会稍长，却也危在旦夕，后继无人，当然，那是很多代以后的事了。在热浪滔天的几个世纪里，森林面积逐渐萎缩，事情的发展异常缓慢，但结局已经注定。他们无一幸免，全部灭绝。

事先声明，这一看法出自一个普通读者，而不是生物学家的观点（第一次涉足这个领域，我就这样告诫过自己）。

专家们的反对意见是："灵长类动物虽说曾生活在树上，但认为它们不可能适应陆地的生活是错误的，狒狒、山魈和短尾猴就是非常成功的例子。"

确实如此，狒狒存活下来，那我们说的这种小型猿为什么没有？我个人的观点是，狒狒的祖先更早地从树上转向陆地，慢慢习惯了在地上生活，它们挖掘植物根茎，骁勇善战，有组织地管理群体内部，还有其他确保生存的措施。当时的自然条件还比较有利，热浪尚未袭来，因为适应的形成需要很长时间。从解剖学上可以确定他们在树上生存的时间不会太久，不像我们的祖先那样精于树上的生存技巧。例如，他们称不上是手臂灵活的动物，一些早期的狒狒，属于特大型动物，行动很不灵活。大多数的树栖类人猿在长到一定个头时就能用手钩住树枝，在上面摇来荡去，而不是只会在树枝上来回跑动。无疑，我们的前辈在树上生存的时间相对较长，虽然胳膊的长度比不上长臂猿和大猩猩，但他们时常也能做出一些用手臂吊荡着前进的动作。能用手臂吊在树上移动的灵长类动物可以转动胳膊，以肩部为轴心做出环臂动作，而狒狒却只能像狗一样，简单地前后移动。

常见的是一种更为深切的反对意见：如果这个从树上下来，到陆地上生活的灵长类动物最后消失了，那现在这种美满的结局是怎么出现的？我们又是从何而来？

我现在采取中立的立场，承认她也许不是我们的老祖母，而是一个耄耋之年的姨妈辈人物，她非常不幸，降生在大陆的中央地带。几百英里外的海边，住着一个同族表妹，她也有点儿胆小，浑身长满了绒毛，与中新世的猿没有明显的差别。她生活的那片树林也越来越小，炎热和干旱从非洲烤炉般的中心向四周蔓延，森林只剩下狭窄的一条。大型、凶猛的林生动物侵入了她的领地，最终把她排挤出来，就像赶走她的表姐一样。

她吃了草但无法消化，自己的配偶又吝啬又不务实，她也没长出可以用来打仗的尖牙，身边还带着放不开手的婴儿，身后是追来的猛兽，而且没有树可以爬上去躲避。然而，在她的前面，出现了一大片开阔的水域。情急之下，她径直朝大海跑去。猛兽是猫科动物，不喜欢弄湿爪子。此外，虽然它的体重大过她一倍，但别看她跑动的时候要四脚并用，却能像大多数树栖动物一样，把身子立起来，这样，她就能比猛兽进到更深的水域而不至被淹没。她一直走到水没到脖子的地方，紧紧抱着婴儿，直到野兽等得不耐烦了，掉头返回草原。

她也讨厌把脚弄湿，这种感觉非常糟糕，她有时希望身上干脆别长毛。可反过来一想，自己的家园变成了地狱，海边到底还算个不错的去处。让她感到开心的是，不论是海滩上的动物，还是水中的动物，不是比她体形更小，就是行动更慢，或者更胆怯。

她可以轻易地出入地上、水中，连自己都没注意到，从前吃的是飞来飞去的小虫子，现在吃游来游去的小虾和小螃蟹。悬崖上的海鸟窝成千上万，她可以攀缘而上，既可以牢牢抓住，又不怕待在高处，于是，她填补了另一项生态方面的空白，成了鸟蛋采食者。

除了虾之外，还有长着硬壳、个头较大的生物，像贻贝、牡蛎、龙虾。她的配偶常常用尖刀一样的牙嘎嘎吱吱地咬开贝壳，或把它们撬开。她非常妒忌，因为自己没有，总是一筹莫展。在一个悠闲的下午，她又做了无数次的尝试，都无功而返，于是，顺手拿起一块石头——这和运气没有关系，因为沙滩上遍地都是石头——去砸，壳竟然裂开了。她继续再试，每次都非常成功。这样，她学会了使用工具，雄猿看到后，也学着她的样子，模仿她去做（这并不意味着她比他更聪明，只表明，需求是创造的源泉。后来，他的需求、他的创造力都超过了她）。

每当陆地出现紧急情况，甚至仅仅是觉得太热，她都会跑到水里。水有的地方齐腰深，有的地方会没过肩膀。所以她需要站立起来，用两条后腿走路。特别是最初，那样子十分笨拙，行走的速度也很慢，但一定要让头露出水面——这绝对必要。像这样学着走路的还不止她一个，我们知道，在全部时间里都尝试直立行走的动物中，她差不多是独一无二的。还有一种哺乳动物是在部分时间里这样做，就是海狸，它直立行走的原因大概和猿相同。海狸的祖先也在浅水中生活过很长的时间，每当运送建窝用的材料或是带着小海狸出来时，它就习惯用后腿站立，那走路的样子，既优雅，又实用。

水中的庞然大物有时也会爬上海滩，当时常见的有海豹、大海龟和各类海牛。每当她看到它们的样子，都会感到如释重负。因为这些家伙到了陆地上，不仅行动缓慢，而且笨手笨脚，经常显得无能为力，遭到攻击的时候，大多情况下根本无力回击。

她的配偶渐渐拓展了敲贝壳的方法，并用石头砸其他动物的硬脑壳。用这一招对付儒艮和小海豹不会有任何问题，既不需要新手的好运气，也不用担心打不准，食植动物可以用几百年，甚至上千年的时间去练习。现在，你只需用石头不停地猛砸，一直把它们打死，然后饱餐一顿。

　　这一行当对他的吸引力不是很大，最终，他选择了放弃，转而喜欢上肉的味道，肉和鱼都很香（海豹和海牛均属哺乳动物）。而且，他的捕杀技术越来越高。这两种动物全都膘肥体胖，海牛身上的肉非常多，他用不着让她吃自己剩下的东西。几百万年以后，他莫名其妙地成了全家人的肉食提供者。现在的她，各种食物随手可得，取之不尽，他用不着为她的生存操心。有的时候，肉还没有吃完就被潮水冲到海里，于是，他们设法把猎物拖上岸，放进洞里。沿海一带，山洞自然不在少数。

　　她在水里消磨的时间越来越长，身上的皮毛成了最大的烦恼。返回水中的哺乳动物经过很长时间适应，特别是在气候温和适宜的季节，最终脱去体毛是非常自然的过程。湿淋淋的毛到了陆地上百无一用，在水中还会影响游动的速度。她开始朝裸猿的方向发展。因为同样的缘故，海豚变成了无毛的鲸类动物，河马成为无毛的有蹄类动物，海象是无毛的有鳍类动物，海牛则是无毛的海牛类动物。伴随着全身体毛的消失，她感到在水中越来越惬意。以后的上新世时光，她一直生活在水里，耐心等待内陆的气候条件变好。

　　我坚信，这就是所谓时势造英雄，它诠释了从猿转变为人的全过程。一切演变在其他时期看起来可能难以让人接受，也是不可能的，或是与我们已知的灵长类动物和四足动物的正常行为不相吻合，但在这种特殊的环境下，它们不仅可信、可以理解，而且顺理成章，甚至必然会发生。人类的许多特性都被无意中说成"独一无二"，其实那只是针对陆地哺乳动物而言,如果我们了解了水生哺乳动物,就会发现其中有很多相似之处,后面的章节中会谈到这些。

❧❧❧

迄今为止,所有人都认为南方古猿理所应当地满身是毛,非常原始,没有下巴,前额很低。艺术家们笔下的她形象野蛮,我认为没有理由这样想。长久以来,人们"设想"他们在使用工具以前,先长出了大脑,以此类推,又"设想"无毛现象最后才出现。如果一定要我判断这些早期人科动物的样子,我会说,最大的可能是他们的皮肤和我们的一样光滑。

然而,我们还没到谈南方古猿的时候,当然,很快就会轮到。前面我所说的猿生活在水里等待气候条件变好,不是单指一个夏季。试想,几百万年的时间才把她逼入大海,再过一千万年,非洲的上新世也还没有结束。

在漫长的一千万年的进程中,对于一个物种来说,会发生许许多多意想不到的事件,其中,也会有一些令人不快的事情。

在此,需要先做一些交代,然后再继续我们的故事。

人类进化的水生理论由海洋生物学家阿利斯特·哈迪(Alister Hardy)爵士首先提出,他是英国皇家学会会员,也是海洋生物学教授。这一理论发表在1960年的《新科学家》(*The New Scientist*)上。后来,他又在英国广播公司第三套节目中就此做过一次访谈,谈话的内容刊登在该公司的出版物《听众》(*The Listener*)上。

当时,我对此一无所知。它在科学界引起的震动显然不亚于当年人们看到达尔文写给林奈学会的第一篇关于物种进化的论文。(学会会长在1858年的年终报告中说:"这一年没有任何一次重大发现可以这样彻底改变科学界。")

后来，德斯蒙德·莫里斯在《裸猿》(*The Naked Ape*) 一书中用了一页多的篇幅，对哈迪教授的论点做了全面公正的总结，并对其中的"最有说服力的间接证据"表示认可。但有件事妨碍了他做更深入的研究。或许是他对七岁时差点被淹死的经历记忆太深，致使他在以后的30年间再不敢学习游泳，从而也影响了他接受生命源自这危险的元素——水的观点。不论什么原因，他否定了这一理论，认为证据不足，或者即便那些证据都是真实的，也无关紧要，不过是"尝试性的探讨"罢了。

但当我看到那页的一刹那，似乎感到整个进化论的大地上划过一道摄人心魄的闪电。我惊叹人们在手中拿到这样一把金钥匙以后，还在那里继续长篇大论从树上到平原的研究，好像一切都不曾发生过一样！

让我们再对哈迪教授的论点做个简要说明。不仅仅是人类的无毛现象促使他产生了这样的想法，伍德·琼斯 (Wood Jones) 教授的《人在哺乳动物中的地位》(*Man's Place Among the Mammals*) 一书也令他难以忘怀。琼斯教授在书中做出了图和说明，认为退化的毛发在人体上留有痕迹——尤其在人类的胎儿身上，在未褪去胎毛之前清晰可见——它们长得与其他的灵长类动物截然不同。哈迪教授指出了这种差异的关键所在，也就是说，人类身上退化的毛发线形与游泳时水流的线形完全一致。要是毛发为了达到流线型的目的，在被废弃之前就选择了现在的这种生长方向，那就太神奇了，这也正好是我们的期望所在。

他还解释了砸开水生贝类动物的壳何以促进了工具的使用，并指出猿不是唯一能够做到这一点的哺乳动物。另一种水生动物海獭在潜入水下找海胆时，也是用它另类的手举着石头，它先是仰面漂浮，把石头放在肚子上，看到猎物后便用它去砸。

哈迪教授在文章中还提到蹚水不仅导致了人的直立行走，也增加了手指的敏感度，因为手指习惯在水下摸索看不清楚的东西。

他谈到，要在水中达到保暖的效果，最好的方法就是长一层皮下脂肪，类似鲸鱼的脂肪层，让它覆盖整个身体的表面。一般的水生动物都具备这样的特征，灵长类动物中，唯有智人长有皮下脂肪。除了保暖之外，人们至今没有找到另外的解释。

你越仔细想，就越不可能相信狩猎的人为了凉爽而放弃了一身的毛，与此同时，再另外长出一层脂肪。那绝对不可能，脂肪必然是为了保暖。

皮外的毛和皮下的脂肪存在的目的基本相同，它们主要的区别在于一个可以在陆地上更好地发挥作用，另一个则是在水下。再没有令人信服的理由可以说明动物为何丢弃一种方式而选择另一种，除非其生存环境发生了大的转变。

哈迪教授的理念还阐释了一点：为什么在与早期人类相关的遗址中，出土的早期人造工具都用"卵石"制成。而这些遗址可能距离大海十分遥远。

总之，这一理论对那段较长时间的纪年断代做出了简单而合乎逻辑的解释，这个断代始于与发现的普罗猿同时代的遗址时期，止于南方古猿遗址时期。如果这两个年代中间的过渡时期没有发现任何裸猿的生存迹象，既没有他们的遗骸，也没有他们猎食动物的遗骨，那最大的可能是在肯尼亚一带的兽穴和贝丘中根本就没能保留住这些，它们早已被海浪冲走，藏身鱼腹。至于他们制作的最早的石片工具，则混迹于千千万万的普通卵石中，犹如大海中的一滴水。

由于这一理论提出的时间较短，有些反对意见纷至沓来。比如，有人认为，它的出发点难以令人信服，大家熟悉的树栖灵长类动物不是都厌恶水吗?

这一点适用于多数灵长类动物,特别是类人猿,人们认为它们很怕水,在野外,即使面前只有涓涓的溪流,它们也会望而却步。水塘基本派不上用场,食物中的水分非常充足,真要是渴了,还可以吮吸树叶、树干上存留的雨水。很多人都了解一个"事实":黑猩猩和大猩猩都不会游泳,动物园要想不设围墙就把它们安全地放在一片领地中,只需在领地周围挖一圈不太深的护城河就可达到目的。假如一不小心掉进去,它们会惊恐万状,还会溺水而亡。

现在让我们来听听罗伯特·戈尔丁(Robert Golding)是怎么说的,他是尼日利亚一所大学的动物园管理员,他描述了两只大猩猩的日常行为,它们一只六岁半,另一只七岁。

"尤其是这只雌猩猩,非常喜欢用水龙头往自己身上浇水,每次让它们走到护城河边,它都直接下水。雄猩猩开始还有些担心,可看到它在尽情玩耍,也就跟了下去。它们现在已经能站在最深的地方,没过半截身体,向前走的样子很像是在俯泳。两只大猩猩每天都会这样做许多次,似乎非常开心——它们会在水里大声尖叫,拍打水花,尽情嬉戏……如果看到障碍物的另一边有人在游泳,它们也会把自己的身体放平,胳膊伸向前方,似乎这么做是再自然不过的。"很清楚,如果遇到紧急情况,我们的祖先也会毫不犹豫地跳入水中。

另外,我们也有理由相信,他们时常也会进入更深的水域。实际上,海豹一类的水生哺乳动物还有一种特殊的生理机能,这一机能对潜水非常有利,可以让它们在水下保持长时间的呼吸,以免造成缺氧,不像陆地上的哺乳动物极易出现缺氧现象。当海豹潜入水下,它的新陈代谢会减慢,这样可以减少身体对氧气的消耗。测量这一点非常简单,只需看看它的心跳速度放缓到什么程度。这一生理机能被称为心搏缓慢，许多水生哺乳动物都会出现，包括出没于淡水中的，如河狸、海狸鼠。当然，智人也不例外。人在进入水中之后，心跳也会放慢，但不像海豹那么明显。毫无疑问，人类的这一生理机制确实在某个时期就已经开始进化了。那么，具体是如何进化的，开始于什么时候，原因又是什么呢？当然，它不可能在一夜之间产生，也不会在一个短短的夏日假期内完成。

有些人反对水生理论，是考虑到灵长类动物幼崽的问题，因为它们刚出生时是那么稚嫩，那么无助。三四岁的孩子在几英尺深的水中就可能溺水身亡，那水猿怎么能在最初还算温和的岁月中，历经劫难，存活下来？现在我们可以来看一看好莱坞影片中的"水宝宝们"，那些婴儿明星在游泳池中快乐地做着狗刨式的动作，这时他们还没有学会走路。应该声明，他们都经过专家的精心训练。如果没经过训练又会怎么样呢？

安东尼·斯托尔（Anthony Storr）为我们提供了一份答案：

"创立佩卡姆健康中心（Peckham Health Centra）的医生非常具有探索精神，他们发现，婴幼儿可以被放在室内游泳池边上有斜坡的浅水处，而且十分安全。假如没有大人的参与，他们自己就能学会游泳，渐渐地在水中活动，从来不会游到感觉不安全的地方。"如果前人科动物的婴儿能够做到这样，那上新世的海滩对他们来说是整个非洲最安全的地方。

事实上，泰山派学者不仅常常忘记雌猿，也总是忽略幼崽的存在。很久以前，一个类人猿的婴儿可以单独待在某处。母亲能够存活下来，是因为婴儿的手指一出生就非常有力，能抓住她身上的毛，这样她的四肢就可以腾出来，去忙自己其他的事。空旷的草原危机四伏，她比以往任何时候都更需要轻手利脚，没有拖累。而婴儿不单要有紧紧抓牢的能力，还需要有可以搭手的地方。裸猿的身上光溜溜的，婴儿永远不会有生存下来的机会。

只有在海里，母亲身上的毛才派不上用场。深度为一米二左右的浅水中，婴儿几乎碰不到天敌。猎豹不会跑这么远，来到海边，鲨鱼也不会来到离陆地这么近的地方。孩子很快熟悉了水性，一进入水中，他就能活动起来，相比之下，身体也变轻了。唯一需要关照的是在他们疲惫的时候，一定得抓住点什么，这个地方应该是母亲身上露出水面的部位，理所应当就是她的头皮，所以这个部位的毛发至今还保留着。

哈迪教授关于头发的解释是，由于只有头浮出水面，暴露在阳光下，因此头发的作用是保护我们免受光线的照射。至于其他的进化论学家，如果算得上对此做出过解释，基本归入人类特性之类的陈词滥调之列，并标榜以"为了性的吸引"。这样的论调既明哲保身，又开脱其懒惰，因为很少有人的某个生理特征在某些时候不具备性吸引的作用。

我认为，"防晒"也不是很合理的解释。如果这是头发存在的目的，它确实不会消失，或许还应该长得更浓密，像许多非洲部落的人那样。但这一理论无法合理地解释下面两种现象：长发飘逸的少女和秃头油光铮亮的男人。

在某些猿人身上一定发生过突变：头上长出了很长的毛发，这标志着猿人新起点的到来。为什么会这样？我看过一些资料，有人把它当成向北迁移和冰川时代的产物，是为了抵御风寒，可实际上这根本无法实现。寒风乍起，冰冷刺骨，詹妮的淡棕色头发"像轻纱一样飘"在风中，这对留住体内的温热毫无意义。实际上，当猴子从气候温暖的地方被运到北方，比如莫斯科的动物园，为了适应寒冷的环境，它们会浑身长满浓密的毛。气候也有助于解释阿伊努人（Ainu）①的毛人现象，但不包括女人的长发。而对水猿来说，长发的优点肯定超过它看上去的缺点：长着长头发的人要到岸上去睡觉，要用相当长的时间才能把它们晾干。

然而，对婴儿来说，这一优势非同小可。如果母亲的头发较长，他就能用手指缠住它。要是长发在水面上漂出一米左右，那他想休息一下的时候，就用不着非得朝母亲游过去。这也从另一方面诠释了无可辩驳的真理——男女有别，在不参与抚育后代的男人群体中，不会有什么妨碍他们的脑袋会和身体长得一样光滑，只要这一功能还和性别有关，就必然如此。孩子不会介意爸爸的脑袋又光又滑，因为在水里和从前在树上一样，他要抓住的是妈妈。

还有一个更充分的理由让我们相信，女人头上的长发是为了造福后代，而不是为了吸引异性。在怀孕的后期阶段，头上的毛发越来越浓密，这时不应该有特别的理由要获得额外的性诱感，至于它所带来的总体视觉效果应该可以忽略。但是要为即将下水的孩子提供一个相对安全的临时措施，这样的理由则相当充分。

既然提到婴儿，我们再来谈谈乳房。黑猩猩可以用它长在扁平胸部上的一对干瘪乳头成功地把幼崽哺育长大，现在尚无任何证据证明裸猿做不到这一点。但是女人的外部特征极为不同，偏激的男权理论认为，这种不同是美学上的进步，它的进化是为了起到性刺激的作用。

这又是老生常谈："我发现这与性有关，所以它的演变一定是为了让我觉得它很性感。"言外之意就是，女人摆动着身体走路的样子在男人眼中颇具吸引力。事实上，她那样走路完全是因为孩子

---

① 日本的少数民族。日本学术界通常认为其祖先是古代的虾类，说阿伊努语，通用日文。信仰多神，行熊崇拜，部分从事渔猎，部分从事农业。——译者注

长着聪明的大脑，包裹大脑的颅骨很大，为了顺利分娩，她的骨盆变得很宽，不太适合双足行走，至少不像自己的兄弟那样动作利落。但男人却偏偏对这一缺陷情有独钟，认为看起来女人味十足。

诚然，如果你再仔细想想哺乳过程，把它作为严格意义上的生理机能，就会注意到它们的变化。没有人怀疑这一过程最初的受益人是孩子，而不应该和孩子的父亲扯上什么瓜葛。

所以，现在你可以想象自己就是类人猿的婴儿，有大量的时间在水中嬉戏，可过了一会儿，你觉得饿了，便抓过妈妈的头发，在她耳边又哭又叫，于是她从水中出来，给你喂奶。鲸鱼能向小鲸喷出奶水，像一个喷壶。但鲸鱼是水生动物，是行家，而你的妈妈却是个新手。有几次，她懒了，或者觉得坐在石头上太硬，就让你在水里吃奶。可水中波浪涌动，哥哥们不停地在周围打闹，让你猛灌了几口海水，结果你肚子里异常难受，她只好把你带到岸边，让你安静地吃一会儿。她走到沙滩上，挺身坐下，水珠从她美人鱼般的发丝上滑落。她很自然地把你放在腿上，你的头舒服地靠在妈妈的臂弯里，这时的她完全放松下来，漫不经心地望着远处的大海，希望你能自己吃奶，按照自己的方式健康成长，像你源远流长的同胞那样。

但是这对你来说太难了。这个无知的女人没有意识到事情已经发生了变化，身上的毛已经完全退化。如果你想让头躺在臂弯里，奶头的位置就太高了，你够不到它，你得挺直身子站起来，还要让头保持平衡，让嘴唇含住奶头，那奶头和黑猩猩的一般大，别认为很容易做到。你的胳膊还太短，无法将她拦腰抱住，如果你胡乱摸索，想抓住点什么，那里除了湿滑的肋骨上皱巴巴的皮肤外，什么都没有。要是你碰上个好妈妈，她会把你抱得高一些，帮帮你，但她很快就会厌烦，因为这太牵涉精力，还会累得她胳膊酸痛。就像每一个送牛奶的人都会讲一大套关于奶牛不肯合作的故事,尤其是它感到不舒服或被激怒的时候。

因此,还需要两个条件,一个是奶头长得再低点,另一个是乳房长得大一些,最好再柔软些,以便躺在腿上吃奶时小手捧着更方便,让嘴唇正好能够到它,最好可以让它正好碰到嘴唇。一切的演变都是为了你,你所要求的一切最终都得到了:拥有两个可爱的、向下悬垂的胖乎乎的乳房,握起来非常方便,像一个瓶子,你开心地笑了。

乳房有了这样新的外形,再加上这时皮下脂肪已遍布全身,自然会有相当一部分脂肪集中到它的内部。正如莱拉·莱博维茨(Lila Leibowitz)向美国东北人类学协会(Northeastern Anthropological Association, NEAA)提交的报告指出,脂肪层还有其他优点:固定脆弱的皮下组织,辅助保持奶的温度,还可以囤积储备营养。

我的看法是,乳房的形状在最原始的环境中不一定是标准的半圆形。对青年女性来说,必须经历发育阶段,乳房才能长成。在现今文明的环境中,人们的蛋白质供应充足,此外体育锻炼、生育控制、合体的胸罩,都会促使乳房的形状保持相当长的时间。但那是性成熟后的形状,并不是生就的模样,从一些考古纪录片中我们可以看到大量的说明。大多数的男人把它们看成是与生俱来的,那是因为每当他们想象女性智人的时候,脑子里真正闪现的是世界小姐大赛。

于是,拉奎尔·韦尔奇(Raquel Welch)提出的现象得到了合理的解释,他的理论是,婴儿抓住东西的能力被剥夺了。如果我们能够找到类似的动物,该理论还可以进一步得到证实,就像"贝壳类动物–卵石工具说"在发现了海獭后得到证实一样。若是能找到另一种进入水中的哺乳动物就更好了，或许能够发现更重要的依据。

水生动物存在的问题是，其中一部分已经在水中生活得太久了，无法确定它们到大海之前曾在什么地方生存，生存状况又如何，它们已具有和鱼一样的细长体形。比如，没有人能猜到它们最初是一种什么样的四足动物，有着怎样的外形和习性，又是如何在史前拖着笨重的身体来到海里，最终变成鲸鱼（虽然我们有理由推测它们实际上曾经个头很小）。

然而既定的事实是，除了人以外，我所能找到的具有气腔胸部的雌性又恰巧是水生的，它们是海牛目动物，这仅有的一类有气腔的水生动物包括儒艮和海牛，它们都是"美人鱼"的原型。

研究儒艮和海牛有关的文章不在少数，都认为它们是以直立的姿势浮在水中，用鳍抱着幼崽喂奶。我还没机会能够亲眼看见这一幕，或许这种情况极其少见。它们唯一的近亲大海牛（Steller's sea cow）[①]身躯庞大但憨态可掬，由于过去遭到大量捕杀，现在已经绝迹。（几乎可以确定它们已经灭绝，不过曾有传闻称，几年前有人看见它们出没在俄罗斯的北极地区。）

还有一些其他资料。阿尔加达卡海洋生物研究站的站长这样描述儒艮：它有一对"发育得非常好的乳房"。对于大海牛，斯特拉写道："从它们稀少的乳头和乳房就可以断定，它们每次只产一个幼崽。"乳房当然是两个，而且长在胸部。

在圭亚那，海牛另有别称。比如大卫·阿滕伯勒（David

[①] 又叫巨儒艮、斯特拉海牛。以1741年发现它的博物学家斯特拉的名字命名。它们的生存年代大约从距今1000万年至18世纪中叶。主要活动区域为白令海峡和北冰洋。发现后不久，于1768年因人类大量捕杀而灭绝，成为第一种被现代人类赶尽杀绝的海生哺乳动物。——译者注

Attenborough）叫它"水妈妈"。科林·伯特伦（Colin Bertram）著文称："它们的乳房确实只有一对，且位于胸部，像人一样……准确地说，海牛的乳头是长在它的厚鳍下边，刚好处在与躯体相接的位置。"他指出，若想让它和海豹一样，在鳍根处作个标记是不可能的，因为乳房会碍事。他还提到，哺乳期的海牛乳腺会"增大，而且匀称美观"。

至此，这一理论的讨论告一段落。但是到底有没有证据表明它们（和它们的后代）曾经长过手呢？我承认"manatee"（海牛）一词与拉丁文的"manus"（手）这个词没有任何联系。但有趣的是，不止一个敏锐的研究人员——当然是动物学方面而不是词源学方面的——在看到海牛长有扁平指甲的鳍时，都立即认定，它之所以叫"manatee"，一定是因为它长着手。

当然，海牛的祖先绝不是灵长类动物，而是陆地上的走兽：它的骨骼、肺以及它退化的毛都可以证实这一点。它的样子很容易让人联想起与其居住地毗邻的南美树懒。树懒在没变成现在这么大之前（像猩猩那样），一定曾经在树枝上跑来跑去，并能用手臂吊在上面。更引人注意的是，树懒的乳头位置和海牛的一模一样，就是说，它的乳头在腋窝下。在所有动物中，只有两种动物的颈骨是六块，其余都是七块。这两种动物就是海牛和长着两个脚趾的树懒。

但分类学家告诉我们，树懒连海牛的近亲也算不上。它属于一个小的稀有类别，与海牛既不同宗也不同族。它的一个近亲是大象，这似乎不可思议；另一个近亲是类似兔子的动物，它穴居在岩石间的洞中，也就是《圣经》中提到的"蹄兔"（cony）；第三个也是最后一个，是一种体形较小的树栖动物，叫树蹄兔。

可以肯定的是，曾经发生过一场生态危机（就像我们遭遇的上新世），导致海牛离开了原来的栖息地，来到水中安家落户。曾经直立生活在树上的动物最有可能发生变化的部位就是胸部的乳房，虽然变化很大，但它的原貌依稀可见：前肢曾用来托住幼崽，所以它褪掉身上的毛之前，是坐在沙滩上喂奶的，幼崽也会用前肢攀附着它。如果它真从树上移居大海，那毫无疑问，除了人类以外就只有它了。与人类所不同的是，我们在水中生活了1000万年，而它们是永久居留下来，而且变得呆滞木讷，并蜕化掉了腿和多数的面部特征，最终沦为肥硕、丑陋不堪的两米巨兽。

可怜的海牛，它与拉奎尔·韦尔奇远隔千里，遥不可及。只要仔细看看它们那水汪汪的小眼睛，心里想想我们实质上可能就是亲姐妹，你可能立刻会感到毛骨悚然，大概好多人会撒腿跑回到泰山那里去。

还有一件事让我们百思不解，那些乐颠颠的、梳长辫子的水手平日里神气十足地高喊着起锚的号子，怎么会突然冒出个念头，把海牛称为"美人鱼"呢，还编出无数动人心弦的故事。这不可能只是突发奇想，但我们还是先告一段落，稍后再继续探讨吧。

第 3 章
脱胎换骨

现在,我们先来给纤细型南方古猿夫人画一幅草图,尽可能描绘出她的外形轮廓。她在水中生活了 1000 万年,也许是 1200 万年,但最终又回到了陆地上。

大家知道,她能够站起来,还能直立行走,差不多是这样吧。从骨骼结构可以看出,她的膝盖骨尚未咬合得恰到好处,这和我们有所区别,所以她站立的时候,腿大概稍微有点儿弯曲,走起路来歪歪斜斜,不太优雅。

阿利斯特·哈迪爵士认为,她的脚上可能长着蹼。他在一篇文章中提到:"1926 年,巴斯勒调查了 1000 名小学生,发现 9% 的男孩和 6.6% 的女孩的第二、第三个脚趾中间都有蹼样的皮,有的孩子则多个脚趾间都有。"我认为这一特征对早期人类并不重要。她生活在海边,不是水下,在深水处停留的时间不会太长。而水中生活的时期已经过去很久,蹼在一代代的遗传过程中已经渐渐消除,另外它也不会再有实用价值了。

有一个不争的事实,那就是其他灵长类动物身上不存在这种蹼的现象。万一你是那 93.4% 女孩中的一个,脚趾间没有长蹼,或者你怀疑整个事情的真实性，那请把手伸开，让拇指和食指间尽量张大，你会发现，张开的角度不会超过90度，这和猿类截然不同。妨碍你张得更大的原因不是骨骼的排列和连接，而是两个手指根处那片薄薄的皮肤。它古怪而特别，早已完全退化，而且毫无用处。

如果我们的胳肢窝下也有这样一层膜，那胳膊就不能抬得超过肩膀。那我们应该仔细想一想，当初人类是不是不能像飞翔的袋貂那样从树上稳稳地落到地上，蝙蝠侠是否也并非杜撰，而是人类族群的一条记忆。依我看早期人科动物的手不会比我们现在多长出蹼来，因为他们的手最重要的作用是攀缘而不是当桨划水。我深信，指间的那层皮是上帝赠予我们的见面礼。

说到这里，我们有充足的理由相信那时的她已跃跃欲试，要离开大海：她能用两条腿走路，皮肤光洁，肢体因皮下脂肪充盈而变得浑圆，胸围在86厘米左右。她的皮肤可能是黑黝黝的，因为多数猿的皮肤上虽有毛覆盖，但能看到下面的皮肤是黑色的。她的头发也许很长，如果能适应水中的生活，那还应该是直发，这样的原始人形象更可信。而后期出现的卷发则稍短，它更适宜陆地炎热的气候。在这种地区生活，沉重的长发不仅没用，而且会成为累赘。至于其余的重要部位，还是让我们先仔细地端详一下她的脸吧。

最突出的特征是鼻子的形状，和其他猿猴类完全不同。猴子的鼻孔主要分为两大类，根据它们产自欧亚大陆还是美洲大陆。现在，人们用鼻孔的特征区别两种猴：一种叫狭鼻猴，它们两个鼻孔的间隔很窄，生活在欧亚大陆；另一种叫阔鼻猴，鼻孔的间隔较宽，生活在南美洲。它们的鼻子和智人的鼻子都没有相似的地方。智人已费尽周折，在鼻孔的上面长出了精巧的软骨穹顶。这样，他的两个鼻孔既不会向上，也不会朝向两边，而是直直地向下，正对着双脚。

很少有人对这种鼻形形成的原因做出推测，大概是正如梅达沃博士在前面所说的，科学家们之所以没热烈讨论过，是因为他们还没看到答案的端倪。对水生猿来说，答案显而易见。如果大猩猩潜水，水会灌进鼻孔，并在水压的作用下进入鼻腔，这会引起强烈的不适。为了避免发生这样的事，海豹让鼻孔可以按自己的意愿开合。水猿的办法最为行之有效，她改变了脸的形状，这种新的流线型结构妙不可言，水碰到它会分流四散，躲在下面的鼻孔则安然无恙。

不管是不是纯粹的巧合，还有一种灵长类动物也在这方面做过尝试，它用一个盖子把鼻孔盖住。除了人类以外，就只有它们能常常体验在水中的快乐，它就是长鼻猴，它是叶猴的一种，产于婆罗洲（加里曼丹岛）。欧文·德沃尔说："这些古怪的猴子非常喜欢游泳，每当烈日炎炎，它们就跳进河里，用那笨拙的狗刨式打水游泳。"它们的脸与"大鼻子"杜兰特[①]非常相像。

下一个问题是，人类的鼻子最终是什么时间成形的？据推测大概也应是在我们"喜欢上游泳"以后。具体答案是：确实非常早。把黑猩猩头盖骨的侧面和早期人类的做个比较，可以看出黑猩猩的脸从眉骨到下颌是凹陷的，而智人的前辈则发生了变化，鼻腔上突出的骨骼引人注目。格罗斯·克拉克说："直立人的鼻子又宽又扁，和当今人类的某些种族一样。"重要的是鼻子已经成为不争的事实，而且用适应水下生存来解释，很容易说得通，用其他的方法则很难。鼻子的形成与直立的姿势和早期人类变成智人之前使用工具是相同的道理。

---

① 吉米·杜兰特（Jimmy Durante，1893～1980），美国歌手、钢琴家、喜剧演员。——译者注

这样，我们人科动物就有了一个鼻子，还可以肯定鼻孔是肉乎乎的，但我无法确定它们的形成是不是为了让配偶感到这样更性感。我想她这个时候已不再是猿猴了，猿猴面色苍白，没有丰满的嘴唇，艺术家们在将它们复原时会在出土的颅骨上紧紧地粘上一层带毛的皮。脂肪层让她四肢圆润，乳房挺拔，还能令脸颊、鼻子、耳朵看起来更丰满，并使双唇外翻。即使是现在，那些面容消瘦的人或者年事已高、脂肪枯竭的人，他们的嘴唇也是极薄的一层；但对胖人来说，厚嘴唇是鲜明的特征。我们还不会把她定位成一个美人，她的眉骨很低，下颌突出，但这个胖墩墩的小人的外表多处特征都和我们极为相似，与猿猴差别较大。至于这张古老面孔上闪现过的表情，毫无疑问，会留着几百万年水中生活深深的烙印。

查尔斯·达尔文写过一本非常引人入胜的书《人与动物的情感》(The Expression of the Emotions in Man and Animals)。在书中，他把人和类人猿做了比较，发现了许多相似之处，致使他更加坚信我们拥有同一个祖先。

人、猿、猴在情感表达方面有着许多共同之处：感到疼痛会哭喊，被激怒时会脸红，疲劳了会打哈欠，挑衅的时候会瞪眼，感到痒了会咧嘴笑，恐惧的时候会打战，柔情蜜意的时候会拥抱，表示敌意的时候会咬牙切齿，感到惊奇的时候会扬起眉毛，生气的时候则会扭过头去。

最令达尔文困惑的是那些只有人类才有的表情，特别是到偏远地区进行调查后，其结果更进一步证实了有几种特殊的表情，它们不仅存在于欧洲文化习俗的民族中，世界其他各民族中也普遍存在。达尔文说："所有的人种，都有皱眉这种表情。"

达尔文指的不是眉毛下的定睛注视，猿会通过这副表情显示它的不快。他指的是眉头上蹙起皱纹，用他自己的话说就是"眼眉斜立","也就是说脸上出现悲伤的肌理"。他还论述说，眼眉"在人们遭到强烈拒绝或忧心忡忡时会呈现出倾斜的形态，例如，我见过一位母亲在说起生病的儿子时就是这样。有时，闲极无聊，以及或真或假的悲痛也会引发类似的表情"。

我们现在的这种表情肯定不会从树栖猿遗传而来。达尔文指出：

> 和人类相比，它们的脸显得木无表情，主要原因是它们不会因为内心的感受而牵动面部肌肉。只要有机会，我就会做仔细的观察……我把手伸进一个笼子，手里拿着水果，引诱一只红毛猩猩和一只黑猩猩，让它们竭尽全力得到水果。可是，尽管它们因吃不到水果变得非常恼怒，也不曾流露出一丝一毫皱眉的迹象，愤怒至极的时候也是如此。我还做过两次试验，把两只黑猩猩从十分昏暗的房间突然放到强烈的阳光下。碰到这种情况，人一定会皱起眉头，而它们只是眨了眨眼睛，不过我还是看到了一丝轻微的蹙眉，仅仅一次而已。但大猩猩的额头却从来没出现过此类表情。

的确，猿几乎用不到皱眉肌，贝尔（C. Bell）爵士曾一度认为它是人类特有的表情，并称它为"人类面部最值得称道的肌肉"。而达尔文则把它叫作下括约肌。它能产生皱纹，收缩下眼睑，让人们露出微笑，涌出泪水，放声大笑。这些表情都归人类独有。

达尔文认为，导致皱眉、悲伤等相关表情的主要原因——同时也是引起人们流泪的原因——如果发生在孩子身上，当积累到一定程度时大概会表现为尖声哭叫，大声哭叫可以使眼睛充血。当然我们可以采取措施阻止这种危险现象的出现，方法是紧紧闭上眼睛，或者让皱眉肌发挥作用，通过它来压迫眼球。

我认为，可以用一种更简单且浅显的方法说明人和猿的区别：

猿生活在森林中，头顶浓密的枝叶，地上光影斑驳，光线微暗，永远不需要长出在强光下使用的用来皱眉的肌肉。因为强烈的阳光即使曾经照到他们，这种机会也相当少。

现在，让我们再想想生活在水中的先人。他们头顶蓝天，上新世几百万年的时光几乎总是万里无云，阳光漫洒，水面上折射出的光线星星点点，光怪陆离，令人目眩，她那猩猩科的眼睛很难适应。

如果孩子在逆光的地方游水，面对耀眼的强光，她很难看清孩子。要是再让她分辨出哪个是自己的，哪个是别人的，可想而知那将是什么样的情况。要是放到现在，身处这样的海滩，她会发明太阳镜。可在当时，她只能让眼眉低垂，眯缝双眼，以减轻头顶刺目阳光的照射，再收缩下括约肌，以对付来自水面的反射光。那么，皱眉就成了面对困境、超越阻碍、战胜难题的自然反应。

她的配偶也面临着同样的问题。周围的天敌寥寥无几，常常困扰雄猿的就是支配权的问题。他会想，如果自己不高度警惕，身边的同类就可能变成敌人。当有人走近时，他会目不转睛地看，眼睛一圈的肌肉都紧绷起来，以抵御刺过来的强光，并设法看清那会是谁，有什么企图，是不是举止傲慢。如此，皱眉也表示敌对和愤怒。

最后，我们还要谈谈孩子，这一角色应该时刻牢记。当他感到害怕、担心或为自己的行为产生歉意的时候，他会看着妈妈的脸，看她是否知道发生了什么事，打算怎么应对。他的父母一般不会向上看，因此抬头仰望的只有他这个小不点，而这难度很大。他得皱起眼眉，遮住多余的光，还要留下一条缝，以便看清妈妈的表情。达尔文的最终结论非常到位："……某一肌肉的收缩会让眉毛下沉，它可以通过更强有力的额肌中央筋膜得到验证，它足以牵动内部的肌肉运动……"

几百万年后，孩子的表情已完成进化。成年以后，每当身心感到不适，他经常本能地皱起眉头。他很清楚，这种表情自己无法控制。我们的脸上也会出现这种表情，这时我们一定悲伤至极或深感无助。看到别人愁眉不展，你自然也知道他正经历着痛苦。这种表情只属于人类。

对此达尔文又说："几年来，我们谈论的这个话题最让我感到困惑。"他还观察到，这一表情出现在人们的脸上时，具有惊人的相似性。他谈道："把我的三个孩子带到强烈的阳光下，让他们尽可能长时间地集中精力看一样东西，他们事先对我此行的目的毫不知情……结果，三个人的眼眉和前额皱起的样子一模一样，没有丝毫的差别，好似内心承受着痛苦与忧虑。"

尽管如此，达尔文最终还是回归到自己的理论上来——保护眼睛避免使其充血，免受啼哭带来的创伤。他所说的眼睛需要保护，实际上指的是不要在过强的光线下作业，但这只是一个次要的作用因素。我想，如果阿利斯特·哈迪爵士当时在场，并用大海的浪花刷新他的思想，也许他就能始终如一，删繁就简，选择简约的方式解释这一现象。

还需要多说几句，我虽然在这里总是说到海水一词，但把它定为海水可能操之过急了。虽然大量的事实证明人类曾经生活在水中，但至今无法确定是淡水还是海水。犀牛在淡水中褪掉了毛；海狸在淡水中学会了使用两脚，迈出蹒跚的步履；海牛落脚栖身的地方是入海口，那里也是河水，溯源而上，是蜿蜒几百英里的内陆河。

有没有可能我们曾经生活在湖里而不是海中？经历了几百万年，有没有希望找到些蛛丝马迹，可以确认水猿到底在什么样的水域中畅游？当然，略做尝试也没什么害处。

海水的最大弊端是不能饮用，除非我们都变成鱼。与女人形体相当的哺乳动物每天至少需要消耗500毫升的"足量"淡水，这样才能满足肾脏正常工作的迫切需求（不包括排汗所需要的量）。如果肾无法正常工作，生命也就危在旦夕。为了满足这一需求，喝海水无济于事，因为人类排出尿液的浓度很难超过海水的浓度。

所有哺乳动物大概都一样，即使是骆驼也和传说中的不同，它也不能靠喝海水维持生命。但现实中也有例外，有种小型的"袋鼠鼠"叫作更格卢鼠①，生活在亚利桑那州的沙漠地带。那里异常干旱，它体内的水分甚至无法满足排汗的需求。这种小鼠尿液的浓度高出人类的四倍。这么高的浓度，一旦排出膀胱，就会结晶。它完全可以直接饮用海水，而且不会引起任何不良反应。在实验室中，已经成功做过此类实验。但是，也许是命运和我们开了个小小的玩笑，这样本领高强的动物，除了在亚利桑那州沙漠地区以外，世界上再找不出第二个地方。

不管怎么说，我们的祖先不是"袋鼠鼠"，她更像是古代漂泊的水手——天天哼唱着：水，水，到处都是水，没有一滴可以饮。或许，她和海牛一样，出没在河水的入海口一带，非洲的大河就是在这些地方奔流入海。也许她早晨醒来，就到岸边寻找盛着露水的植物，能够保证每天1000毫升左右的足量淡水，即便大量出汗也可以满足。她白天会在水中消磨时光，夜晚就在凉爽的洞里歇息。可有一点，如果她大部分的食物来自海洋，那一定有不少的海水会进入体内，这对健康非常有害。

其他的海洋动物如何解决这个问题？有些哺乳动物能够有效地防止海水进入胃里。须鲸的口中有一个很大的类似筛网的器官，可以用来过滤浮游生物和小鱼，须鲸只要用舌头把筛网推向腭部，就能把食物挤干。生活在港湾的海豹会在水中吞下小鱼，但它的食管

---

① 更格卢鼠（Dipodomys），产于美洲的啮齿类动物。——译者注

功能奇特，可以把进入肚里的鱼先擦干。这些动物所需要的水分全部来自食物内部，它们根本不出汗，如果需要还可以减少肾脏中血液的流量，把肾里的过滤量控制在极低的限度。

更神奇的要数海鸟。鸟肾的功能并不优于人类，对吸入的海水同样无法应对。海鸥、海燕和信天翁一类的鸟可能几个月都接触不到陆地。1956年，克努特·施密特－尼尔森（Knut Schmidt-Nielsen）做了一项研究，内容是关于双冠鸬鹚如何保持体内盐和水的平衡。对此，霍默·W. 史密斯（Homer W. Smith）做了详细的记录：

> 首先，我们想弄清楚鸟一旦吸入了海水会出现什么样的反应。鸟胃约占总体重的6%，不出所料，吸入海水后，它排出的尿量迅速增加，而且浓度也会提高，成分大部分为氯化钠。接下来，令人吃惊的事情发生了，一种清水状的液体分泌物出现在两个内鼻孔中。液体由鸟头内的两个腺体分泌出来，解剖学家把它们称为"鼻腺"。这种分泌物流到鼻口，在鸟嘴上方积成滴状，鸟会突然快速甩头，把它抖掉。经过化验，这种分泌物几乎全部都是氯化钠。

那么，鸟流出的便是咸涩的鼻涕。

解剖学家们在多年前就认识了这些腺体。他们了解到，与陆栖鸟相比，海鸟的腺体增大了许多，而且动脉血供给充沛，腺体结构更加发达。他们还发现，即使是海鸥这类单一种属的鸟也会因为栖息环境的艰苦而导致腺体增大。但直到1957年，他们还没找出造成这种现象的原因。

通过这一发现，解剖学家们了解到水生鸟和陆生鸟的差别。此外，他们还对水生的龟鳖类爬行动物做过研究，结果发现如果它们把海水咽进肚里，就一定会流出咸涩的泪水，海洋大蠵龟也不例外。

人人都听说过鳄鱼流泪的故事。最近我们才明白,这只是谣传。一些与鳄鱼打了多年交道的人士对它们的习性非常熟悉,他们郑重宣布从未见过那种场面。现在我们知道了,不流泪的鳄鱼生活在淡水中。而对生活在咸水中鳄鱼鼻腺的解剖,证实了如果它喝下一肚子的海水,那必然会流鳄鱼泪。

还需要更多的实例吗?那我们就再举出一些,例如陆地上的蛇、淡水中的蛇、海水中的蛇;陆生蜥蜴、至少一种海洋中的蜥蜴、加拉帕戈斯群岛的海洋鬣蜥。所有这些动物中,海洋品种都有一对高度发达的鼻腺。从中任选一种动物,让它喝下海水,都会导致相同的结果。

我们人类既不是鸟,也不是爬行动物,我们流泪的腺体无法与这些动物的相提并论。它们腺体的生长位置也存在着差异,共同之处是都会从眼中、口中、鼻中流出含盐的液体。

每一位科学家都能给你讲清楚人眼泪的功能与海燕的完全不同,因为它们没有经过浓缩。千真万确!这和脚趾间的蹼、孕期妇女浓密的头发、潜水时心跳的放缓一样,仅仅是为了适应环境演变而来的。我们切不可钻牛角尖,因为我们在水中生存的时日并不太久,但事实确实如此。

没有人怀疑人类是唯一会流眼泪的灵长类动物。如果你想再寻找流泪的食肉哺乳动物,就需要深入到海洋,去看看那些海豹、海獭,它们同样会流出眼泪。

你可能会提出反对意见:我们即使喝下了海水也不会哭,我们的泪水缘于内心深处的伤感。对于人类来说,它犹如一条真理,可它也适用于所有的海洋动物。

霍默·W. 史密斯描述了信天翁:"据我们观察,在其他情况下,它也会滴出鼻腔分泌的液体,如鸟类的互相拼杀、舞蹈仪式,甚至进食到兴奋的时刻。"他总结出，鸟的腺体受神经控制，每当神经紧张的时候，大概都会出现这样的反应。

R.M. 洛克利（R.M. Lockley）在他的《灰海豹，港海豹》（*Grey Seal, Common Seal*）一书中这样说，海豹的眼泪"会哗哗地流，像人一样，每当受到警示、惊吓或者有其他感情波动时，就会有这样的表现"。

斯特拉笔下的海獭："某些时候，我会有意把母海獭和小海獭分开，让母海獭单独在一起，这时它们就会伤心落泪，和人类一样。"

迄今为止，包括达尔文在内，没有一个人对人类眼泪的起因和目的做出过令人信服的解释。我的看法是，由于会流泪的鸟只有海鸟，还有那些流泪的鳄鱼、蛇、蜥蜴、海龟和一些海洋哺乳动物都属于水生类型，那这种现象不会超出一个范围，因此可以确信，唯一会流泪的灵长类动物一定曾经在水中生存过。

我相信，水猿流出的泪水与她活动的水域咸度相同，后来才出现了能表达痛苦的肌肉。很快，让她难过的事越来越多，因为从解剖特征上可以看出，又有一些奇怪的事发生在她身上。

《非洲创世记》（*African Genesis*）中有一个细节，罗伯特·阿德里建议读者都到浴室里去，关上门，脱下衣服，仔细观看镜子里的自己，把它当成最原始的蒙昧时期的人体来看。他指出，你会发现自己与其他灵长类动物有着显著的差别：无毛的身躯，大大的头颅，还有一个下巴，平脚底，臀部肥大，胳膊短（他没提醒你注意我们还有另外和猿不一样的地方——胸部，多半是想当然地认为读者是男性。他也没有提到鼻子，原因是不清楚鼻子存在的原因）。

他说，人类的这些特征中有两点比较特殊，如果有个来访的外星人动物学家，他也会感兴趣，因为这两点属人类独有：一是平足，二是"肥臀"。它们都附带着特殊生长的肌肉块，可以转向、弯曲，还可以保持站立姿势的平衡。

在谈到肌肉组织时，人们各持己见。阿利斯特·哈迪爵士坚持认为，游泳、潜水、转身，以及在水下这种立体空间中的各种随机动作自然而然地会大大促进脊椎的柔韧性，那么辅助实现这些新动作的肌肉群必然得到发展。泰山派学者认为，这些肌肉产生的原因是为了满足猎手投掷石块枪矛的需求。

实际上，海獭对投掷东西也非常在行，但它生活在陆地的亲戚——白鼬、松貂等，却没有任何证据表明也具有此项技能。这说明，猎手在第一次投出他的枪时，水中生活的经历（假如真有这种经历的话）一定会起到帮助作用。但是在这里，我不想过多谈论这一新的人体结构产生的原因，而是想谈一谈臀部。

一般情况下，四足动物在俯身行走时，不会给身体的后部带来太多的劳损，它反而是受到保护的部位。任何敌对冲突都是头对头、脸对脸，而行走时身体的重量则由腿和脚支撑，入睡时多数由身体的侧面承重。即使像猫、狗这样的动物，在直身"坐"着时，它的身体重量也分散到后腿长长的跟骨和前腿的脚趾上。

身体的后部之所以受到精心的保护，是因为这里分布着非常重要又很脆弱的排泄口，如肛门、尿道和阴道。大多数的哺乳动物还外加一层保护措施，长了一条可摇动的尾巴。它可以很灵巧地起到遮盖和保护作用，在这些部位不工作时，还能抵御雨雪风寒以及意外的伤害。这样的身体结构合理实用，非常完美。

这种身体结构至少对陆地上生存的哺乳动物很实用，也包括树栖的灵长类动物，尤其是那些身形较小的，像树鼩䴉。这些动物都能蜷缩起来睡在大树干上，还可以爬到枯树干的洞里，比如猫。

然而，许多灵长类动物都不是生得身材小巧、活动灵便，它们个个身高马大，不可能蜷曲身体睡在树枝上，那样做很危险。即使在清醒的时候，也不能像美洲狮或猎豹那样随心所欲地躺在树枝上。因为它们的四肢生来是为了伸出去摘取果实，而不是要蜷缩起来放在身下。每当歇息的时候，至少有一只前肢得抓住头边上的牢靠树干，这是它们感觉最安全的。

它们已经找到了最安全、最舒适的放松方法，那就是坐在树干和树枝相交的枝杈上，这个地方既不会随风摇动，也不会突然被压断。

这就意味着它们的臀部首次开始承重，从而彻底改变了该部位原有的功能。可以想象，最初的时候一定很疼，因为当时它们瘦骨嶙峋，不像我们现在这样丰满。一段时间以后，他们长出了两片起保护作用的硬皮，灵长类动物学家们把它们称为"坐垫"（旧大陆猴也有类似的保护措施，发生变化的不仅是表皮，还有骨骼。它们的骨盆发生了变化。但可以肯定，我们的祖先最满意的应该是其外表）。这些措施能够确保排泄口安全，因为他们坐的树杈呈 V 字形，稳稳地坐在那里就可以分散体重，坐垫可以保护臀部免受摩擦，而避免将排泄口暴露在外。这样一来，它们不会感到丝毫的不适，至少和坐在马桶上的感觉一样。

一些大型的树栖灵长类动物（包括我们的祖先在内）那个时候就意识到它们的尾巴已经起不了太大的作用，于是彻底摒弃了它。像大猩猩和红毛猩猩那样的大型动物最后长得身躯庞大，沉重无比，已经无法再挤进树杈，无奈之下，它们搭窝而居，只有这样才能睡得安稳。

我们无法确认我们的先人具体在哪个发展阶段进入了水中，但可以肯定，尾巴已经蜕化。我相信，她的个头不至于大到需要建窝而居的程度,因为动物回到水中后,一般会发育得比原来的体形更大,就连几百万年以后出现的南方古猿也是身材矮小的。

我们的设想与实际情况应该不会有太大出入:生活在树上时,她并没在树枝上来回跑动,也没有跳到地上四处探寻,而是坐在树枝上,在上面进食、环顾四周、哺育儿女、睡觉休息。可以说,树上的生活相当舒心。

但是,坐在海滩边,情况就大不相同了。四足动物的臀部和我们的相差甚远。当猿初次涉足海边生活的时候,找不到任何可以坐的东西。她的外阴部和别的四足动物一样,长在尾巴下面,可现在尾巴已经没有了,就只能暴露在外,表面一不小心就会被碰到。坐在乱石堆中,圆圆的卵石布满了盐渍,沙子又黏又湿,岩石上爬满了小甲壳虫,腿上坐着不大不小的孩子,那境况一定苦不堪言。

幸好这个阶段没有持续太久,因为在水中的生存状况迅速发生了改变,而且两种变化相继而来。有证据表明,每个变化都非常有利(至少最初是那样)。

第一个变化是我们说过的水生哺乳动物的皮下脂肪层。可以肯定,她在用它博得孩子欢心的同时,也在尽其所能,以最快的速度把它囤积到屁股上。我认为(比大男子主义者先行一步)不管她此时的形象多么令配偶倾心,但她发育成这个模样,主要是出于自身的迫切需求。

第二个变化是臀部还长出了肌肉。我们在前面已经提到过,不管肌肉为何进化而来,它们首先让臀部变得坚挺。至于它到底有多大的吸引力,我们无法确定。在南方古猿身上,它在渐渐变小,越来越不明显。但在非洲最古老的种族布须曼人身上,却发现了臀部肥大的现象。他们的屁股上堆积了大量的脂肪,或许真能达到人们说的"上面可以放酒杯"的程度。至于这是不是一种反常现象,还是在从前很普遍，后来终被弃掉，那就不得而知了。

可以看出，这一特征也表现出两性的差异。当然我们自己也不例外，男人的臀部比女人的要小些。若想找出其中的缘由一定要先避免落入"性吸引"的俗套。当然，最初的形成必定事出有因。如果它像肼胀一样，用来起保护作用，那女性猿人就更加需要。男人在那个部位只长有两个排泄口，且相对不敏感，而女人却有三个。此外，他不用怀抱孩子长时间地坐着，而她只要喂奶就一定得坐下来。

同时，女人身上还发生了另一个变化，这在最初可以算是新的直立行走姿势带来的。在四足行走时，她的脊椎和后腿的夹角是90度，当她开始站直时，就成了180度，这会造成她腹腔内部器官位置的变化，请看德斯蒙德·莫里斯对最终结果的阐述：

> 最基本的一条是女性阴道的变化，与其他灵长类动物相比，它明显有所前移，大大超过人们的预期，因为它毕竟是直立物种演变带来的被动结果。

除了位置向前移动外，它还缩进身体内部，这样可以避免盐水的浸泡和沙子的研磨。这是生活在水中所引起的正常变化。海豹的耳朵（海狮除外）变得内陷也是同样的道理，既可以起到保护作用，也顺应水流。另外，它们的乳头也缩进体内，外面还长了一层皮将其盖住。

那么，只要切实可行，水猿也会很自然地尽其所能将外部的器官内部化，有条件的话，再外加一层保护膜。她做到了，她的阴道不仅缩入体内，还长出了一层保护膜——处女膜。但它不能保证终身完整，不过只要能存在十几年也比原本没有要好得多。

当然，作为大男子主义的想法，最基本的一条是女性的一切最初都是为了配偶的利益和方便而存在的，令她在他眼里更有吸引力、更容易让他接受。如果你真的想开心一笑，我建议你看看一位男性进化论学者所做的那些奇怪而复杂的论述。他试图解释为什么女人会长处女膜，而所有的猿都没有。他最终得出结论：这东西表面看来没有任何用处，似乎就是为了把男人挡在外面。

现在，她的阴道已经安全地隐蔽起来，而且位置靠前，与承重的臀部拉开了一段距离；一对坐垫一样的屁股丰满柔韧。作为人，她完全可以舒适地坐在地上，心里想着，苦难的日子终于过去了。

然而，一切才刚刚开始，她的男人此时正用狐疑的眼神打量着她。

让我们也站在他的立场上来看看。猿的正常交配程序非常简单，雄猿只要从后面骑在雌猿的身上就行，雌猿会用四肢支撑起全部的体重，如果雌猿有尾巴，就会主动翘起来。公猴的方法是站在母猴的后腿之间。如果母猴不配合，它根本无法成事，可如果母猴愿意——多半情况下表现得更主动——那公猴会毫不费力。和人类相比，母猴的腿更细长，像槌球游戏的弓形小门，它的阴部暴露在外，位置便于交配。人类的男性祖先认为他们也该受到这样的礼遇。

他确实会这样想，但没能如愿。原因之一是她自己再也不能用四肢支撑全身的重量了。他们试图采用一种很难堪的方式，用肘部、膝部弯曲着地，跪在地上。这种方法对他来说不是难事，其他的灵长类动物也采取这种方式。

这一时期，她的腿不再纤细，不再外张，大腿部分长得又粗又壮，像树干一样，站立的时候紧并在一起，没有一点缝隙。他变得闷闷不乐：原有的一切不复存在，她会不会和海象一样，变成细长的圆桶？或者，她的身体又显现出美丽的曲线，他感到她做的有些过火，而她却自我感觉非常良好，有点飘飘然，但对习惯于从后面交配的伙伴来说，却带来了不必要的麻烦。

她的行为依然天真活泼，恰然欢快地与他嬉戏，经常像从前那样翘起屁股。可千万不要忘了，此时的他还没有进化成智人，与其他的灵长类动物相比，他的阴茎比较大。他与黑猩猩有些相像，远远没有进化好。每过去100万年，她的阴部每前移一点、变深一点，他的感触就加大一分，就像他的"小弟弟"从另一个角度理解的："这个愚蠢的女人，长得越来越完美，她自己却没意识到，事情完全变了，遇到了新问题。"

现在，德斯蒙德·莫里斯提出的两个关键问题有了新的答案，它们与人类的进化有关。这些新解释谈不上论据充足，也不精妙细致，反而略显粗疏，但和所有的与水相关的答案一样，它们最大的优势是简单明了。

问题一：为什么所有灵长类动物中智人的阴茎长得最大？不是因为他身为猎手，有责任让他的对偶伙伴更快乐，也不是为了保持对偶关系的牢固而让性充满情趣。其原因和长颈鹿脖子的道理一样——能接触到够不着的地方。

问题二：为什么他从后位式交配改到了前位？并不是因为自己的爱人用双唇和眼睛传递的信息让做爱的经历难以忘怀，从而导致了单配偶的形成；他换到前面来的原因是从后面已经无法再实现自己的愿望。

还有，如果有人让你相信男人的性体位可能与水中的生活经历有关，你最初可能会摸不着头脑。可一旦你了解到，事实上，所有的陆地哺乳动物都采取后位性交，而所有的水生哺乳动物都采用前位，或者说是面对面，这时，你就会确信这绝不是偶然现象。

几乎没有陆栖哺乳动物的交配方式有别于猫、狗和猴子（当然也有极特殊的情况，豪猪就是一例，原因十分明显）。

为了严谨起见，我再举一个特例（像更格卢鼠的肾一样，如果深究起来，总是能找到例外）。这个例子可以信手拈来，它也属于灵长类，而且是类人猿，它就是红毛猩猩——不使用后体位交配。原因是显而易见且独一无二的。

它们拥有长臂，按自己的意愿选择了永远在树上生活。在天然的居住地，它们悬在树枝上劳作生活，有时用双手，有时用双脚，有时手脚并用，当然它们块头极大。在这样的环境中，让雌性红毛猩猩用四肢在树枝上保持身体平衡，以便从后面交配，这显然不切实际。于是它们采取了屁股对屁股的方式，期间身体还可以悬在空中。在圈养地里没有树枝，经常见到它们交配的时候一个躺在地上，有时两个都躺在地上。另一种长期挂在树上的动物——树懒，也一定采用类似的方式，不过我没有看过相关的资料。大猩猩是唯一悬挂在树上的重量级物种，它们也可能尝试过这种方法，至少曾经有过这样的阶段，因为虽然现在多数的时间它生活在地上，通常采用四足动物的后交方式，但偶尔也能在动物园里见到它们采用红毛猩猩的办法，雌性仰卧，雄性坐在它上面。

回过头来，再让我们看看海洋里的动物，它们面对面的亲热方式绝不是离经叛道，而是出于实际需要。

当然，我们不能认定返回水中的所有动物都有可能采取站立的姿势。我们要说的是，那些彻底生活在水下的已经变成了体形细长的游泳者。它们和双足行走的动物一样，脊椎和后腿之间的夹角由90度伸展为180度，随之而来的是，它们身体内部的器官也发生了变位，雌性的阴道可能向腹部发展。这是我们所期望的，而事实也真是如此。

斯特拉记录了看到的大海牛所上演的一幕：

春天来了,如果海上风平浪静,它们会像人类那样交配,傍晚的时候更加频繁。交尾之前,会上演一幕幕的爱情游戏,雌海牛悠闲地来回游动,雄海牛紧随其后,并用多种翻腾扭转的动作吸引雌海牛。经过迂回曲折的过程,雌海牛累了、倦了,无奈地躺下来,雄海牛威猛地冲到它的身上,满足自己的欲望,它们双双抱在一起。

维克托·谢弗(Victor Scheffer)在《鲸鱼岁月》(*The Year of the Whale*)中描述了现存最大型哺乳动物的交配过程:

一个小时接一个小时,它们成双成对地傍在一起游弋,忽而碰碰鳍,忽而摩摩尾,或只是简单地蹭蹭身子……现在,雄鲸游到了雌鲸的上面,轻轻地抚摸着它的后背……雌鲸顺从地翻过身,雄鲸游过她灸热的腹部……最后,这一对从海上高高跃起,黑黑的鲸嘴面对天空,腹对腹,鳍相抚,海水从它们温热光洁的身体上流下。它们的交配只持续了几秒钟的时间,最后双双重重地跌入大海,浪花轰然而起。

科林·伯特伦在他的《寻找美人鱼》(*In Search of Mermaids*)一书中引用了一段关于海牛行为的叙述,那是 1955 年一位目击者的亲眼所见:

海牛到离河岸不远的水中纵情嬉戏,大约十五六个为一群。它们先要经过一番打斗,以求赢得对方的好感。之后,它们再来到浅水处,在水深大约 15 厘米的地方,互相调情。有一对已经从水中出来,它们侧身躺着交尾。(由于它们的性器官在腹部,所以必然面对面进行。)

在参观海洋水族馆的时候，我们能对海豚有一定的了解。我在一家馆内问一位驯养师，海豚是怎样交配的。他掌心相对，把双手合在一起，说："就这样。"

海豹类动物属于典型的例外。海豹、海狮最喜欢的方式还是后位式，它们的性器官仍然长在身体最细的尾尖部。大概是因为它们依恋原有的习性，喜欢从水中出来，到岩石上交配。如果你了解海象的交配情况，就会明白它们有多么狼狈。雄海象的体重是雌海象的两倍多，重达数吨。它像个大怪物一样，狂乱地立起来又倒下，笨拙鲁莽，每年都有成百上千的小海象因躲避不及而被压死。面对这样的求偶者，雌海象如果躺在地上等待交配，那它身体内器官大概早就不在原位了。

海象有时也在水下交尾，这时候它们的身影便不再笨拙，而是像跳起了欢快优雅的芭蕾舞。海豹家族中至少有几种会采用水生哺乳动物传统的方式进行交配。加文·马克斯韦尔（Gavin Maxwell）观察过设得兰群岛（Shetland Islands）的海豹，它们的行为恰好发生在繁殖季节之前，一对对海豹"在水中翻来覆去，扭作一团，一会儿大声吼叫，一会儿相互撕咬……这是海豹独特的求爱方式，随后它们开始交尾，雌海豹仰面朝上，雄海豹压在它身上，并用鳍紧紧按着它"。

面对面的交尾方式的确是水生动物交配的共同方法，这一点不必到深海中便可得到证实，生活在淡水中的动物也不例外。人们不常见到海狸交配，但在俄罗斯的海狸养殖场，拉尔斯·维尔松（Lars Wilsson）有幸目睹了这一幕："发情期的雌海狸散发出的香味大概能轻易激起雄海狸的欲望，它下水的样子很特别，雄海狸马上跟过去，它们肚皮对着肚皮进行交配，之后慢慢向前游走了。"

让我们再看看海牛目动物，一篇关于儒艮的报道出自古哈（H.A.F.Goohar）之手，他确认它们采用面对面的交尾方式。这篇文章中最有价值的地方还不在此,而在于它透露了关于水手和美人鱼传说的秘密。文章提到,儒艮的生殖器官和人类的十分相似,在红海地区一直流传着一个故事,几百年前,一个水手在海上漂泊了几个月,他在一片浅水中发现了一只儒艮。它个头很大,性情驯顺,身体温热,自由地呼吸着空气,而且皮肤光滑,高高地挺着胸脯,最特别的是,它的阴部与自己的非常"吻合"。当然不要太在意它是不是有一张人的面孔。那时候,海上出现这样一位"美人"充满诱惑,尽管事实上它不会吟唱《海牛之歌》。

我认为人类的性行为和性器官都发生了很大的变化,与其他灵长类动物差异明显。各种证据清楚地表明,我们经历了因海洋而引发的转变,这一转变的原因不难推断,最终的结果是,我们和大多数水生动物之间存在着很多共同点,与世界上其他的动物没有可比性。

如果我们和那些动物一样彻底放弃陆地,我们就永远不能成为世界的主人,也不可能成为今天这样超级复杂的动物。如果我是生活在水里的人,那么就会和多数进入水中的动物一样得到说不尽的乐趣。

表面看起来,企鹅比鸟类更温和、更滑稽。水獭在陆地上不少的亲戚——黄鼠狼、雪貂等,和它们相比,水獭拥有它们两倍的智慧、三倍的好奇、四倍的友善、十倍的逍遥。而且如果你对海豚专家们的话深信不疑,你就会觉得它们是地球上最优雅、最快乐、最有魅力的动物。

我们的悲剧在于,历经了几百万年的水中生活后,又匆匆返回了陆地,身上不知不觉带着各种各样水中生活的影子。20世纪的智人,用一句老话说,就是非驴非马,不伦不类。究其根源,不是他开始认识到了什么,而是背负着太多的不幸。

第4章
性高潮

在这章我们准备谈一谈行为进化领域里最模糊的一个问题——女性的性反应。

现在与简·奥斯汀的时代有着天壤之别,众所周知,女人有能力体验性高潮,她们也确实做到了。显然,这一生理过程必然有其特别之处,否则也不会引出前面的言论。大家都认为没必要再重复类似的话,"现在每一位权威的生物学家都认为女人能够体验性的快乐",或者"不能再否认,女人和男人一样,她们也能达到性高潮"。

然而,确实有过那样的时期,女人的反应大同小异。那时候,妇女进入洞房,对即将发生的一切所知很少,甚至一无所知。还有人会向她们提出一些模棱两可的警告,告诉她们可能会很痛苦,但必须忍耐。那些掌握了最先进医学知识的人武断地说,女性性高潮的论调是堕落的幻想,绝对不能相信。哈夫洛克·埃利斯(Havelock Ellis)引用了当时英国学术权威阿克顿(Acton)的话,他谴责了女人有性感受的论点,认为那是对女性"无耻的诽谤"。

当然，那样的时代一去不返。你可能会认为，现在所有的疑虑都已消除，所有的混淆都已澄清，20世纪科学的发展已经让真相大白于天下。但是，事实与想象相去甚远，还是让我们深入内部，拨开迷雾，仔细看看它的本来面目。

最初，对于女性性高潮现象的研究只局限于智人这一个物种身上。

在金赛的时代，相关调查通过问卷形式展开，可以理解，当时只能这么做。但若是走上前去询问一只雌性动物，问它达到性高潮的比率是多少，那无论如何也做不到。到了马斯特斯和约翰逊①的时代，问卷调查的形式已经过时，取而代之的是用仪器监测人们的生理反应。可以想象，争取动物的合作比较困难。若是跟一对夫妇讲清自己所做的实验具有科学意义，那他们会很愿意配合，但却没有办法让动物明白你的意图。

研究人员会遇到各种困难，但他们足智多谋，总能想出对策，从侧面寻求突破。可结果出乎意料，只有极少数的人真正达到了预期目的。

这样得出必然的结论——也可以说是原因——大家达成了一致见解，即比人类低级的雌性哺乳动物从来没有性高潮的体验，这种推断和19世纪人们的认识恰好相反。那时候人们认为，人类的爱是精神方面的，女人若喜欢婚姻带来的肉体快乐，那就是"形同禽

---

① 威廉·豪威尔·马斯特斯（William Howell Masters，1915～2001）和弗吉尼亚·伊夏尔曼·约翰逊（Virginia Eshelman Johnson，1925～2013），两位均为美国性学大师，对人类性行为的研究做出了重要的贡献。合著有《人类的性反应》（*Human Sexual Response*）、《人类性功能障碍》（*Human Sexual Inadequacy*）等。2013年，改编自托马斯·梅尔（Thomas Maier）小说 *Masters of Sex: The Life and Times of William Masters and Virginia Johnson* 的美剧《性爱大师》以他们为原型，将他们的研究过程和成果搬上了银幕。——译者注

兽"。但按照现在的观念，肉体的愉悦也很重要。女人尽管与男人不同，但也远远超过了其他低等级动物。我们在下文中会详细谈到这一怪诞的理论，当然相关的材料也不在少数。

当我们把目光从动物的身上转向人，情况则完全不同。有许多言论与女性性反应有关，而且这个话题到现在还很热门，不断有观点相左的专家和思想迥异的学派针锋相对，达成的共识与既定的事实仍然非常有限，比我当年谈到这个问题时略有增加，凡是达成共识的，都是客观存在的。马斯特斯和约翰逊详细说明了这一论点。他们二人事无巨细地列出身体各部位的生理反应，包括性行为前期、中期和后期的。他们做笔记、录影片、做测量，项目有性器官的充血、消退，激动时出现的潮红，以及心率、出汗等。事实证明，女性的多数反应和男人相同。

他们还解决了一个长期困扰人们的问题。金赛曾经提出，有14%的女性声称能够多次达到性高潮，这和男人有所不同。该言论遭到反对派的猛烈抨击。比如，伯格勒和克罗格[1]指出："一些妇女志愿者对金赛说（他深信不疑）她们有过几次性高潮的经历，这是最大的天方夜谭。这14%的人显然应该归为性冷淡的花痴，即使反复兴奋也无法达到高潮。金赛上了这些理想主义者的当。"然而，这一常见的现象得到了马斯特斯和约翰逊的证实，他们说，那些妇女知道自己在说什么，金赛并没弄错。

到目前为止，除了这一点初露端倪以外，其他的事情仍然混沌无序。我们知道，性高潮确实存在，但在妇女中能达到的比例有

---

[1] 埃蒙德·伯格勒（Edmund Bergler，1899~1962），20世纪50年代最著名的同性恋学家、无意识以及自毁和自虐行为领域的领军人物。威廉·索尔·克罗格（William Saul Kroger，1906~1995），美国医生，开创了催眠疗法在医学上的应用，是心身医学的创始人和奠基人。——译者注

多少，能持续多久（从进化论的角度），发生在哪个部位，如果达不到情况又会如何，究竟是什么导致它的产生，又为什么会常常失败，所有的这些问题仍然处于激烈辩论中。

男人有男人的感受，女人有女人的感受，从生理反应来看大同小异。但女性的性高潮到底是自发的，还是由男伴引发的（德斯蒙德·莫里斯直言不讳地称之为"拟男性反应"），这一切都有待于进一步证实（当然，至今还没有一个人大胆地提出来，问问男人的性反应是不是因女人而来的被动反应）。

女人有女人的感受。具体是一种感觉还是两种感觉，人们对此争论不休。一派认为，阴蒂会达到高潮，阴道也能，这一派人中有一小部分认为，前者是低级的，后者是高级的。有人对此高谈阔论，认为只有阴道产生的高潮才是真正的高潮。另一部分专家也不示弱，他们的观点恰恰相反，认为阴道能产生高潮纯属谬论。

女人有女人的感受。在过去半个多世纪，人们认识到了这一点，鼓励她们有所期望，有所追求。同时，男人在这方面获得的知识非常多，都是为了帮助双方获得性快乐，但似乎结果并不是很理想。这又引起了争议，到底是谁的责任，是一方的责任，还是双方都脱不了干系，是她性冷淡，还是他缺乏性技巧，抑或是一方或双方的早期教育缺失，权威人士对此莫衷一是。所以可以肯定，没有这种争论的卧室基本上不存在。

为了不让大家觉得我是在夸大其词，特附上部分引言和观点。

认为没有反应的：

罗伯特·奈特（Robert D. Knight）说："大概有 75% 的已婚妇女体验不到性生活的快乐，或者体验甚少。"金赛说只有 10% 的女性达不到性高潮，玛丽·鲁宾逊（Marie Robinson）怀疑在 40%

以上，特曼（L. H. Terman）则认为是33%，韦斯（Weiss）和英格利希（English）给出的数字是50%，尤斯塔克·切瑟（Eustacc Chesser）认为只有15%。伯格勒断言，性冷漠"与70%或80%的妇女有关"。英奇和斯滕·赫格勒（Inge and Sten Hegeler）在《性爱入门》（*The ABC of Love*）一书中反复强调"女人不存在性冷淡现象"（该书第55页，第60页，第62页）。

谈论性高潮本质的：

弗洛伊德认为，阴蒂部位的高潮是不成熟的表现，也是神经过敏、男性化和性感缺失的表现，妇女必须通过学习来达到成熟、精神健全和完全女性化，从而"转向"所谓更深层次、更有满足感的性高潮，这个部位当然在阴道。伯格勒甚至说不能达到或从没有过阴道性高潮的女性都患有性感缺失症。（值得一提的是，在与性有关的文学作品中，对于男女"性感缺失"的看法往往表现得极为不同，如同盲人摸象一般。）

金赛的观点完全不同，他坚信阴蒂性高潮是主流，且看他的论述："有了现代解剖学作基础，再加上性行为的生理学知识，想让我们相信阴道性高潮的确太难了……文学作品中常常把阴道描写为感觉刺激的中心，但从身体和生理学的角度看，它几乎对所有的女性都是不可能的。"

西奥多·范德维尔德（Theodoor H. Van de Velde）不肯在两者之间做出实质性的选择，他把它们比作"两种风味的葡萄酒，或者是两种色彩，甚至是不同色彩的搭配"。还有专家把它们看作互为补充，黑斯廷斯（Hastings）则指出，"弗洛伊德说支持转换理论的人都没有流露出可以把两种性高潮类型区分开的迹象"。马斯特斯和约翰逊的观点颇具权威性，他们认为只要存在不同的生理反应，就不可能把两者分开。

所以，到底有一种还是两种？如果只有一种，是哪一种？为什么会有人说还存在另一种？如果有两种，男人为什么只有一种？哪一种占多数，哪一种占少数？要想寻求这一系列问题的答案，你得付出代价，需要更具慧眼。这有点像各派神学家在争论三位一体的内在本质。

另外还有一点没有达成共识，即对女性性反应的认识是否为女人带来了成就感。女权主义者伊娃·菲格斯（Eva Figes）曾大声疾呼："在现代女性认识到了性高潮后，或许它（与生育控制一道）成了男性主导地位终结的最大动力。"安妮·寇伊德（Anne Koedt）也是一位女权主义者，但她不同意这种观点。她曾出版过一本书，名为《阴道高潮迷思》（*The Myth of the Vaginal Orgasm*），书中暗示，这种特殊形式纯粹是宣传鼓动，是那些色鬼们凭空捏造的虚假谎言，目的是劝诱女人和他们上床，并想让她们明白自己也非常喜欢这类事情，还会在事后愉快地对他们说声"谢谢"。

那么，它究竟有什么重要之处？金赛说："即使没有性高潮，人们也能从性兴奋和性关系的社会角度得到很大的满足。"范德维尔德认为："现在，由于缺少性兴奋和性交带来的彻底的精神放松，很难估计它会造成多少人意识的混乱和神经失衡，以及婚姻的不幸。"哈费曼（E. Havemann）指出："虽然许多妇女从来没出现过性高潮，但她们也对性爱情有独钟，性爱给她们的身心带来了无尽的欢娱。"汉密尔顿（G.V. Hamilton）则说："除非性的渴望得到完全的释放，否则至少有20%的性生活达不到最终的性高潮。最轻的后果也会导致经常性的紧张、焦虑和不满。"亚当斯（C.R. Adams）对此也评论道："如果婚姻中的其他条件都能令人满意，那妻子即使完全没有性高潮也能享受到婚姻带来的幸福。"但可怜的勇士坶丽·斯托普斯①一直都致力于与愚昧、偏见做斗争，最后她认为自己明白了一切，竟然让她的丈夫签署了一份文件，内容是在丈夫无法满足她时，允许她从健康的角度出发，通过其他方式得到性满足。

其实，这些人为的分析过程还只停留在事情的表面，远非它的真实面目。弗洛伊德晚年时曾说："如果你想了解更多的女性知识，一定要依据自己的切身体验，不然就去向诗人请教，再者就是等待科学能给出准确合理的解释。"不久以前，罗伯特·阿德里像弗洛伊德一样无奈地表示："我们对于原始社会女性的研究还没有得出最终的结论，就算真有这么一天，那些无聊的分析人士也一定会不断找来某些病人过去的琐事，吹毛求疵，胡搅蛮缠。我们继续谈论时仍只能纸上谈兵、妄加揣测，不能从新的视角去看待我们的女性伙伴。"

多数明眼的读者都会看出，我们以上探讨的问题还处于剪不断理还乱的状态。除了这个问题之外，能够引起这么多的专家学者唇枪舌剑的，我想恐怕就只有经济了。个中因由大概是人们在潜意识中感到自身的利益、能力、幸福、地位和自尊心都会受到辩论结果的影响。所以，也许我们开辟的"新思路"最好应该尽量远离人类自身，而应在动物中间进行。

目前，对非人类雌性动物流行的看法是，它们不会体验到我们所说的性高潮。对此，人们提出的两大理由比较可信。至于为什么智人的妻子会进化出这样一种机能，在这个星球上开了先河，也有两种解释。

---

① 玛丽·斯托普斯（Marie Stopes，1880～1958），英国作家、古植物学家，是英国节制生育的先驱，与其夫在伦敦创建了第一家生育控制诊所。著有《婚后之爱情》（*Married Love*）、《明智的父母之道》（*Wise Parenthood*）等。——译者注

第一个让我们相信动物没有性高潮的理由是，女人的性高潮存在致命的缺陷，它必定是新生事物，没经过自然优选的过程，缺少自我完善的时间。于是埃尔肯（E. Elkan）推断这种现象还会继续出现。特曼探讨过弗洛伊德理论中有关女性病人的"性饥渴"等重大难题，结果无功而返，他的结论是其原因多半是生理性的和遗传性的，与心理因素无关，他与埃尔肯的看法一致。而德斯蒙德·莫里斯也认为性高潮这种现象即使没有在其他动物身上出现，至少是在智人身上最先出现的。

第二个理由基于四足动物的总体表现而得出，在交配之后，这些动物都会慢慢走开，好像什么事情都没发生过一样。这清楚地表明，什么不同的风味、色彩纷呈等对它们来说都属无稽之谈。

据说，人类中突然出现这种现象的原因有以下两点。

第一个原因是我们远古的朋友生活是这样的：她的配偶变成勇敢的猎人，为了维系他们的对偶关系，他就得让性充满情趣。而她作为猎手的妻子，在他回家时要随时满足其性要求，自己也应该得到新的"行为慰藉"，于是，性高潮应运而生。

第二个原因看起来更合情理。据说，当女人变成两足动物时，她的繁殖能力受到了新变化的阴道角度的危害，里面的精液会流出，如果她站起来马上行走的话，精液就很难保留。所以，她在这种情况下需要暂时被一种强大的不可抵御的力量所征服，致使她保持平躺不动，等到精子到达了目的地，她再站起来。

我认为这两点的可信度都不大。的确，女性的这一机能存在缺陷，特曼断定，这一缺陷与孩童时期在仓房里见到的肮脏事无关。他说得没错，但我认为此事不会再出现在其他动物身上。它只会出现在为了生存而奋斗的种群中。如果这一机能的出现是为了满足人类的繁衍，防止女性拒绝性行为，那很奇怪，为什么女性在年轻的时候虽已具备了生育能力，却表现得十分羞怯，达到性高潮的概率最小。按照金赛的统计数字，需要在结婚15年后，甚至更长的时间才能达到最佳状态，而此时的生育能力已经下降，也不会再有羞怯的表情。另外，让我们再想想维多利亚时代的家庭规模。那时，人们认为谈论女性性高潮是件不光彩的事，很显然，如果它真能影响生育的话，作用一定非常小。总之，如果有性高潮体验的女性比没有那种体验的生育能力更强，那这一现象必然会继续出现并发扬光大，没有任何理由证明它只会在目前存在，或者曾经存在。

至于四足动物的木然反应，我们能不能说它们在任何方面都无法与人类相比呢？我们在呕吐的时候，大概会发出一些声音，然后面色苍白地坐在浴缸边上，情绪沮丧，气喘吁吁，等到一切恢复正常，差不多要用5～10分钟的时间。然而很多动物在呕吐时，几乎与吃东西时一样，悄无声息，而且，之后它们会立即"若无其事地走开"。我们只知道有事情发生了，因为可以看到吐出的东西。同样的道理，似乎人人都相信雄性动物经历了性高潮，因为可以看到它排出的精液。但如果我们希望雄性黑猩猩能表达出它兴奋的感觉，或者筋疲力尽以及性交后的慵懒心情，那恐怕没什么希望。那么，也许断言男人的"行为慰藉"才刚刚开始进化是一个错误的结论。

也有人反对这样的说法，他们不认为上帝只会赋予一个种族这样的慰藉，来让女人为出猎的丈夫保持忠诚，还要能随时为他们服务。无论如何，它不会对忠诚产生任何作用，如果这种慰藉充满诱惑，那么不忠诚得到的乐趣会更多。至于随时可以提供服务，确实不假，许多低等的雌性动物在它们非常短暂的性周期期间只是被动地接受，而女智人从生物学的角度而言，也是一直处于被动接受的状态。

当然，也绝不会是因为她的男人拿起了长矛而导致她突然发生了转变。性高潮和打猎一点关系都没有，它只不过是一个漫长的被动接受过程在逐渐增强，最后达到了顶峰。这个过程稳步增长，伴随着我们从低级动物向高级动物演化。在我们成为高级的猴子和猿时，尽管雌性还是常常受困于发情周期，但这个时期，它们通常会随时接受求爱的表示，包括有身孕的时候。这一良好的势头一直延续下去，陪伴我们从原始人演变为智人，但它始终没有加速发展，我们也没有确切理由断定在某个进化的特殊时期产生了新的因素。

最后，说说认为女性性高潮可以让女人保持仰卧的姿势，以便让小小的精子进入体内的理。对此我不敢苟同，我怀疑性交后所出现的乏力现象所持续的时间，在女人身上是否比男人更长。无疑，现实生活中的大多数女人在事后会继续躺上一会儿。但在我们的文化习俗中，性生活都会在床上进行，而且大多发生在晚上，不管在什么时间、什么地点，都不希望被打扰。她没有理由跳起来说："好了，结束了，我得马上冲出去。"

不过我敢保证，不管她的伙伴多么优秀，如果她突然闻到烧焦的味道，意识到自己只有半小时的逃命机会，他绝不会看到性高潮能确保她稳稳地躺在那里，这种事情放在今天也不会发生。那我们的祖先总是日出而作，在阳光明媚的热带草原上，若是发生了交配事件，在众目睽睽之下，我不相信她会仰面朝天躺在那里一动不动，一分钟都不会。

在了解了所有的这些推测之后，让我们回到最初的那个大胆假设：我们摆脱了大男子主义的观念，不再认为这个世界上雄性动物生来就有性的需求和性欲望，在获得这一切的同时要伴随着性愉悦；雌性动物则生来就是为了满足**他**们的需求，增加**他**们的快乐还要为**他**们生儿育女。

让我们试想一种更民主的方式：公正地看待世界上的一切——自然、上帝、进化论或者其他任何事物，不把女性看作二等公民。

问题非常简单：怎样才能让动物甲和动物乙为了生育的目的而结合到一起？答案似乎也超乎寻常地容易：让他们在一起时更快乐。什么样的进化目的会只为其中的一半服务，让动物甲充满欲望追求快乐，并报以感官的享受，动物乙只能温顺地服从，被动地忍耐？

我们能找到的与动物行为有关的所有环境方面的证据都得出同一个结论：性的原动力是相互的——雌雄双方都有需求，都能得到满足，都认为性交是美好的事情。萨雷尔·艾默和欧文·德沃尔都认为：

> 人们吃饭不是因为需要食物维持生命，人们性交也不是因为它是保持种族延续的基本条件。母亲爱抚孩子并不是因为离了她的照料，孩子就无法活下去。我们吃饭，我们性交，如果我们是母亲，就要照顾孩子，因为这一切都能给我们带来快乐。

当然，从理论上讲，我们完全可以不把性看作群体伙伴的合作，而把它当作特殊的没有杀伤性的猎食，就像猫吃老鼠一样，只要它愿意，完全不必在意老鼠的感受。

的确，用他们的话说，就是男人的野性根深蒂固。在很多种语言中都对男人追求女人做出过比喻，男人是狼，女人则是类似一盘菜、一只鸡或是一个桃子等美味可口的东西。

然而在动物世界中，根本不存在这种事情。除了智人以外，没有其他哺乳动物可以在违背雌性意愿的情况下进行交配。

伦纳德·威廉姆斯（Leonard Williams）提醒我们："实际

上，雄猴如果没受到雌猴的主动邀请则无法进行交配，雌猴要愿意合作才行。在猴子的世界中，不存在强奸、卖淫以及委曲求全等现象。"

比灵长类更低级的动物，情况也是如此。马塞尔·西耳（Marcel Sire）在他的《动物的社会性生活》（*The Social Life of Animals*）一书中对褐鼠做过以下描述："例如，雌鼠会追求地位较高的雄鼠，正常情况下它五天就应该交配一次。但是有一只雌鼠在两个月之内始终拒绝交配，大概因为眼前的雄鼠都不能让它满意。终于有一天，它遇到了一个可心的，立刻就交配了。"

还有更低级的果蝇。霍尔丹（Haldane）讲述了他做的果蝇实验。他把黑雌蝇和黄雄蝇放在一起，这种雄蝇具有隐性基因，身体呈黄色，这在求偶中处于劣势。雄蝇企图交配，可雌蝇对它们不太满意，97%的雌蝇"积极抵制，它们有的会躲开，有的会做出踢的动作，有的干脆把产卵器甩掉"。最后能够有效产卵的只有3%，这成功的一小部分也并不是因为抵制失败造成的。经过进一步的基因实验证明，这部分雌蝇天生是色盲。

如此看来，除了人类以外的其他动物中，成功的性接触必须有雌性的积极配合。有迹象表明，很多雌性动物表现得比雄性更主动。1970年，斯图尔特·戴蒙德（Stuart Dimond）博士做过一项实验，让雌雄老鼠都去按操作杆，目的是引诱一位性伙伴。处在性高峰期的雌鼠会连续不断地按动，即使雄鼠已经表现出厌倦，它们还在不停地按。

灵长类动物无论如何也不应例外。罗伯特·阿德里对此解释说："在高级灵长类动物的日常生活中，雌性成为了性的发起者，爱的实施一定要有主动的一方，多半情况下这一角色由雌性来担当……欲望总是由**她**而起。"

我希望大家能从中总结出在智人出现许久以前就存在的这一现象。雌性哺乳动物和雄性一样,在性方面一直在展示自我,她们和配偶一样体验着欲望及其中的乐趣。没有理由认为雄性能够从中得到慰藉,而雌性却得不到。同样,也没有理由相信,单从生理上讲,男人来自性行为慰藉的需求与银背大猩猩在生物学上会有所区别,他们的雌性配偶也是一样。

我们确有理由相信男女两性的生理机能完全相同。1953年,一份来自金赛研究所的报告称:"发生性接触之后,身体的某些部位就会立刻因充血而膨胀、增大或变硬,最迟也会在几秒钟或一分钟内产生这种现象,这在人类和较低级的哺乳动物身上会有相同的反应,雌雄动物都一样。"

在我看来,最简单、最合理的推断是雌性的性反应在几百万年以前就得到了进化和完善,我们无法确定它适用于哪一级哺乳动物,但可以肯定,它们比我们要简单原始得多。它们在这方面没有大惊小怪的原因,准确地说就是因为已经完成了进化,性行为简单得如同吃饭一样,愉悦的报偿十分自然。

所以,我们不应该问:为什么人类的女性进化出了这样一种复杂而神秘的机能,又是如何得到的?而应该问:这么简单的事情怎么会被人类搞得混乱不堪?甚至在有些人身上还会错位或遗失?

我们首先来理一理头绪,看看性高潮到底因何而起。大家最好暂时忘掉金赛、马斯特斯和约翰逊,以及五花八门的说法,忘掉人类的那些闲言碎语,一心只想着猫、猴子这些四条腿走路的动物。

这样一来问题就简单了。性高潮的产生完全是因为人们所做的短暂而富有激情、快速而富有节奏的摩擦,这才是事情的源头。

近来,有些理论家对女人各种情况的性高潮做了研究,最后得出结论,它的情形和打喷嚏有些相似。也就是说,你在它来临之前就知道，但如果喷嚏没打出来，就会感到强烈的不适（如果打出来了，就没有任何相似之处了）。

但是，如果简单理解，只把它当作释放情绪的行为现象来看，途径则是短暂而有激情、快速而有节奏的摩擦。那么，更相似的感受立刻会在脑海中闪现，这可不是打喷嚏，我们要面对的像一种特殊情况的痒。单纯从主观上说，性高潮并不觉得痒；从美学角度看也没有可比之处，至少它有失斯文；从生理学的角度说，这种类比也不完全对等，因为痒一般是皮肤表面的感受，而性高潮却是深层次的。但不考虑这些差别，单从动物行为的效果来看，两种经历非常相似。

理想的阴道内部摩擦是采取后位方式。由于位置的关系，比如猫，不能用传统的方式由后腿完成抓挠（摩擦），那就必须求得另一只猫的帮助，猴子也不例外。这类对于帮助的需求简单自然，就如同它的肩胛上落了只跳蚤而感到不舒服一样。

此外，还有一点我们需要提出来，在许多灵长类动物以及更多的四足动物中，压力不仅来自后面，而且要从上向下，使它适用于阴道的腹壁。在一些灵长类动物中，两性间的差异也表现出了这一点——雄性更高大，腿更长。还有一些物种，如猕猴，两性间的差异很小，但它们也有办法达到目的：雄猴双脚站在雌猴后腿的关节处，以取得所需的高度。

猫则是靠雌猫的姿势来保证的——它叉开两条后腿，将脊椎骨尽量贴近地面，很多动物的行为也是如此。德斯蒙德·莫里斯观察过交配的长尾刺鼠："雌鼠同意后就不再从雄鼠身边走开，而是蹲伏下来，摆开性交的姿势。这与顺从地蜷缩有几个方面的不同。首先，雌鼠的身体很低，但没贴到地面。其次，它把后背展平，以便尾部相应地抬高……"看来至少在哺乳动物中，它们有意抬高体位进行交配。

到目前为止如果没弄错，那么我们现在要面对一个棘手的问题，要对性专家们针锋相对的不同意见做出公断，即女性性满足的原始状态是集中在阴道还是阴蒂。

你可以看看猫或大多数四足动物的解剖图，它们绝大多数都不存在阴蒂。只有极少数有这一器官，但是长得并不很小，也并非发育不全，而是又大又突出，有的甚至在里面还长有骨骼，就像某些动物的阴茎骨一样。但这些现象与性行为没有直接的联系。

没有人能确切地说明白这些动物怎么会进化到这样高的程度。伦纳德·威廉姆斯对其中的一种动物所做出的解释更容易理解，他认为这和性的关系较小，和排尿的关系更密切。他曾仔细观察过绒毛猴的举动，他认为，这些猴子的阴蒂之所以长得又长又硬，是因为它们非常讲究，一定要保持树上的窝清洁干爽。因为这样就可以直接把尿液排到窝外，与雄猴的动作相差无几。

还有一种因阴蒂长而闻名的动物——鬣狗。雌鬣狗阴蒂的长度堪比雄鬣狗的阴茎，而且也能勃起，所以人们无法从外形来判断它们的性别。对于它们的如此长相，不会有人认为这是雌鬣狗性欲强烈的表现，碰巧这种动物的雌性比雄性更具支配权。另外，雌鬣狗还长着两个非同寻常的脂肪球，酷似阴囊。因此可以说，它们这样的长相最初是用来警示那些虎视眈眈的不速之客的，告诉它们自己也不是好惹的，不会轻易就范。

与它相反，雌绒毛猴显然并不处于支配地位。这两种动物只有一个不太明显的共同点，大概就是在排尿时都需要准确定位，因为鬣狗的尿道口处于阴蒂的位置。（当然，女人的这两个部位是分开的。）作为支配者，雌鬣狗在犬科动物中占主动地位，由它来划归自己的领地，有时它们也通过传统的尿液气味来实现这一目的，尽管目前它们已经进化出特殊的嗅迹腺体，但在发情期，它们依然用尿液来圈定地盘。

如果我们忽略阴蒂，和其他大多数的四足动物一样，权当它是与性无关的器官，那就只剩下一个可能性，就是兴奋中心最初时是在阴道。若如此，我们就陷入了更难的困境，顶尖的专家们会一致反对，金赛、马斯特斯和约翰逊曾异口同声，声称这在生理上绝对没有可能。他们会摆出那个无可争辩的事实，即阴蒂上布满了高度敏感的末梢神经，而整个阴道内壁几乎没有，它的表面非常麻木。马斯特斯和约翰逊通过实验证实了这一点，他们的方法是轻轻抚摩内壁，结果证明受试者没有任何感觉。

我对此深信不疑。但是我们已经探讨过猫和猕猴的例子，它们不是轻轻地抚摩，而是快速有力地摩擦，好比狗会拍打耳朵的背面。以此类推，人人都知道不能用轻轻抚摩来解除难忍的瘙痒。如果你出过水痘，一定有人告诉你，要是把水痘尖挠掉就会留下疤痕，那你就可能会轻轻地挠一挠，因为不可能置之不理，可结果你会发现还不如索性不去管它。用力抓挠就能解除痒的感觉是何道理？可以肯定，它不是皮肤表面的东西在发挥作用，而是来自更深层的某种东西，单靠抚摩解决不了问题。

假设猫、猕猴，或者其他更高级的四足动物的性体验来自于水平的阴道，那么对阴道腹壁下方或腹壁的剧烈摩擦是必要的，这是雄性动物的必要过程。像其他高度进化的行为机制一样，只要雌性动物配合正确，每次都像做梦一样。

对我们的祖先来说，这颇具讽刺意味。当初，他把她按倒在地，她不仅害怕，还会感到痛苦，丝毫体验不到快乐。不管他多么尽心尽力，也没对腹侧阴道壁做过摩擦，而只停留在背侧的阴道，这里并没有敏感的肌肉组织，只有坚硬的尾椎。从女性的角度看，他所做的一切都徒劳无功。当然，他不知道哪里出了问题，等到明白的时候，全族的女性都已经在非常短的时间内，没有任何理由地变得性情乖戾和性冷淡了。

一个必然的结果是水猿的发情期开始消亡，这是种良性进化。雌性完全没有必要在一个固定时间内欲望强烈却得不到满足。或许雌性的性欲周期在某段时间内处于低潮，难以相处，也可能因为要照顾孩子，不愿意被无尽的欲望所扰乱。自然选择通过消除发情期的方式确保他们代代相传，兴旺昌盛，周期性的发情最终退出了遗传选择。

你可能会想，女人获得性高潮的能力也会消失，但进化没必要朝这个方向发展。拉马克①的看法是，生物的本能在某个特殊的群体中得不到利用，它都会倾向于慢慢消亡。然而，当今的科学家认为废弃本身还不足以引起这种变化，如果这个群体中出现了适应优势，它才会消亡。

这种优势既没出现在人类的雌性身上，也没出现在整个种群中，结果性高潮的能力没有消亡，它存留下来，并一直延续到今天。即使这样，它作为性慰藉的功能仍然处于潜伏状态，这当然是对个体而言。就整个群体而言，这种情况可能存在，而且还会延续下去。

至于它是否如早期的避孕者们所记录的那样，普遍处于潜伏状态，很值得怀疑。如果这一机能如我所说，则不难理解是什么原因导致性高潮更常出现在长期的婚姻生活中。对新婚夫妇来说，男人很快达到高潮，但女人却没有任何反应，但过了几年之后，即使在

---

① 让－巴普蒂斯特·拉马克（Jean-Baptiste Lamarck，1744～1829），法国博物学家、生物学家、分类学家，进化论的先驱和奠基人。——译者注

维多利亚禁欲时期的婚姻中，女性性高潮也不是没有发生的机会，而且相当频繁。

随着男人的反应变得越来越慢，而性行为持续的时间越来越长，妻子的性感觉变得更加强烈。他从未找到正确的角度，也没有人找到过，但长时间对腹侧阴道壁的摩擦最终发挥了作用，就像正确角度而产生的短暂兴奋所达到的效果一样。如果我们再回到小孩子得水痘的问题上来（很抱歉又提到这个缺乏诗意的比喻，后文中我的比喻尽量诗情画意些），如果水痘奇痒难忍，又不让他用力挠，而抚摩又不起作用，他最终会发现用手掌快速来回摩擦，时间长了也能起到缓解的作用，即使没有用力按压。

天知道那些维多利亚时代的人们想法从何而来。他们自然不会对外人说起，但许多乏味的婚姻在失去了所有的吸引力之后，一定是碰到了意想不到的刺激因素而峰回路转。性高潮出现过一次之后，就会重复而频繁地再次发生，因为她知道怎么做能如愿。这就是所谓阴道高潮"训练有素"的反应。

它也能解释一些现象，比如绅士小说家笔下常被曲解的做爱细节。当作者描写到撩拨人心的卧室场景时，他会安排女主人公疯狂地搂着男主人公的后背，对白则是："不要走开，千万别离开我。"实际上的意思却是："我的直觉相信如果你进入的位置再往下一点，再低一点，那个点就会受到刺激膨胀起来，那就更妙了。"

当他描述女人不经意间弓起身子时，他会让女主人公说："噢，天哪，我兴奋极了，我要爽死了。这就是我高潮的反应，我快疯了，我的全身在颤抖。"可它隐含的意思却是："噢，太好了，如果你不能调整你宝贝的角度，那我只好自己来。"

现在再让我们谈谈那些阴蒂派学者，他们一直围绕着这个热点做文章，因为他们知道自己的理论体系在发挥作用。我并不否认它的存在，只是认为它更像一个替代品。阴蒂和阴茎相对应，属于女人退化的器官，它像男人的乳头一样毫无用处。它最初存在，是因为基本的胚胎原形具有双性特征，在确定男女之前，单纯而简单的人已经定型。它和男人的乳头相仿，布满了发达的末梢神经，因为在性别选择过程中会需要它们。

然而，当正常的性机能开始出现问题时，阴蒂还在，它便派上了用场。德斯蒙德·莫里斯说，不管男人还是女人在非常兴奋的状态下，单单是刺激耳朵就能引发性高潮。很明显，如果真是这样，那么要达到同样的效果，阴蒂刺激所需的时间会更短。因为，尽管它原有的作用不比耳朵更与性有关，但它更敏感，存在的意义更大。

这样的替代现象在进化史中屡见不鲜。例如，爬行动物的颌骨就巧妙地起到了哺乳动物内耳骨的作用，而在哺乳动物身上，它是多余的骨骼。如果我们的性器官还在继续完善，那这些最初毫不相干的器官就能够改作他用，在原有的四足动物行为模式出现问题时作为代偿。

我们永远处于变化当中，这才是永恒的真理。世界在发展，再也不会回到四足行走的伊甸园。后位的方式无法让人满意，从理论上讲，它们最接近原生的用途，但现在用途已经发生变化（双腿行走对阴道造成压迫，致使它破旧立新，沿耻骨边缘演变为弯曲状态），这样的位置对女性十分有利，根本不用特意调整姿势。阴蒂高潮只是突发现象，而阴道高潮才能达到满足的极限，但对某些妇女来说无论如何也体验不到。

这诚然都是假设，但这一假设却比其他的更接近事实，它也解释了解剖学方面一些细微的神秘现象，比如，为什么阴道壁的某些部位本身就很敏感，而位于腹侧的则表现得尤为突出。

我自认为对前面一些难题所做的假设合乎逻辑。在此之后，我看到了凯格尔（A. H. Kegel）博士的文章，他的文章可以从完全不同的角度为这些假设提供证据。

凯格尔博士是位妇科专家，专门研究压力性尿失禁，这是一种生理紊乱现象，重症患者一般需要通过手术进行治疗。凯格尔发现，这种疾病也可以通过一整套针对性练习得到改善，即练习耻骨尾骨肌，这些肌肉恰好附着在阴道壁上。凯格尔在写给《美国医学会杂志》（*Journal of the American Medical Association*）编辑的信中说，这种练习不仅治愈了病人的失禁，还让她们得到了意外收获。一些妇女主动提到她们的性反应有所增强，对性生活更加满意，有的甚至是在结婚多年后首次获得了性高潮。

鲁思和爱德华·布雷彻（Ruth and Edward Brecher）在他们的《人类性反应解析》（*An Analysis of Human Sexual Response*）一书中也提及这一发现并做了如下评论："从这种现象我们可以看出，阴道高潮的生理基础与耻骨尾骨肌特殊的神经末梢有很大关系。性交过程中，阴茎的插入会对它起到刺激作用，它能对外来压力和深层的接触做出反应。"而且，"这类练习还可以治疗性冷淡，凯格尔指出，通过日常训练，可以增强这些肌肉的力量，六成以上的妇女在训练之后都获得了成功"。

《裸猿》一书曾简要回顾了哈迪和他的水生理论。与此相仿，布雷彻在他厚达 350 页的书中用了一页的篇幅专门谈到凯格尔，把他看作一个古怪的理论家，认为支持他的人很少。我认为，凯格尔阐述了一个简单的真理，当它被越来越多的人了解时，就意味着布雷彻其余的 349 页都成了历史，特别是对弗洛伊德那些深奥理论的论述更是毫无意义。

这就是水猿之所以面临尴尬局面的原因，这种情况非常罕见，也不符合自然规律，其中，多数性行为的发动和受益仅限于雄性一方。

女性智人再也没有出现过发情期现象。男性意识的深处埋藏着一个观念：女人是脆弱的、虚伪的，如果她们不是这么该死地做作，她们每个人都应该经历那样一段时光——比如一个月中有一周的时间——她会兴奋地在大街上乱跑，承认自己为此疯狂，像大喊大叫的猴子一样向所有的异性求爱，直到天黑时还在不停地寻找目标，而所有的男人都会望而生畏，退避三舍。

为智人祝福，我们女性的行为已经彻底改变，再不像从前那样，只是男人的配对物。我们追求他是为了爱，为了陪伴、兴奋、好奇、安全，为了一处居所和一个家庭，为了威望、消遣或躲在他臂弯里的快乐。但在他急切的欲望和我们的欲望之间仍存在失衡状况，所以当特殊时刻到来时，妓女便大行其道。

我相信这种失衡在最初时并不存在，它是人类的创伤之一，时时提醒我们不要忘记我们曾接受过"洗礼"，艰难地度过了上新世，顽强地存活下来。

这不是男人的过错。上帝知道，当然也不是女人的过错。但是，或许还要历经几百万年的时间，男人才能彻底消除郁积在心中的愤懑。

第 5 章
爱

亚历克斯·康福特（Alex Comfort）在他的《自然与人性》(*Nature and Human Nature*) 一书中写道："男人的性心理模式似乎是生物应激性的最终产物。"

到水中生活和用双腿走路给我们的祖先带来了形体上的变化，还导致了面对面的性交方式，这之后他们面对的确实是一个创伤层面的生物应激过程。

行为学家都知道，如果你想用条件反射的方法让猫的某个动作（如拨开盖子），得到它满意的结果（发现食物），接下来再用同样的方法，让它做同样的动作，但得到的却是沮丧的结果（一阵冷风），这时你的猫会性情大变，它将彻底崩溃。如果眼前有酒，它会一醉方休，结果你的猫成了酒鬼。

一方面，裸猿的困境比实验猫的遭遇更差，因为他们对愉快性爱的盼望不是经历了几个月的条件反射，而是几百万年的进化过程。现在，女性发现诱惑没能带来充分的理解和令人满意的反响，反而带来了恐惧与徒劳。男性则发现回应他们注意力的热情一去不复返了。一个调情的动作——也许是把手放在她的腰部，像现代猿的样子——会引起她的警觉和逃跑，如果他再穷追不舍、一意孤行，就可能招致踢打甚至撕咬，或是尖叫和大喊。当一切结束时，绝对不会有"亲密伙伴"的感受，这样的经历只能加大彼此的隔阂，而她大概会哭着跑回大海，远远地躲开他。

[弗洛伊德对出现在他的病人梦中具有象征意义的符号做出过多种解释，但他从没真正解释过病人们性生活不和谐所带来的严重后果。莱昂内尔·泰格（Lionel Tiger）出版过一本名为《男性群体》（*Men in Groups*）的书，他在书中对男人的运动天才大加赞扬之后，又做了具有讽刺意味的注解："事实颇具讽刺性,女性在体育方面唯一超过男性的项目是长距离游泳,陆栖哺乳动物恰恰最不擅长这一运动。"]

另一方面，雄性人科动物的情况要比神经过敏的猫好得多。因为他比女性长得高大强壮，仰卧的姿势也不起任何提示作用，所以多数时候是他主动去做爱，即使遭到冷遇，他也能得到一般的满足。我们一定要对他的行为表示感谢，否则就不会有今天的我们。

你可能奇怪，经历了几千代人的进化，这么简单的生物失调的小问题怎么没能自我调整到位。毕竟，我们在这里用的是进化论专家惯常的做法，随意谈论灵长类动物最令人震惊的形体变化，似乎这些器官的形状、尺寸和位置是可以通过网上订购的一样。

亲爱的先生，

　　我要把皮毛外套还给你，现在已经用不到了，最好把它换成两只耳垂和六千克的皮下脂肪。眉头的皱肌已平安收悉，我对它们非常满意。但是，大脑和阴茎还不能满足目前的需求，再大三倍才行，请予以调换。如果你有存货，我还需要一个鼻子。

　　此致

　　敬礼

　　　　　　　　　　　　　　　　　　　　　　您的，N. Ape

正如我们所知，所有这些要求最终全部实现。似乎有点奇怪的是，他的妻子没随信附上一个小小的请求："另外，最近我的丈夫改变了以往的习惯，我觉得我的阴道的位置稍有不妥，你有没有新的样式？先在此表示感谢。"

如果这样做了，这也不是她得到的第一个含糊的答案。她的身体构造要比自己的兄弟们复杂，许多机能还没有调整到最佳状态，无法适应新的生活。比如怀孕期间，支撑腹中胎儿重量的肌肉都与脊柱相连，这对四足动物非常适合，但对直立行走的她来说，像朝上的水龙头一样，一切都斜着立了起来。不过，她肩部的肌肉变得强壮有力，令她受益匪浅。尽管她偶尔会抱怨后背疼痛、子宫脱垂、静脉曲张，以及其他一些女性问题，但这些都没发生改变。

事实上，所有进化方面所发生的改变都遵循两大规律，其一是变化的发生不是为了个体生存的便利，而是为了种群的生存发展。想象一下巨大的海龟历经磨难，拖着沉重的身体，筋疲力尽地来到沙滩上，挖洞产卵；再看鲑鱼，它们会对着瀑布下的礁石用力摔打自己的身体；还有成群的担任孵化任务的帝企鹅要在呼啸的南极寒风中坚持六个星期无法进食。你可以看到进化过程中的优先权和亲本利益确实不受重视。只要她配偶的欲望仍然强烈、时机把握准确，就完全可以诱奸她，那么，她无法享受到交媾带来的快乐便不会对进化形成阻碍。

第二条规律是，最基础的东西从来不会发生大的突变，仅仅会发生量变而已。比如我们的体毛，从未完全褪净，只是越来越稀少；从爬行动物的脚到猴子的手，还有马蹄、蝙蝠的翅膀都是依据骨骼的长度而逐渐发生量变。所以，期望雌性灵长类动物深层次的性反应发生改变，希望它能与其他器官形成完全不同的协调关系，

第5章 爱

那就如同希望让她的嘴长到额头上一样，即便到了最紧急的生物应激关头也不会发生这种事情。

他们双双无法得到满足。在最初的几千年中，种族的生存没有受到任何威胁。这一阶段，她还定期出现发情，或许发情期维持的时间还不算短，虽然她经常会感到沮丧，但还是继续诱惑他，因为她很清楚没有其他更好的方式帮她解除情欲。无论如何，她的配偶能够准确地了解她的状况，并做出回应，这就是我前文所指的"只要他欲望强烈、时机把握准确"。

威胁在于，也许某天一切都会结束。从某种意义上讲，它真的结束了。亚历克斯·康福特的相关论述可以清楚地说明这一点：

> 或许人类性心理发展的奇怪的生物特征是令人惊奇的、非达尔文式的模糊目标。简单地说，在一个"固定性对象"关系到子孙后代的社会中，固定的性对象是最基本的一条，至少表现在与有生育能力的女性交配这一点上。但人类的性对象是不固定的——至少目前仍然如此，轻易就会更换。
>
> 无论从个体角度还是群体，女性的性特征吸引男性的地方很多。但其他吸引男性的东西也不少，它们从原来的纯生物对象转向了一些不相干的方面——同性成员、服装饰物、特别的仪式或环境，以及其他无生命的对象。这些东西使恋上它们的不幸之人深受折磨，因为这种吸引和大多数男人被正常的女性吸引一样强烈，而多数这样偏离正轨的事都发生在男性身上。
>
> 弗洛伊德把这种现象称为离经叛道、保护癖和恋物癖，他认为这些症状是由持续的幼年期的忧虑导致的……然而，对于生物学家来说，这种目标的不确定性令人匪夷所思——它与我们所了解的动物的本性恰好相反，尽管鸟类身上带有恋母的印记，比如

有的鸟把纸板箱当成它们的母亲，性行为却属于一对一的模式，这是达尔文主义理想的状态。

如果有哪些现象不符合达尔文主义的模式，那它必定有更合理的解释。

这一点我们认识得较晚，因为"大多数的这类偏差都出现在男性身上"，人们可能会想，麻烦都是男人造成的，不论它是什么。还有更荒唐的，认为男性总是性行为的始作俑者，女性只是被动的接受工具，是满足男性欲望的器械。

实际上，在哺乳动物中，尽管雄性可能更主动，是性关系中的追逐者，很少甘拜下风，但和其他各类关系一样，性关系也需要双方互动。

我们拿母婴关系来举个例子，其中母亲占主动地位，喂奶、洗澡、换尿布、穿衣脱衣、消毒、洗衣、抱起来放在怀中，而其间孩子一直是被动接受，她绝对不会怀疑是孩子引发了所有这些愉快的行动，而且只要孩子的小屋里传来嘤嘤的哭声，她会立刻精神百倍，一般不在意白天还是黑夜。她这是在对特殊的刺激做出反应。如果没有这些刺激因素，比如，假如她没有孩子，她会在无意间从心底里涌起一种冲动——想哺育的冲动，这时她会发现自己也像那些患有恋物癖和保护癖的人一样，去寻找一个替代的目标——小动物或是弱小的人，抑或是患有恋母情结的人。

雄性哺乳动物的性表现很像是对刺激物的反应，刺激当然来自雌性。对此我相信，智人的"目标不确定性"也源自没有达到足够的刺激，这种失效不仅影响到个体，而且成了一个种族的特征，就是发情现象的消失。

这里我们要把性周期迥然不同的两种表现形式清楚地区分开，

因为它对雌性灵长类动物的影响很大。一是月经期，只有旧大陆猴、猿和人才有这种特殊现象。它在性成熟后定期出现，间隔的时间大致与我们相同，一月一次，与动物的形体大小无关。它对雌性动物的行为没有明显的影响，但在野外，偶尔有雌性黑猩猩能够注意到血迹，会想办法把它擦掉——没有手纸，它会利用树叶，当然它对雄性没有任何影响。

与此不同的是动物的发情期，具备这种特征的不仅是灵长类动物，而是包括全部哺乳动物。在一些物种中，它会一年发生一次，或者一季一次，有些动物则几天一次，有的甚至一天几次。大多数的灵长类动物都是大约一月一次，与月经很相似，在两次之间则会是低潮期。引人注意的是，这对雌雄两性都有影响。

有几种灵长类动物，比如黑猩猩、短尾猴和狒狒，它们在发情时生殖器周围会伴有一小片皮肤颜色发生变化，这里被称为性皮肤。它在月经出现后会充血，在发情期的高峰阶段会呈红色，表面鲜亮，且比平时膨大许多。（这种情况会让参观动物园的游客感到气愤，他们会误以为动物生病了，它们在忍受病痛却得不到照顾和治疗。）

这期间，雌性动物自己会表明她的性欲有所增强。她会主动与雄性为伴，会去诱惑他们。热带草原上的狒狒等级观念很强，发情期的雌性地位会突然提高，连同性也会对她表现出兴趣。有时候她们会骚扰她，多数时候会更频繁地为她梳理。她还可以经常出入为重要动物保留的"皇家围场"——一个无形的公认的地方。当她的发情期达到巅峰时，就会有一个首领级雄狒狒（统治集团）确定与她配对，并宣布暂时独自拥有她，尽管几天以前她还属于所有的雄狒狒。

发情期结束后，她又回到原来的低等级地位，大部分时间都和雌狒狒们在一起，再也得不到首领级雄狒狒的青睐，只是偶尔有一两个刚长大的雄狒狒会戏弄她、吓唬她，而这些雄狒狒不过是想找一个平庸的对手，通过她练习驾驭的本领。她无忧无虑地在阳光下游荡、进食、睡觉，完全忘记了曾作为性对象的那一幕。她会静静等待下次机会的到来，确切地说，她不是一个全职选手。

对于等级的划分，她既可以利用它，也可以忽略它。她对地位的关注从没像自己的兄弟那般痴迷，因为她知道自己的辉煌还会再来，不必为它去奋斗，她的怀中还会抱着一个刚出生的小狒狒，那时，没有一个姐妹的地位会超过她。

显然，在一些群居的灵长类动物中，发情是件非同一般的事情，它是影响一个雌性动物和本群中其他成员关系的重要因素。在绝大多数哺乳动物中，无论是群居的还是独居的，发情都必然是调节雄雌关系的主要因素。

至于传达发情信号的准确性质还无法弄清，许多哺乳动物的信号明显是嗅觉。比如，如果一只发情的雌狗从旁边路过，你的雄狗不用看就知道它来了，也知道它正处于发情期。由于灵长类动物的嗅觉不太灵敏，还因为它们的性器官的肤色十分艳丽，一些作者便推断猴子和猿的信号主要靠视觉和动作来接收。

新近的研究结果表明这两种说法都不对。英国伯明翰的赫伯特（J. Herbert）认为：

> 我们把雄猴与刚刚摘除卵巢的雌猴进行配对，雌猴的性器官肤色苍白，研究的结果和我们推测的一样，它们的性行为很少。接下来，我们把极少量激素直接涂在雌猴性器官肌肤表面，这个剂量太小，如果通过注射的方法是无法起到任何作用的。这时，它的皮肤变成了鲜亮的红色，但雄猴并没出现性行为的变化。可

> 当我们把少量的性激素直接放入雌猴阴道，雄猴几乎是马上就开始交配……好像这时的性激素除了引起了肤色的变化之外，还引起了阴道特别的变化（或许气味发生了改变），正是这一点激发了雄猴的性趣。

于是，我们发现了一种生物现象，激素生物钟会影响大多数的雌性哺乳动物，它能发出某种信号，可能是气味信号，这种气味能引起雄性的性欲。这就是性的原动力，雄性动物会对这种刺激做出反应。而智人已经退化了这种反应能力。

因此一些男人背叛了"模糊的目标"，变成了同性恋者，或对女性内衣虎视眈眈，还有的对橡胶的气味以及其他一些不相干的事情感兴趣，就丝毫不奇怪了。当生物的突变愈演愈烈，厄运降临到人科动物头上，雌性永久失去了发情的本能。真正惊奇的是他们为了保证种族的繁衍，仍能进行性爱。而许多其他弱势物种则在失去发情能力之后，自动走向了灭绝。

幸运的是，我们的祖先属于灵长类动物。对高级的灵长类动物而言，交配已经渐渐成为技巧性的活动，即使裸猿失去了那些特别的刺激，他们也知道如何去做，整个过程的相关知识代代相传：他会牢牢记住。劳伦斯（D. H. Lawrence）在提到"记忆中的性"时言语中充满极度的蔑视，但哈洛（Harlow）所做的实验证明，相当多的高级灵长类动物头脑中确实已经存在，而且智人在这方面更胜一筹。没有大脑上皮组织的引导，男人的心脏、肝脏和肾脏会像平常一样继续发挥应有的作用，可他的阴茎却做不到。劳伦斯过高地估计了它的本能。

一些作家在谈及这一主题时总是不愿接受现实，不愿承认重要的发情本能真的已弃我们而去。玛丽·斯托普斯就是其中的一个，她在读到女性存在性高潮一类文章时很兴奋，开始提笔时更加兴致勃勃，也许她当时还没有切身的体会。她也像许多人一样感到迷惑不解，认为性高潮明显是偶然现象，怎么可能有20个女人对此毫无感觉，而到第21个时就出现了高潮，而这个人既不比其他人更健康，也不是被爱得更深，更不是她理应得到，而且性高潮不是在同一个人身上每次都出现。

她对工薪阶层女性所做的案例分析不仅想证实生育可以有计划地进行，还想证明夫妻间的性生活对双方都是美好而令人振奋的经历，但结果令她非常痛心，多数参与者对她的这一命题报以哄然大笑。

我无法确定她是否通读过与灵长类动物相关的文章，不过她大概是看过一些，因为一旦涉足这个领域，没读过的专业文章会很少。

不管怎样，她得出了一个结论：问题的关键在于女人自身，虽然她们的屁股不再发红、发亮，但仍然受到生育周期的限制，而她们自己对此并不知晓，别人就更弄不清楚了。她指出，有些女人认为丈夫讨厌，都是因为丈夫在不适宜的时间提出做爱的要求。为此她给新郎的建议是，成熟的时机最重要。

她询问那些被调查的妇女，了解她们是否注意到自己的性欲在一个月的某个时间会增强（或者说对性行为的厌恶会减弱）。她请她们仔细回忆，并说出她们在什么时间会发生类似的情绪反应，与月经周期有哪些联系。

在对第二个问题的回答中存在着分歧，但她是一个鼓动性很强的女人，没有几个受试者可以经得住她设计好的询问，她们最后会说："嗯，是的。既然你这样说了，大概就是这样。"（如果她问的是一年而不是一个月里的什么时间，她们的回答一定是："因为你向我提到了,那就是吧。在春天,不是吗?是在春天,对吗,小姐?")

玛丽如饥似渴地搜集答案,并进行统计,她的书籍畅销全世界。人们一度认为智人女士又重操旧业,恢复了发情机能。哈夫洛克·埃利斯和其他人一样,也把女性行为的几个现象归为周期性的欲望。

我认为这些都是无稽之谈。在英美两国相同课题的研究中,始终没有达成一致的见解。有些妇女认为一个月中会有两次高峰期,有些则认为是一次,还有许多人根本没有任何感觉。那些声称自己能定期经历性欲高峰期的人所选择的时间大都与灵长类动物相同,不是在最容易受孕的时候,而是在最不易受孕的时候。如果这是真的,那对于天主教徒利用排卵周期的方法控制出生是非常有效的,但从生物进化的角度看,那是极其愚蠢的,会导致种族灭绝。

也有人调查过男人会不会有这种周期,很多专家声称男人的周期可以划分为三种:一年一次、一年两次和一月一次。

肯尼斯·沃克(Kenneth Walker)在《性生理学》(*The Physiology of Sex*)中提出,"大多数男人一周会有一次"。他大概说对了,但我想提醒一句,这和男人的荷尔蒙无关,不过是他在星期日不必早早起床带来的结果。

现在我们讨论的这一阶段正逢水猿的命运处于最低潮期。他们曾经有过辉煌的幸运之举,成功逃离了非洲的炎热与干旱,来到了广阔的海洋。但从那时起,环境变化带来的问题一直在不断增加,现在达到了一个极端的时期,出现了群体内部紧张的性关系。这个问题长时间没有得到解决,在男女两性的心理上都留下了阴影,以至于到现在,我们还要为此付出努力。

然而,这一阶段也不是恒定不变的。大家一定记得,人科动物的适应性非常强，对各种环境危机都能做出应急反应，结果是人类从陆栖动物变为水生动物（后来又重返陆地），从食植动物变为食肉动物，从四足行走变为两足行走。他不可能永远被性的问题所困扰，以至每次都不能顺利完成交媾。

还有一事需要提醒，那时的做爱要伴随着一定的粗暴动作，可那绝不会含有敌意。但是，让一个被打的人相信别人打他并非出于恶意，这太难了。也许，要想理解这种情况，最好的办法是拿与女人相关的同类事件打个比方。想象一下，现在你必须要给一个哭叫不止的孩子喂进一大勺抗生素，这时你最想对孩子说的话基本上就是水猿想对他的配偶说的。

"来吧，亲爱的，张开嘴，你知道你必须吃下去，它对你有好处……不，一点都不难吃，我保证，你试一试就知道了，你会喜欢的……瞧瞧，别闹了，你会把它弄洒……甜吧？再来点？噢，看在上帝的份上，别哭了！哭没有用，你知道的，你最好乖乖的！"最后，特别是假如你很年轻又缺乏耐心，你会按住孩子的胳膊，采取强制的办法，任凭他张着大嘴，涨红着脸，气愤得歇斯底里，因为他想把所有那些脏兮兮的药液都吐出来，但却做不到。

人科动物面临的问题基本相似，唯一不同的是他受到的刺激是非理性的，没有预先计划好。此外，他面对的对象仅比他轻几磅，更重要的是她还有牙。

母子二人经过这样一个回合，每一个有恻隐之心的母亲都会说，再也不会做这样的事了，一定还有让孩子喜欢的更好的办法，至少让他可以忍受，或者在他不知情的时候就吃完。她可能永远也找不到简单易行的方法，但她会不断努力。毫无疑问，裸猿也是如此。如果性是唯一（或是最基本的）维系原始人群体的纽带，那对他来说找到一条出路很难。

幸运的是，事实并非如此。对几乎所有的高级哺乳动物来说，持久的关系与交配没有任何联系，最复杂的是社群中的关系，这些社群关系往往比性更持久、更坚韧。首先，每一个群落都具有内聚性，这和其他动物群体所具有的本能相似，如蜂群、雁群、鹿群、鼠群和鲸鱼群。

最稳定的要数母子关系，猿的母子关系可以很好地保持到孩子的发育期。另外还有男人和男人的关系，它能把雄性动物团结在一起，莱昂内尔·泰格对此曾大加赞许。还有女人和女人的关系，当然男人不肯屈尊承认这种"关系"，但它确实把女人聚合到了一起。再就是同龄人之间的关系，它能让未成年人聚集在一起玩耍并做各种体验。还有一种比较特殊的关系，它在人类、猿类和猴子中都存在，即两个个体间的朋友关系，他们彼此相伴，其乐无穷。

总体来说，这些关系有利于减少恐惧和敌意，有助于增加相互的信任和相处的惬意。而且，它们之间通常都有彼此熟识的信号或手势以及激励机制用以巩固已有的关系。

所以，男人对自己的配偶所做的一切也都是为了减少恐惧，增加信任。他把所有那些较平和关系中的信号都借鉴过来，并把它们融合到一起组成了性技巧的精华。最后，他长舒一口气说："这下好了，瞧，我站在你一边，把我当成你的伙伴，或者你的小宝贝，你的兄弟姐妹，你的父母，你的朋友。"还是让我举几个具体的例子来说明吧。

先来看看母子关系，它无疑是所有动物中最重要的一种关系。幼崽在出生之际，一切都无能为力，所以维系这种关系要靠强有力的行为模式和相互的心理安慰。孩子获得的满足是温饱、安全以及与母亲的亲密接触，母亲醉心于哺育和与孩子的亲密接触。孩子的双唇与母亲的乳头都布满了丰富的末梢神经，对愉快的接触十分敏感,这是建立母子关系的良好开端。

我相信多数母亲都喜欢这样的过程,但有些人在不同时期被灌输了其他想法,认为:第一,它是低级简单的活动;第二,它对孩子是神圣的,但如果做得不好会危害孩子的健康,也会危及母子关系;第三,它给家庭的"集体活动"造成了麻烦,因为如果父亲想带母亲出去与老板进餐,孩子却要定时吃奶,这对婚姻不利。这些荒谬言论中任何一条都是给动物单纯的快乐泼冷水,而有些妇女竟然全部相信。

你可能会问,我们怎么知道动物能从哺育幼崽和与它接触的过程中获得快乐呢?这个问题问得好,因为我们研究四足动物时不能询问它们有什么样的主观感受。然而,有一种动物的感受或许能说明问题,它能对身体的快乐感受回报以声音,这种动物就是猫。当猫躺着给小猫喂奶时,你不仅能听到小猫发出的满足的呜呜声,它妈妈发出的声音会更大。

养猫的人还知道,如果你抚摸猫的下巴,它一般会发出特殊的声音并表现出慵懒快慰的样子,好像那个部位是专门用来接受抚摸的。动物的这类行为目的不容易被理解。如果下次你碰巧端着一个托盘,而猫不停地在你的脚下来回走动,并把它的头尽可能地高高抬起,你一定非常气愤。当然,如果这是只小猫,而你是它的母亲(一种它习以为常的关系),这一举动就不会让人讨厌,而会被完全接受,因为它不停地用脑袋在你下巴处的敏感部位蹭来蹭去,以求唤起你的母爱,让你躺下来给它喂奶。

猴子身上能引起母爱反应的部位并不包括下巴,原因是它们母子的空间关系与在地上不同。但灵长类动物的母爱反应绝不会比猫少,理由是小灵长类动物的要求会比猫科动物的要求更多,但想弄清楚它们的需求在哪个部位却不容易,因为猴子不会呜呜叫。但是当在树上活动的妈妈沿树枝爬行时，小猴子的手脚不停地在它的后背上踩来踩去会给它带来愉悦。若非如此，已经可以自理的小猴子再到背上持续捣乱，早就让母亲忍无可忍了。对幼崽来说，除了吸吮之外，后期与母性相关的回报反应还包括分享食物。

保持友谊关系的主要行为是相互梳理，这一举动在雌性之间比其他的成对关系中表现得更为普遍。它似乎非常实用，可以防止外来的骚扰，梳理毛发时还会把发现的伤口清理干净，总体来说是件能带来快乐的事。猴子会到邻居处寻找同伴请求整理，它伸出脖子或展示身体的其他部位，希望能引起另一位注意，就像狗寻求抚慰时会在你的手下方猛甩自己的鼻子，摇头晃脑地希望你能摸摸它的头。

未成年动物也会凑在一块，维系它们关系的是玩耍、嬉戏和追逐，表现在人类身上就是欢歌笑语。此外，灵长类动物还有无数其他身体接触的模式，都能表现出和睦以及良好的愿望。拥抱在很多物种中都是最常见的，且都充满激情。绒毛猴经常以此作为表达深情的仪式，它们聚在一起，用前臂遮住眼睛，两腮鼓起，发出微小的呜呜声，最后亲密地蜷缩在一起或抱在一起。亲吻是另一种常见的友好动作。比如，夜猴会毫不迟疑地彼此亲吻。

还有一点值得一提，在除人类以外的灵长类动物中，这些动作都与性无关。所有这些动作和交配仪式彼此独立又模式化。但有一点似乎非常清楚，人科动物的祖先们尽其所能融合了他所认知的全部，这些技巧的使用让交媾重新变得友善平和。现在我们做爱前的准备大概就源自那一切。

他拥抱她，吻她，像猿对待同伴；他送给她礼物，经常是巧克力一类的食物，像猿对待自己的孩子；他设法取悦她，让她欢笑，像猿和伙伴在嬉戏；当关系变得更亲密后，他会抚摸她的双乳，像猿的婴儿在吸吮；如果他看过一些指导做爱的书，也许会在她的脊背上慢慢地爱抚，还会轻轻地拍她、拥抱她、抚摸她的头发，很像动物间的彼此梳理；他也会紧紧地抱住她，起到保护的作用，像猿护住自己的孩子。

她自然会从这些行为中获得乐趣并做出回应，然而他的大男子主义根深蒂固，满脑子想的就是她的存在不过是为了满足他的性欲，接受他的性要求。当他在她身上确定了一个敏感部位，便称之为"性感区"，似乎它的进化只为了一个目的——性爱。

这个部位便是和猫的乳头及下颌处的"敏感地带"一样敏感的地方，但是高傲的公猫对它们极少在意，当然它们也不需要那样做。实际上，人类（包括其他哺乳动物）特别进化而来的"性感区"，从严格意义上讲只有两个，一个是阴茎，另一个就是阴道，其余的器官都各有各的用途，之所以在人的身上有了性的意义，是因为正常的机能出现了障碍。

所有这些新的求爱表达以及其他的方式在《裸猿》"让性充满情趣"那一章中均有描述。在我看来，这些行为的动机内涵丰富，它们显露的特点表明性不单纯是为了交配，它融合了灵长类动物的友善、亲和以及各种使群体凝聚的因素，这些因素曾经让他们的举止好像是彼此喜欢。我认为他们并不单纯为了让性充满情趣才这样做，而且可以肯定，女性人科动物也不会这样想，她一定认为他表现的是爱。

我们无意间已经卷入了这场讨论，许多科学家把它最终归为这个由四个字母构成的词"love"（爱）。马斯特斯和约翰逊非常直率，他们明白从何处着手，你不会看到他们像其他的人那样在这个问题上绕圈子。人们普遍认为"性"很容易界定，而"爱"却云山雾罩；女人常把爱挂在嘴边，男人则更多地谈论性本身，因为女性往往比较含蓄，不会直接表达真正的意图。

第 5 章 爱

极少有思想家认真地探讨过这个问题，或许人们在谈论爱的时候没有掺杂其他因素，仅仅是爱本身。

也许有一个时期，女性的性高潮不存在，因为交配的时间非常短暂（一般的灵长类动物基本都在八秒钟之内），而且生命的周期也相对较短，无法提供充分的条件来获得意外发现。发情期的现象如果还没有彻底消失的话，也肯定正在走下坡路。那时候，对于女性全部行为方面的慰藉不在于哪个局部的部位，而是在于由爱抚带来全身的温馨、安全、幸福以及愉悦的感受。这些都是人类历经磨难后新发掘出的好方法，融合了多种因素，包括父母的养育、孩子的恳求、伙伴间的良好愿望，这就是她所理解的性爱内涵，也是性体验的新源泉。

这些对她的后代而言依然十分重要。现在的男人会突击钻研地看着有关性知识的手册等待妻子归来，他会发现在如今这样一个讲究技巧的时代，把手放在乳头上应该和把手放在电灯开关上有一样的准头。如果没放对，那他一定是找了一个假的人体模特儿。他可能要花几年的时间完善自己的技巧，但她还是时常混淆视听，比如问一些不相关的问题："约翰，你真的爱我吗？"

去年，宾夕法尼亚大学医学院的马克·霍伦德（Marc Hollender）博士在《普通精神病学档案》（*Archives of General Psychiatry*）发表了一篇文章，谈到了他发现的关于女人非源于性欲而渴望接触的愿望。他说，某些特定的情况会导致夫妇间的彼此误解，当一个女人只是想被抱在怀中而不想其他事情的时候，她所传递的信息可能常常被丈夫错误理解。她能把拥抱的愿望和性爱的愿望分开，而她的丈夫却无法做到。这样一来，如果最终发生了性行为，她会觉得自己成了牺牲品；而结果相反的话，他会认为她的引诱是在挫伤他、愚弄他。

那这类女人的初衷是想从身体的接触中得到什么呢？霍伦德博士

说，是安全感、舒适感、满足感以及"证实她是被爱的"。某些新闻媒体都略带神秘地引用了他的观点，好像他已经拨云见日，揭示了女性性变态中少数人的观察。也许有一天，某些民意调查者会进行一项访问，会询问妇女们性高潮与相信被爱哪个更重要，如果两者不能同时拥有，会放弃哪一个。（你会认为少数异常的人会占90%吗？）

爱与性关系相伴而生并非近期的浪漫发明，它像维纳斯一样，早在上新世的波涛中就已崭露头角。

爱的需求同样不仅仅女人才有。从最初的时候起，男人用胳膊抱住女人，并亲吻她，不单单是为了让她把嘴闭上，而是如同妈妈抱紧哭叫的孩子再吻他的脸一样，都是出于喜爱而引发的举动，他不希望看到她害怕。良好的愿望和情感的表达就像长毛猴用鼻子吸气一样自然，是互动的，在他心里所产生的温情与感激和在女人身上所产生的没有区别。虽然灵长类动物的性是短暂的、相对而言不具情感成分的事务，但融入其中的各种人际关系因素使它更人性化，也更持久。对男女双方来说，他们的体验越来越接近于我们现在所认同的爱情。

雄猿和雌猿唯一不同的是，即使没有情感他也能得到性的快乐，而对她来说，那时的一切比现在的更加原始。如果不带任何粉饰的成分，再没有装装样子的表面仪式，那整个性爱过程将单调乏味，毫无意义，更不会带给她满足感。

这一时期，他们已经度过了最具伤害性的情感危机，开始建立起新的两性关系。如果他能说话，或许有时会把她比作夏天。但这一切距离现在太过遥远，远在南方古猿之前，那时的裸猿还只是个木讷的动物。

雄猿真的是这样的吗？

第 6 章
语　言

　　人类在各个不同的进化阶段被冠名为两足猿人、食肉猿人、裸体猿人、游猎猿人以及会制作工具的猿人，促使她最终演变为智人——具备了智慧——的最重要的阶段是她成了会说话的猿人。

　　这是人类演化史上的一次飞跃，把其他灵长类动物远远地甩在了后面。最先诞生的是单个的词。在人类进化史研究中，最令人困惑的几个悬而未决的问题之一就是什么时候、怎么样，又是什么原因致使我们创造了词。

　　人类所拥有的一切和类人猿没有区别。我们是群居动物，从这个角度看我们需要进行沟通，但是大猩猩和黑猩猩也都群居生活。由于人类经历过树栖阶段，因此得到了一张形状特殊的脸：向前看的眼睛，鼻子突出，双唇柔软，门牙变得平而竖直，容易和舌头接触，这一切都有助于发出唇音、齿音和摩擦辅音。但是，单纯从生理方面讲，绝大多数我们所发出的音黑猩猩也能发出。它们的声带和我们的非常相像，嘴的形状也类似。所以肯定出现了新的诱因，从而导致我们开发了如此丰富的资源，而其他灵长类动物至今对此浑然不觉。

我们不知道语言从什么时候产生,许多人认为它是新近开发的。1955年,霍尔丹推断,"描述性的语言"大概是和"旧石器时代的技术革命"同时产生的。

然而,我们所说的远非真正意义上的原始语言,而是一种精准的、有构词能力的话语形式。马勒(P. Marler)在他的《动物交流研究成果随笔》(Notes on Developments in the Study of Animal Communication)中有观点相同的阐述:"我们远古的祖先曾经组成了更复杂的群落,这样可以减轻在艰苦环境下个体生存的压力,有必要使用更长、更多样化的词汇。接下来就要将复杂的信息进行分类,把它们分成有区别的称谓,从而产生了多种音符,而每个音符都可以单独使用。"

奥克利(K. P. Oakley)对人为什么最先使用了声带有很新颖的看法,他指出"人最早的交流方法是做出各种手势",也许"手的用处越来越多,既要制作工具,又要使用工具,才导致了人的交流方式从手势转向声音"。这一见解非常独到,但我无法确定他是否曾是一个斯达汉诺夫工作者[①],当他有急事想表达时却不能停下手头的工作。无论如何,早期的交流一定是由情感而引发的——意欲传达气愤、警告、威吓、满足或者是性的欲望,在怀有以上情绪时,一边敲打燧石,一边简单地用声音喊出来是不可能的。

同往常一样,泰山派学者认为这根本算不上真正的问题。人已经成为了猎手,不是吗?这已经说明了一切。德斯蒙德·莫里斯说:"从群居的角度讲,狩猎的古猿迫切需要与同伴进行交流,面部表情和有声的话语必须复杂多变。手中握有新式武器,他就得想

---

① 阿历克塞·斯达汉诺夫(Alexey Stakhanov,1906~1977),苏联煤矿工人,著名劳动模范,1935年创下在一班工作时间内采煤超定额13倍的纪录。——译者注

出更有效的信号，用以阻止群落内部的自相残杀。"

罗伯特·阿德里谈道："狩猎生活要求分工协作，雄狮捕获猎物后会交给母狮去咬死，相信小非洲人会把他们的专门人才组织利用得更好。劳动分工要求相互依存的合作者之间进行信息传达，但狮子只会吼叫。此外，我怀疑是否真的到了上新世，原始人类的生活中还没形成人类语言的雏形。"

事情绝非如此简单。乔治·巴塞洛缪和约瑟夫·伯塞尔都有刨根问底的习惯，对这一问题做了研究，他们指出：

> 群体狩猎并不需要太高层次的信息交换，比如语言或是固定的组织形式，因为一些非灵长类食肉动物就有这个本领，比如许多犬科动物，还有一些吃鱼的鸟类和虎鲸。

瑞士人类学家申克尔（R. Schenkel）的研究证实，狼已经会使用至少 21 个通信信号，其中 15 个大约是视觉方面的，其余是嗅觉和触觉方面的。对于史前游猎部落的头人来说，他一般不希望交流用的信号太复杂，至少不会比当今猎狐犬的主人所用的更复杂，或是比牧羊人向牧羊犬传达的信息更复杂。牧羊人几乎用不着话语，因为距离遥远，声音无法传到，口哨却能传达。如果在围猎狐狸时大声喊叫，我怀疑那些在旷野中喊出的词是不是会用到 21 个，尤其是不把语助词也算在内。

事实上，如果我们根据当今非洲原始部落的狩猎做出判断，准确地说他们更需要视觉信号，视觉信号更实用，因为成功地捕获猎物在很大程度上取决于出其不意的进攻。成功的猎手不会铤而走险，他们总是从有利的地方接近猎物，而且能够长时间地保持不动，他要张着嘴，以减小呼吸发出的声响。劳伦斯·范德波斯特

（Laurens van der Post）描述过他和布须曼人一起打猎的情景：

> 在寂静的夜晚，声音传播的方式令人吃惊。静谧中，亮铮铮的鳄鱼、油光光的河马，不时出现在我们周围混浊的水中，波浪声回荡着，像芦苇丛中的笛声……我们的前方出现了一个土黄色的小岛，上面有一只很大的闪光的雄羚羊，它周围一圈围着七只雌羚羊。向导示意另外两条独木舟回到苇丛中……他向朗格克斯发出信号，让他自己划过去，然后再单独带我们两人到岛边上的草丛中，那里长满了很高的薰衣草。到那后，他放下手中的桨，趴到船头，下巴支在船边上，用短些的苇草一点点地向前划，慢慢地靠近了羚羊。他很有耐心，一切都做得有板有眼。一只紫红色的苍鹭朝低处飞来，掠过我的头顶，无视我们的存在。我偶然向船边扫了一眼，看到一条小鳄鱼。我拍了拍向导的肩膀提醒他注意。他讨人喜欢地龇牙笑笑，指了指对面的岸……终于，向导示意我可以开枪了。

这是一幅丛林中原始狩猎的真实场景，只不过用来射击的是来复枪，当然把它换成毒箭易如反掌（那会更安静）。没有"复杂的话语"，探险队中最大的声音是一只受惊狒狒的吆喝声，以及布须曼人愤怒的抗议声（这些声音没有其他意思，只是情绪的宣泄）："噢！混蛋！你满世界地大喊大叫，像'发警报'，光我们保持安静有什么用？"

不，打猎的人群可能像狼一样需要复杂的传递消息的信号，但这并没有说明为什么人比狼更有理由选择声音符号而不选择视觉符号，特别是在当时，原始人制胜的法宝不是速度而是在暗中伺机以待，出声的信息显然不占优势。

的确，出猎的狼可以用吼叫声吓住猎物，人科动物有时也想通过叫喊威吓猎物。但猿已经会叫喊了，不管是看到猎物时发出的嘀嘀声还是厮杀时的吼叫都不会使我们距离语言更近。

正如 1965 年马勒所说："能够发出新声音的能力在动物界并不罕见，如果自然选择赐予动物这一能力（这是大自然的偏爱）的话，我们似乎有理由相信人类以外的灵长类动物完全可以做到……在神经生理学研究方面，主要的问题不是搞清如何开始学习发声，而是为什么自然选择让我们最先学习掌握声音。"这是现存的主要问题。

假设我们回到事情的源头。在第一个灵长类动物学会说话之前，什么样的交流方式最行之有效呢？可供选择的有嗅、摸、听、看。摸当然太不足取了，主要靠触摸传达的信息在上一章中已经谈到。一般来说，考虑到接吻或是一拳打在脸上这类动作不容易表述，所以还没有找到适当的音素来代替它们。

嗅觉是动物王国中最基本、最不可少、应用最普遍的交流形式，是几种最早进化的能力之一。连原始的单细胞生物体，比如黏菌，都能接收同类发出的化学气味，还能进行识别并与自己的类属进行整合，方法是检测顶体酶（acrosin）传送波的节奏——一种原始的气味莫尔斯电码。

许多哺乳动物大脑的绝大部分功能都专门用来分析识别气味信号。智人显然低估了它的能力和效率，因为生理缺陷一直在困扰着我们：嗅觉器官之于我们的利用程度好比眼睛之于鼹鼠。至今还没有任何一位科学工作者对嗅觉进行开发利用，正如切斯特顿（G. K. Chesterton）的狗伤心地说：

　　尽管玫瑰花美丽芬芳，
　　他们也无动于衷。

> 只有上帝知晓，
>
> 人类木讷的鼻息。

狗之所以会这么说，是因为它的嗅觉超出主人不止十倍、百倍、千倍，而是将近 100 万倍。

嗅觉作为一种信息交流形式，其功效无与伦比。靠它可以捕捉到遥远距离以外的信息，远非视力和听力所能及，例如中国雄蚕蛾能闻到 10 公里之外有一只雌蚕蛾出现。嗅觉传递的信息还非常精准，一条小鲤鱼能够嗅出水中曾游过自己鱼群的鱼还是别的鱼群的。嗅觉还是控制动物行为的强有力的手段。一只蝌蚪可以防止做出自相残杀的举动，不是靠灵巧的抚慰动作，而是因为蝌蚪的表皮一旦轻微擦伤，就会分泌一种由德语"Shreckstoff"引申为恐怖物质的东西，它能把自己的同类吓得六神无主。总而言之，嗅觉能够使动物传递识别信息，即使它离开了，即使时间过了很久；而我们人类为达到这样的目的，在找到新方法之前就只有等待写字留言这一项发明了。我们的周围各类信号漫天飞舞，最近人们发现"寂静"的海洋中也充满玄机，既有鲸鱼嘹亮歌唱，又有小虾窃窃私语。我们究竟是什么时候、什么原因，又是如何反而失去了领会它们的能力？

一个原因是我们在树上生活得太久。气味非常神奇，在陆地上呈多样性，土壤是留住它们的绝佳介质，尤其是潮湿的土地。一条狗跑出院子的大门，马上就能知道在过去的几个小时里发生的很多事情——谁从这里经过了，是男人还是女人，是猫、狗还是马，朝哪个方向而去，去了多长时间。它还能知道路过的那条狗是老朋友还是新来的，是公的还是母的，是小狗还是大狗，是健壮的还是瘦小的，会不会接受求爱，是好战还是胆小怕事。

生活在树上或空中的动物几乎不可能具备这样出色的本领，原因明摆着：一只飞鸟没办法说出谁或是什么在它前面的那片空中飞过，因为化学分子不会在空中长久驻留。同样，一段干枯的树枝也不像土壤那样能保存住气味，即使能实现，让我们拿长臂猿来举例，你也不可能靠它留下的气味去寻找它的踪迹，要知道它会在树之间做跨度很大的跳跃。

所以，鸟类和灵长类动物就在遗传过程中以更强的视力作为补偿，大脑中的嗅觉中枢逐渐变小，视觉变得相对重要。色觉尤其能体现出陆地生活的痕迹。大多数的鸟类和许多灵长类动物，包括我们自己都保留着辨别色彩的能力，而其他多数哺乳动物都丧失了这一功能（牛看到红色的反应就无须多说了）。当然，灵长类动物也有不少是色盲，这大概与它们在夜间出没有关，色彩在月光下会变得模糊。另外还有一些为数不多的具备色视觉的非灵长类动物，可能是由于它们也像猴子一样生活在树上，比如松鼠。如此一来，鸟和灵长类动物有时就给自己披上鲜艳的红色、蓝色或黄色的外衣，用以取悦它们同样有色彩视觉的配偶。相反，只在陆地上生活的四足动物外表从来就没呈现过三原色。

霍尔丹指出，正因如此，虽然鸟类从动物学的角度看与我们差距极大，但我们还是能理解它们的群居行为和求爱方式，因为两者有共同之处，都使用听觉和视觉信号。而哺乳动物则是通过气味信号传情达意，对于它们的语言，人类无异于又聋又哑。

但我们也要谨慎一些，不能过于夸大这种推理。猿在嗅觉方面就不似我们这般笨拙，祖先们刚刚从树上下来生活时也并非如此。时至今日，一些南美的猴子还像海狸一样不辞辛苦地用气味圈定它们的领地。如果泰山派学者没弄错，我们最初的迁徙如果落脚到平原上，那就应该希望嗅觉器官变得更重要，至少不该退化。因为甚至连重返陆地生存的鸟类尚且将嗅觉功能恢复到能正常工作的状态，水鸭就是例子。

灵长类动物之所以保存着它们的嗅觉功能，最初不是用它来探测周围的环境，因为它们的眼睛更精于此道，嗅觉用来交流意识状态以及其他事情。

假设你是一只狐猴或者是一只身材颀长的懒猴，当你正沿着树枝前行时，迎面碰到另一只懒猴。这时你可能想表示不满，目的是希望它为你让路。你也可能要表示歉意或让步，因为它比你高大。如果你是雌性，你还可能想表示对它的好感。但是懒猴的面部表情没有那么丰富，你也没有太多选择声音的余地，还不能采用手势，因为你得四肢并用才能悬在树上。这种空间关系很难改变，因为树枝太过窄小，要么给它更宽些的地方，要么你投降自行滚落地上。幸运的是这一切都不必喊叫。假如它发出的气愤味道你能明白，或者你发出的害怕味道它能理解，那再好不过了。发情总是属于嗅觉信号。

几乎可以肯定，这一功能对于我们上新世的祖先来说非常重要。的确，到了今天我们的身上还存留着它的痕迹。例如，一个女人可以随时随地闻到麝香的气味，它的化学成分与麝香猫的气味类似（据推测香气中含有♂香精）。未发育的女孩和绝经后的妇女都无法闻到，而男人更是终其一生也不会有这种体验，除非给他注射雌性激素。

那发音又是怎么回事？生物学家一直在探索语言产生的根源，他们倾注了大量的精力研究高级灵长类动物发出的声音信号。这些信号数量众多，种类繁杂，有号叫、咆哮、哼叫、呜咽、吼叫，还有尖叫、鸣叫、咯咯叫、咂嘴声以及牙齿打战声、哀鸣声等。这其中有许多都或多或少地表达了具体的意义和特定的情感，如因为愤怒而吼叫，因为主动示爱而亲吻咂嘴，或者因为表示友好而发出哼哼的鼻音。经过长期对某一特殊物种的研究，研究人员能快速准确地区分各种声音并说出它们所表达的意思，如"欢迎——见到你很高兴。""请看着我。""别打了——我投降！""救命！妈妈！""小心——危险！"等等。他们还能以特定的音高和频率发出某种特定的声音，只专门用来表示小猴子从树上掉下来。到了这一时期，语言比鸟鸣更方便灵活，表达的意思更全面。但类人猿还有更有效的交流媒体——视觉。

首先要谈的是他们的面孔。伦纳德·威廉姆斯说："绒毛猴的面部表情非常丰富，一只猴子只要看一眼另一只猴子的脸，就能明白它的意图和情绪……它们都是模仿的天才。当它们刁难你时会板起脸孔盯着你；为难或不满时会斜眼看你，还会高高地扬起下巴，把眼睛眯成一条缝；表示歉意或轻蔑时会向你龇牙。"猿的面部表情与猴子相比有过之而无不及。

它们还有可供利用的身体，每一个部位都能用来传情达意——歪着的头，翘起的尾巴，挺直的脊梁，接近你的角度，行动的速度，手臂的舞动，头顶的毛发竖直还是倒下，头皮是否已经绷紧。这些不是表示"进攻"和"安抚"的程式化的老套动作，每一个都表达不同的含义，有着细微的差别，更可以结合使用，都显示了动物的思维状态。

此外还有眼睛，完全可以拿出整整一章的篇幅来专门讲述灵长类动物群体的视觉信号，从全神贯注盯着雄性头领的活动，再到装作视而不见。

至于人们相互之间存在的错综复杂的空间关系，也很容易就能写出一整章的内容。它不是简单地指每个人可以为自己留出一些空间，珍妮·古道尔（Jane Goodall）称它为"私人空间"，它涉及地位、身份，在梳理和性活动中不受侵害，实际上它更微妙。一个研究人员如果了解笼中的三只猴子，知道了它们的脾气秉性和级别排序之后，就能准确地预测从笼外递进香蕉后，每只猴子会有怎样的反应。

现在这一切组成了一个物种内部秩序井然的交流系统——嗅觉、听觉、视觉三类信号可以机动灵活地随意组合。与狼的信息交流方式相比，既准确，适应范围又广。假如古猿开始捕食动物，那当时理应有与之相匹配的交流系统出现。

不过，假设在狩猎过程中产生了突发事件，那就会对这一系统做出更高的要求。我们权且打个比方：现在最有用的信号是表示出"羚羊"的意思。

一个寻猎的类人猿会选择三种交流方式中的哪一种来发送"羚羊"这一信号呢？显然，嗅觉不可取。气味信号不能去设计发送，它们是生理学概念上对荷尔蒙和感情刺激的本能反应。

同理，听觉信号也无法实现，原因显然一样。在大多数哺乳动物中，包括人类以外的灵长类动物，听觉信号和嗅觉信号都属于本能反应。

你可以对自己的狗进行训练，让它对一些无声的中性命令做出回应，比如"坐下""过来"，或者"待在那儿""躺下"，它都会按照你说的去做。但不管你多有耐心，也不管你的狗多聪明，你始终无法让它对诸如"汪汪叫""呜呜叫"或者"咆哮着叫"一类的命令做出回应，或许它能区分这几种声音，自己也叫得出，可要让它主动做出这些却是万万不可能的。你还可以表示出自己的兴奋逗它汪汪叫，也可以把狗链子牵到大门口，但这只意味着你在引起它情绪上的变化，它发出的叫声都是在无意识中进行的。

通过使用大量能引起条件反射的方法，动物就能做出这类"本能"的反应。比如狗，它们在受到刺激或得到期望的奖赏时会分泌大量的唾液，当然也能减少唾液。同样，有了细心的专业训练，狗能够学会按指令"说话"，也就是发出一种奇怪的尝试性的犬吠。然而，单单是教会它这一点也非常困难，情同此理，教聋儿说话也不容易。正常的狗，有些地方表现得像耳聋的孩子，不会做出"反馈"举动，即迅速自动感知被要求所做的事情，也可以说是对声音进行加工处理的能力，比如牧羊犬，它可以按要求做出蹲伏、蹑着脚前进以及从侧面包抄等行动。

灵长类动物发出的声音比狗类多很多，但那是无意识的本能。有些科学工作者倾注了大量精力试图教会猿说话，但都无功而返。就像试图训练来自火星的男人遵照命令张大瞳孔、面露潮红或者做出一次勃起。他们采用的方法还是奖励和惩罚，那就注定会历尽艰辛。

生物学研究者发现，引发条件反射最有效的方法是，用很细的电线通过电击直接刺激动物大脑的"兴奋中枢"。老鼠能够自行按动控制器以寻求刺激，它会一刻不停地按直至筋疲力尽。我们可以训导动物进行一些高难度的练习，当然是通过给予奖励对它们实行刺激。但猴子无论如何也学不会主动地发出声音，我们并不要求它说出一个词，或者发出一个特定的音符，这一点都不难，可它发出的仅仅是一声响动而已，根本没掌握其中的要领。

一点没错，美国心理学家K. J. 海斯和卡罗琳·海斯（K. J. and Carolin Hayes）确实教过他们的黑猩猩威克说话。威克学会了四个词，但音发得含糊不清，而且这是他们仨辛勤努力六年的结果。最终的办法是我们有可能、灵长类动物也有可能通过意志对无意识的过程进行控制。威克在有效的刺激下学会了按自己的意志发出声音，更像是练习瑜伽的人能按自己的意志放慢心跳或降低血压。

当然还有更容易的方法让黑猩猩交流信息。里诺市的阿伦和比阿特丽斯·加德纳（Allen and Beatrice Gardner）教他们的黑猩猩沃舒符号语言。在两年之内，她就掌握了34个符号词汇。她的声音只能表达感情，但她的手臂却可以写出名词和动词，还能细分自己的意愿，其表现可与同龄的聋哑儿童相比。她还能自己造词，提醒她吃晚饭的闹钟被她命名为"听-吃"，她还把冰箱称为"打开-食品-饮料"。

可以肯定，如果一个树栖的灵长类动物离开树林，来到了热带草原，他急需一个信号表示"羚羊"，那他可能会用到他的强项——视觉信号。他还可能会像沃舒一样，或是像英国猎人和他的奇努克[①]向导一样，在想寻找驼鹿时就高高举起自己像鹿角的手掌。他还可以模仿羚羊，因为原始部落的仪式舞蹈都会模仿他们的猎物或天敌的动作。

实际上，我相信他并不需要这样一个信号。他不过是个动物，只有在特定情况下他的脑子里才会出现"羚羊"的念头，比如微风中吹来羚羊的气味，或者草丛中传来羚羊的脚步声，或看到了羚羊留在地上的蹄印，再就是看到羚羊的头正向天仰望。在这些情况下，如果他想向同伴传达这个念头，那他完全可以发出响动或做个动作引起同伴的注意：差不多是"嘘——"一类的声音。他的同伴马上会注意到他翘起的头、张大的鼻孔和眼神的方向，并会随他而动，所以一个动物发现了什么，紧接着第二个也会看到。

只要这些方法奏效，他就永远不会有语言的需求，当然，他也不必步威克的后尘，辛苦地学习号叫和哼哼叫以屈就自己的意志，除非发生了巨大的环境变化，从而引发了其他的信息交流形式，以

[①] 奇努克人，居住在美国西北部哥伦比亚河沿岸的印第安人。——译者注

往的一切——香腺、面部表情、体势、手势、眼睛的转动、空间关系,所有这些统统失灵,于是只有可能性最小的、最不易利用的工具——声音成了他唯一的选择。

这就是发生在他身上的一切,是发生在他成为猎人之前很久的事情。在他选择了到海洋中去生活时,嗅觉作为交流工具已无法实现。新的生存方式必然要使用另一套情感反应信号,这也可能是发情期消失的另一原因。

水生灵长类动物释放的化学成分很快会被水流冲走。现在,鱼能轻易地捕捉溶解在水中的气味,昆虫和陆地动物能捕捉飘浮在空气中的气味,但是靠肺呼吸的灵长类动物则通过吸入空气来辨别,如果让他吸进了水,那麻烦就大了。

然而,比这更糟的是视觉信号系统也遇到了问题。游水时你不可能挺直身体,腿脚直立;也不可能刚控制住快速前冲两米,之后立刻停住;你也不可能保证在波涛迎面而来,身体前后左右摇摆时让眼睛一直紧盯敌人;更不可能采取献身的方式安抚他,或靠性交支配他;你还不能双脚站立,居高临下地看着他;你也不能瞪他一眼表示不满,因为你不知道他是不是在看你;甚至在游泳的时候也不能自如转头;你观察不到,也不能保证他可以观察到,你们之间应保持平衡的个人空间距离,从而避免像一对鱼浮子那样挤在一起;而有些最经典的面部表情,比如张大嘴吓人,如果你张的时间太长,就会很容易呛水。

大海安全、静谧、食物充沛,却把交际关系和支配结构冲击得混乱不堪。世纪更替,人类逐渐认识了海洋,像威克一样。在水中他唯一的安全感并不来自他毛发直立、怒目而视,抑或是舞动手臂,而是喉咙里发出声音,这一现象他自己从未有意关注过,但同伴发出这种声音时他能识别出来。对他来说,安慰来自同伴的关注。他也像威克一样，兴趣满怀地研究有意识的控制能带来何种生理反应，但他发现不管付出多大的努力，始终收效甚微，这一点也和威克的遭遇相同。即便如此，这一切还是使他在同伴中占有了一定的优势。在灵长类动物中，最能引起注意的雄性才有可能取得支配地位，而这些处于支配地位的雄性繁殖后代的机会更大。那些善于按自己的意志发出声音的个体遗传的成功率最高，因此，最终的结果是人人都能发出声音。

后来，当人成为真正意义上的狩猎者，想用一个信号表示"羚羊"时，他选择了声音符号，就是这千百万年的水生进化创造了声音交流的方式，它从可能性最小到逐步发展，再到形式多样，直至成为现实。没有任何一种陆地动物生逢这样的机遇。

那海洋哺乳动物呢？当然了，它们面临的问题相同，结果也相同。很多种海洋哺乳动物都能有意识地控制发出的声音。根本用不着训练有素的心理学家花六年时间训练海豚，一个毫无经验的新手借助几条小鱼就可以开始海豚训练课程。只要具备些许耐心，外加几个月的时间，海豚就能在看到鲱鱼落下时对着麦克风唱出柔和悦耳的歌声，惹得游人忍俊不禁。

海豚是利用声音进行交流的顶级高手，在这方面已经远远超过了人类。人的大脑中，嗅觉分区只占很小的部分，而海豚的脑中几乎不存在此区。它们对声音的利用也和人类一样，不仅限于物种内部的交流，还通过声呐系统对沉闷的海底世界进行探索，从这个意义上说，声觉是它们的辅助眼睛。

（无独有偶，陆地上也有一种类似的动物——蝙蝠。它飞行方式多变，歇息时呆滞地挂在某处，这会使它的嗅觉和位置信号无法发挥作用，从而促进其声音控制能力的开发利用，这是声呐系统形成的前提。）

海豚最具备形成语言的条件。第一，它们能按意图发音。第二，它们发出的音节数量多，类别全，而且能传播很远的距离。一只海豚的音谱中包括咔嗒声、嘎嘎声、哀声、口哨声以及歌唱声，它们都能以音速和超音速传播。座头鲸能根据它想要传播信息的距离来调整音高：高音用于近距离交流，低音可以传到很远的地方。

第三，它们还能进行声音"反馈"，即听到自己的声音。它们能学会按要求发出可以在空气中传播的声音，能够知道人可以听到的范围，它们能把音高限定在我们可以听到的范围内。

第四，它们和小孩一样，有模仿声音的天性和能力。

利利（J. C. Lilley）对海豚埃尔瓦进行过报道："我们只让它听到人的声音，几周之后，它发出的声音中'海豚式音'越来越少，声音越来越接近人类，像一个个的词，还有类似唐老鸭呱呱的爆破音。"据说海豚在听到人类的笑声时就会模仿，尤其是女人的笑，还能发出词组一样的声音，听到的人会以为那是有意义的音节。

最后一条，也就是第五条，海豚大脑的体积和人类的相当。我们的大脑能有今天的体积，经常被认为是人类语言发展的结果。我们当然不希望用这一理由去解释海豚的大脑，而是倾向另一种有点草率的看法，即它是回声区的副产品：这一复杂声呐感知系统的神经机制必然占去了很大的空间，所以海豚的头盖骨很大。（或许它是对的？可若果真如此，为什么蝙蝠没有突出的头盖骨呢？）

不过，就算把这一切都合在一起也不能证明海豚会说话，即使是面对另一只海豚它也无法做到。这大概只表明海豚和人类的婴幼儿处在同一水平上，它的声音是主动的、富于表情的、模仿性的，通常——至少对它的母亲来说——非常聪明。况且，对于"婴儿"，确切地说，他们发出的是声音，不是语言。

在真正可以被称为语言之前，还要实现一个步骤。最近，一位佛罗里达州海洋馆的海豚训练员向一家周末日报的彩色增刊记者透露，在海豚已发出的各种声音之外又识别出一百多种，并证实其中有"27种与进食有关"。假如这是真的，那也不算多。如果这些声音就是和进食有关的全部，如"饥饿""香""呸""再来点"等，那只说明海豚可以将不满、高兴、渴望等情感表达得更准确，会超过黑猩猩。但若是我们能在27种声音之外找到一个意思是"鲱鱼"的音，那就能确认我们不是地球上唯一会说话的动物。

严格地说，以上提到的所有条目中只有一点与本书的主题有关：除了我们自己，动物王国中只有一个种群有可能出现语言，许多最乐观的研究者，对它做过认真的研究。它属于哺乳动物，有群居的习性，曾经从陆地上返回海洋。当然，它可能是另一个一连串巧合的结果。我不这样认为，我认为把海豚带到语言边缘的那一力量和促使人类创造语言的力量是同一种，是这股力量把除了人类以外的灵长类动物远远地抛在了后面。

是什么把我们推进了语言的大门，而把其余水中的、陆地的动物挡在了外面？其中一个原因是，人类是迄今为止进入水中的最复杂、最先进的物种，我们的群体组织高度发达。在这方面，水生动物中只有海豚和虎鲸与我们相近，我们的信号系统富于表现性又极其准确，当那些信号失去效用时，就有必要再增加新的信号。我们用嘴引起他人的注意、行使权力、协调各种关系，可从前使用的是面部表情和体姿。

不过我们还得对有史以来出现的第一个名词做出解释，它是含有意义的符号。陆栖的猿人永远不需要开发利用它。

极有可能，在我们非常特殊的沿海生存环境中，这一需求就在增加。假设古猿在进入浅水中时看到了一个儒艮，在当时，它们是常见动物，因为无毛的古猿出现时，儒艮并没有天敌。它是一个两米多高的庞然大物，现在他需要帮助，便向坐在石头上的兄弟"嘿"地喊了一声。他的兄弟看了一眼，他又喊了一声并向他招手。但这位仁兄好像不愿意下水游泳，他又无法让兄弟明白游泳的乐趣。周围除了摇来荡去的古猿和水面上反射的阳光之外什么也看不到。只说声"嘿"或做出指示动作不能把意思表达清楚。这可不像在草原上那样，一个动物发现了什么，第二个动物也能看到，现在情况发生了变化。

水中一个满怀激情的古猿想诉说他的独家信息，新奇灵巧的声音就是可资利用的一种方式。我们不知道他口中发出了何种声音，也许是"香香"的音，用来表示"这是食物"，也许是一种浑圆深厚的声音，表示"这个很大"，而含糊的声音可以模仿奇形怪状的东西从水中出来，走在湿滑的水草上而发出咯咯吱吱的声音。方便起见，我们任意假设这个词是"鱼"。当然这时它还没什么用处，所有的词都不会有用，除非至少有两个人同时明白它们的意思。

但是现在，他非常渴望有个词，从前没有任何动物产生过这种欲望。失败郁积在心中，碰巧机会来了。一头儒艮的尸体被水冲上岸边，他一把抓住兄弟的头发，一边把他的头用力往下按，几乎贴到那湿滑的皮，一边不停地大声喊"鱼！鱼！"并用脚踢了踢儒艮，拍着他兄弟的头告诉他下次别再犯傻。类似的事情演绎了几百万年，终于有一天，另外一对兄弟明白了这个词的意思，于是他们俩组成了优秀的团队，所向无敌。接下来，整个部落的人都学着他们的样子，那些能快速理解词语的人生存能力最强，他们的后代也最多。

此时，他还只是在看到"鱼"时才能说出来，这个词还不是随处可说的普通的词，而是每每说起它时，附近都有具体的实物。可在某天的晚上，男人回到了自己的洞中，他的小女儿非常高兴，她本能地喃喃自语，像快乐的小海豚一样，不停地重复着白天在沙滩上听到的声音。"鱼。"她说道。父母二人开心地笑了,因为那声音发得非常清晰。看到父母的笑容,她又说了一遍,神奇的事情发生了,两个人感慨万端,一阵沉默。洞中根本没有鱼,不仅如此,连鱼骨也没有,既看不见,也闻不到,更听不到鱼的声音!但他们的脑海里却呈现出鱼的形状,这个词包含着实质性的意义,不是生理反应的感觉信号,而是人类首次大脑和声音相互作用而产生的抽象概念。

孩子的声音喁喁不绝,父亲咕哝了一句就去睡了,母亲把乳头放在她的嘴里让她安静下来。她虽不感到饥饿,可是却喜欢把乳头含在口中,并继续小声哼着。她的双唇一会儿闭上,一会儿张开,于是,一个经典的双音节词诞生了!它就是伟大的生物界能够创造生命之人的名字——

"妈——妈,"小女孩说道,"妈妈。"

第 7 章
大转折

终于,雨季来临了。经过了一个漫长的连考古学家也无法确定的时期,现在由上新世到了更新世。

沙漠重又绿草如茵,野生动物成群结队。几近干枯的河流一度卵石裸露,只有涓涓细流无声地淌过原始人在海边的居住地,而现在河面宽阔,洋洋大河水流平稳,河水甘甜可饮,水中鱼儿游弋。两岸边上,树木草丛茂密生长,树上果实累累。裸猿发现了河流的妙处,他们逐水而居,顺流而下,渐渐深入内陆。

他们对内陆的恐惧已经消除。眼下,生活不再艰辛,食物充足,水源丰沛。此外,他们的身躯比离开时长大了一些(选择在海洋栖息的生物总是趋于变大),这让他们底气十足,坚定了生存下去的信心。他们尝试着吃各种东西,又制作出工具和武器,成为了海洋和陆地两种自然环境的主宰,这是巨大的优势。

现在,对于大猩猩和黑猩猩来说的那些无法逾越的地理障碍对于古猿已不在话下。只要他们想到别的地方去,就有能力翻山越岭,跋山涉水。在更新世时期,北半球的冰期间歇性地将大量的地表水资源变成了冰帽和冰川,导致海平面下降,新的大陆架出现了，原始人穿过这些陆地，渐渐进入了欧洲和亚洲地区。

迁徙的范围非常大，更新世时期的早期人类遗迹，比如直立人的，在遥远的中国周口店地区和爪哇已有发现。这些亚洲人种与非洲南方古猿相比，在许多方面存在着不同。

我之所以提及他们穿过新暴露出的大陆架，是因为按一般的推断，向北、向东的迁移都发生在陆地上，不会早于更新世的第一次冰期。这种推断完全可能，远东地区发现的人类遗迹无法确定年代，它距今的时间太过久远，不能提供足够的证据推翻这种假设。然而，按哈迪的观点，这次迁徙发生的时间可能更早。

水下生存的鼎盛时期，人类祖先虽然不能像海豚、海牛那样彻底生活在水中，但已经能够凭借自身的能力游过宽阔的水域。毫无疑问，在当时那个早期进化阶段，他们已经学会了制作小船，而且也极有可能懂得了如何利用漂浮的树木。如果我们相信智人曾凭借着用苇草和轻木搭造的筏子穿过了大西洋和太平洋，那这些仅次于现代人类的水生祖先就有可能离开了非洲大陆，进入了欧亚地区。当时，两块大陆尽管遥遥相望，但与两个大洋相比，毕竟距离稍短。正是这些迁徙过来的动物，逐渐进化成为直立人。如果在亚洲发现的遗址可以追溯到更新世的初期，那我们就完全可以做出这种推断。

不管他在什么地方登陆上岸，都会面临新的问题。他会发现，陆地上的哺乳动物比起海洋中的性情更凶猛，奔跑速度更快，但他必须面对。长时间的热浪已经消退，时时袭来的凉风打在他光光的皮肤上，这时，他已经意识到，不仅需要那些动物的肉来果腹，更需要它们的皮毛来御寒。

幸运的是，他面临的挑战很公平。从陆地到海洋，总体环境发生的巨大变化使他所属的整个种群都面临着不小的冲击：前所未有的新问题，空前的紧张局势，重塑自身，改变对环境和伙伴的认识，确保思维活跃，并具有创造性。从海洋返回陆地，这第二个环境巨变只用了很短的进化时间，这时他必然还要经受各种冲击，之后才能逐渐适应进化规律，找到完全适合自己的生存方式。

你或许已经注意到我们现在所用的代词是"他"。因为这一时期，男性的行为比女性的行为变化快，他开始思考专业化的围猎。终于，人猿泰山出现了，他跃跃欲试。

在他闪亮登场之前，还是让我们先费些口舌，回顾一下海洋及其影响。

本书的主旨在于提醒人们，我们自身与最相近的动物之间存在着惊人的差异，这些差异也许能够通过一种假设来解释，即人类在最初进化为陆栖哺乳动物之后，又回到海洋，成为了水生动物。这种单向迁徙本身不会轻易引起动物学家的注意，因为它在我们这个星球的历史中发生过无数次。这一理论更进一步证明了那种假设，在经历了长时间的向水生动物演变过程之后，一个物种上演了进化史上惊人的一幕，来了个180度的大转弯，掉头从水中出来，永久地返回到陆地上。

类似的事情不会重复发生，问题在于这一现象是否曾发生在除智人以外的其他物种身上。毕竟，很久以前世界上就生存着各种动物，有些甚至比我们人类的历史还要长久。在上新世和更新世之前非常久远的一段时间里，曾发生过大的气候突变、干旱以及冰期。一定会有比灵长类动物更原始的物种感到了陆地生存的艰难，从而改道水中，那是不是有哪一种在大陆重新焕发生机之时又返回到从前的栖息地呢？如果这样的物种真的存在，那是再好不过了。同一件事情如果发生过两次，它的可信度会更高。

当我们遍览世上所有的陆地动物，希望找到同样的回归者时，就会迅速把范围缩小，抛开那些身披锦毛的动物。体毛一定是第一个切入点。

我猜测，所有无毛的哺乳动物（墨西哥无毛犬那样畸形变异的除外）都曾不同程度地在水中生活过一段时间，有的至今还喜欢在水中嬉戏，比如河马。

我们可以再举个例子——猪，它并不是完全的无毛（人类也同样），但你不会把它归为有毛类动物，尽管它的近亲确实长有绒毛，却是长短不一，十分粗劣，称不上一流货色。有些动物一度丧失了生长体毛的本领，现在正极力进行恢复。可家养的猪却不曾尽力，它像其他许多水生和离开水的动物一样，靠皮下脂肪层抵御寒冷。而且我们都见过一些文章谈到猪肉的味道和人的非常相似，尤其是皮的味道。据说，那些吃人的家伙把人肉称为"long pig"，这也并非耸人听闻，因为我们的皮肤与猪的极为相似，都长有稀疏的绒毛，表皮的厚度大体相当，而且都具有丰富的弹性组织。1966年，温斯坦（Weinstein）又提出，二者所含的蛋白质也基本相同。

现在的猪都生活在陆地上，但偶尔会表现出对陆地的不适应。例如在美国，据观察，那些看上去彬彬有礼的猪在气温低于20摄氏度时会根据生理功能选择适当的排泄通道，而遇到炎热的天气，它们会在猪圈里随地大小便，还会在里面打滚，这并不是因为它们不爱清洁（猪是喜欢干净的，如果你给它们提供一个水龙头，它们会学着去按下开关进行冲洗），而是由于它们的皮肤需要在水中滚湿，当气温达到一定的高度，这种渴望就会变得非常强烈。

但在我们的意识中，猪不能被算作回归者，没有任何迹象表明它曾生活在海洋中。像其他哺乳动物一样，在生命的危急关头，它或许也能游一段。至于传说中猪为了能漂浮在水面上用蹄子划破喉咙不过是老奶奶讲的童话。但猪的身上无疑具有沼泽地栖息动物的全部特征：有碍观瞻的短腿（由于在泥水中，身体相对较轻，而且它也不会有速度要求），湿乎乎的扁圆鼻子酷似海牛，十分便于拔出长在泥里的植物（就好像从松软的土中拔出块菌一样）。

在地球的历史上，生活在沼泽中的动物不计其数，出现—消亡—再出现，生生不息。在地球形成的早期，泥沼遍布，许多种类的恐龙就生存在这种环境下。后来的更新世，动物们以奇特的方式适应这一环境，比如史前河马，它的眼睛长在肉柄中，像潜望镜一样，根本不会沾上泥巴。

所有这一切都与智人关系不大，因为智人从未接触过类似的生存环境。在沼泽中生活了几百万年之后再跳出泥潭，与我们超级360度大转折无法相提并论。但我认为，确实有一种厚皮动物跨出了这一步，它和我们一样，在历经了海洋的洗礼之后重返陆地，只是它的经历比我们要早几百万年。它就是大象。

我们知道，大多数的大象都是无毛的，也知道小象在出生时浑身长满了毛，这足以说明曾几何时，它们一定是有毛动物，至于为什么成为了今天的样子也必有缘故。

大家都清楚，大象的一个近亲步入了海洋，而且选择了永久居留，它就是大象最近的表亲海牛。早期大象种群的发展令人匪夷所思，它那看起来不太锋利的牙齿对陆地动物来说百无一用，比如铲齿象。现在，自然生成的铲形、勺形的牙对取水来说没有任何价值，像鸭子、琵鹭和鸭嘴兽，那到底为什么在陆地上生存的动物要用它们舀土呢？还有一种原始大象，它的牙朝下长，和海象一样，我们无法得知那要用来做什么。但海象在游出水面，攀爬岩石或冰山时就会充分利用它的长牙。

我们要探讨的是现在的大象，看看海洋是否在它身上留下了些许印记。我们先来研究一下它的体形，大象的祖先只有0.6米高，它怎么会长成现在这样一个庞然大物，还要消耗大量的食物？（所有陆地上的巨型动物都褪去了长毛。）一头野象一天要花 18 个小时觅食。当然，它会一天天长大，像鲸鱼一样，周围的环境不会制约它的体重，而它的体形对存储热量也具有优势。

再说说它的长鼻子，没有谁能给出一个合理的解释。有人说，在它长高后，嘴就离地太远了，头上又有两颗沉重的大牙，所以脖子不能长得太长，那就只好把鼻子长得长长的，可以捡起地上的食物。

这显然算不上合理的解释。假如它吃草，而草又生得矮，那它的鼻子一天不停地忙活也无法满足需求。再假如它吃树叶（多半如此），那它的嘴就用不着够到地面。若是想喝水，它可以蹚到水中，也可以屈膝而饮，那不会比长颈鹿叉着双腿喝水更难。

理查德·卡林顿（Richard Carrington）报道："在非洲，很少有河流可以供大象这样的大型动物游水，一般水都不够深，迁徙的兽群都能蹚过去。偶尔也有水深的地方，会完全淹没大象，那它们在过河的时候就把鼻尖露出水面，看起来像潜望镜的镜头。"

现在，似乎有充足的理由长一个长鼻子了，尤其是当我们把时间回溯到始新世。那时，北非大部分地区都被古代特提斯海的海水覆盖。长着一个起通气作用的鼻子就显得很有必要。一种生活在撒哈拉沙漠沼泽地带的"史前大象"——始祖象就已经把它们的眼睛和耳朵长到了头部的高处。如果它的同族有一支离开泥沼，改到特提斯海岸上生活，那就更会促使它们把鼻孔长到肉柄上（像河马的眼睛一样），以便在水位升高时呼吸。当然还有另外一个原因，就是它们的后腿太短小，不便在需要时拔高身体。

然而，如果我们确定它到了海里，即使有这个长鼻子水下呼吸管，也不足以让它在浅滩涉水，所以它必须会游泳。

乔治·桑德森（George P. Sanderson）说："或许，成年大象比其他任何陆地上的动物都更擅长游水。我曾带着一支由79头大象组成的队伍出发，从达卡到加尔各答附近的巴拉格布尔，期间要穿过恒河和几条大的潮汐支流，最长的一段水路它们连续游了六个小时，中间没有落脚之处。在沙滩上稍事休息后，又游了三个小时，没有一头象掉队。我还听说过比这更神奇的游泳经历。"

也许这是在被迫的情况下完成的，不过卡林顿也有过这样的言论："有时候大象游泳纯粹是为了在水中取乐，小象们兴奋地尖叫着冲向岸边，再你追我赶地回到水里。"那样子和早期的智人别无二致。

恒河也好，潮汐河也好，毕竟仅仅是河流，与宽阔的海洋不可同日而语。卡林顿还讲到这样一个实例："最近，陆军中校威廉姆斯记述了关于大象的一件趣事。一头大象在孟加拉湾进行了三百多公里的'跳岛游'。它用了12年完成了此次旅程，有些路程是要从一个岛到另一个岛，期间要穿过至少1.6公里的宽阔洋面。"

让我们更深入地对大象进行探讨。如果它真的曾经生活在咸的海水中，按理它该和人类一样，能够通过泪腺的特殊运作方式来调节体内盐的平衡。

达尔文对此有一段论述："印度大象有时候会流眼泪。坦南特（E. Tennent）爵士在斯里兰卡看到被捕获的大象时写道：'它们一动不动地躺在地上，除了眼中溢满的泪水在汩汩流出之外，再看不到任何痛苦的迹象。'在谈到另一头大象时，他说：'在被制伏并捆紧后，它的悲痛才显现出来，暴怒之后，它俯卧在地上，呜呜咽咽地哭叫，眼泪顺着面颊往下淌。'在那家动物园中，有个印度象的驯师明确表示，他曾多次见过年长的母象在小象被带走时，悲伤至极，泪水涟涟。"

距离达尔文写这些话已经时隔多年,由于无法在新近出版的有关大象的书中找到任何参考,我想最好还是做一些实地调查。在伦敦动物学会的资料室,我惊奇地发现,大象的泪腺很活跃,但不常表现出来,究竟为什么我们尚不得而知。《非洲中东部的大象》(*The Elephant in East Central Africa*)中有一篇专题文章,它断定:"根本不存在什么泪腺器官,有的只是哈氏腺,它和眼膜连在一起,处于直肌和眼眶的中间,它的导管在眼膜的表面呈开放状态。"

随后我穿过马路,走进了动物园,找到驯象师并询问了有关的情况。他的回答和很久以前达尔文的说法一模一样:"是的,我见过大象哭。"我又问是在什么情况下,他说:"我想是有事惹得它们不高兴的时候,那时候它们会哭,"他认真地确认道,"至少,它们会流出眼泪。"

我相信,它们的的确确会有眼泪。我们会利用泪腺,海鸥会利用鼻腺,大象使用的是哈氏腺,相同的是,我们流出的都是泪状液体。

我还没有向你们说过大象的脚,因为我自己在观察它们的时候,没有发现任何与水中生活有关的信息。然而,在动物类资料室中,我无意中发现了哈里森·马修(C. Harrison Matthews)的《哺乳动物的生活》(*The Life of Mammals*),偶然看到下面的话,你可以按自己的认识随意去理解,这本书上说大象的脚"每只上面有五个脚趾,由蹼把它们连在一起"。

我们再来说说大象的皮肤,以及另一种无毛的厚皮动物——犀牛。[犀牛也喜欢在水中打滚,印度犀牛还是地道的水生动物,它以水草为食。巴塞尔动物园(Basel Zoo)的保罗·斯坦曼(Paul Steineman)是第一个人工饲养犀牛的人,他说:"夏季,它们大量的时间都在水中,有位游客竟一本正经地问我它们是不是吃鱼。"]

有着如此松垂皮肤的动物适合栖息在什么地方呢？而且它们的皮肤上还布满了深深的褶皱，这些褶皱只会窝藏各种寄生虫。也正因如此，犀牛才和一种小鸟形成了共生关系，鸟儿在它身上跳来跳去，啄食那些缝隙中的小虫。可假如你能找到一种方法，用打气筒给它们的皮肤充上气，就会知道犀牛和大象在堆满了皮下脂肪时的皮肤曾经是何等模样，你一定会看到它们像海豹和儒艮一样胖乎乎、圆滚滚。当然，若是它们长时间地生活在热带地区，大量的脂肪便会流失，象皮、犀牛皮也会很自然地像今天这样松松垮垮。减肥中心的成功人士会给你讲他们瘦身成功后裤子变肥的故事，这其中的道理是相同的。

话说回来，如果大象曾在水中生存，照理它会按自己的意图发出声音。它确实能够做到这一点，如果你让它大声喊叫，它一定不会让你失望。

假设大象确实曾两次成功完全改变生活习性，那种经历对它们的新陈代谢系统和感知模式都会产生剧烈而有益的冲击，与人的经历相差无几。它的大脑也会和我们一样，变得更复杂，随时准备应付各种未知的现象，灵活多变地处理问题。要是你把大象的智力与它的近亲做个比较就会发现，它们之间的差距非常巨大，恰似拿猿和我们人类相比。

假若大象真的曾在水中生存，我们就有理由设想它和人类一样，也经历过性器官的改变，阴道的位置向腹部偏移。但观察母象的剖面图时，你首先会想："不，根本没什么变化。"因为阴道还在那个位置，和猴子、猫一样，高高地长在尾巴下面，与脊骨的位置平行。可仔细观察，你会发现其中的奥妙——尾巴下面没有出口！（我想那些大男子主义者会说："没有入口。"）在它阴道的末端出现了一个管状的被称为"门径"的部位，它沿着内腹壁一直向里，到了宽大的后部，在腹部向前弯曲，最后出现在和公象的阴茎位置差不多的地方。母象的外生殖器官比人类的更向腹部延伸，和海豚一样，海豚尽管经历了数百万年的向四足动物陆地生存模式的返祖遗传，但它们身体的内部构造又回归到了原有的模样。

卡林顿说："性器官这一不寻常的位置使得古代的博物学家认为，大象的交配方式必定是面对面，与人类的传统方式相同。这也被看作动物聪明智慧的佐证。"

即使大象曾经的交配方式是这样，现在也已改变。公象会趴在母象的身后，把它压得很低，差不多快要坐到地上，等到可以交配时，再把身体抬到正常位置。

如果有谁能对此做出合理的解释，我将乐此不疲地耐心倾听，大象为什么会长那么长的一条管道，让每一个精子都要长途跋涉，爬几米远的"山路"到达目的地（况且，它还不是仰面躺着让它们顺利到达）。

让我们把话题再回到智人身上。对于我们自身来说，也还有许许多多尚未弄清的问题。有些太过琐碎，无法引起人们足够的关注，有些则司空见惯，人们往往会忽略它们是否反常。

例如，为什么偷窥者中男性居多，而女性很少？为什么成批开放的女郎会直奔大城市，通宵为男人跳脱衣舞，并以此为业？卖给男人看的杂志封面时不时地会刊登一幅漂亮的裸体女人照片。这并不表明杂志的读者都是粗鄙的老男人，对于男子来说，看到异性的裸体形象会感到愉悦是再自然而正常不过的了。

面向妇女的杂志封面又有何特点呢？噢，也是一个漂亮的女人！所不同的是，多数是头像而不是全身像，更不会是裸体。但这肯定不是出版商在拿自己的生意开玩笑，如果裸男比穿着美丽服饰的女人更吸引女读者，那他无疑会多印裸体男人像。既然他们没那

第 7 章　大转折

么做，原因在哪里？为什么人们认为女性对蛇的恐惧缘自生殖崇拜是合情合理的？

当你思考这些问题时，会感到不可思议。对很多非人类的雌性灵长类动物，男性生殖器是一道美丽的风景，比如山魈。雄山魈会向雌山魈炫耀它竖起的生殖器，它能长时间地让它保持鲜亮的红色，为了突出效果，它的阴囊会呈现出鲜艳的蓝色。见此情形，雌山魈会心醉神迷。

实际上，对每一个灵长类物种来说，能产生视觉装饰效果的都是雄性，这一点与禽类不谋而合。生就绚丽尾羽的是雄孔雀和雄琴鸟；雄性阿拉伯狒狒会炫耀自己顺滑的鬃毛；长鼻猴长着硕大凸出的鼻子，它的作用绝不仅限于一般的嗅觉。相比之下，所有这些动物的雌性都黯然无光，只有仰视和羡慕的资格。即使是人科动物——至少有一部分——最初时也与这些动物如出一辙，雄性会炫耀自己的胡须！但在某些方面，因为某种原因，唯独智人的雌雄角色发生了变化，所以今天，女性是我们这个物种被关注的焦点。

虽然经历了几百万年的进化，男人仍然没有彻底丢掉山魈式的本能。他拥有魅力无穷的性的附属器官，尽管它已褪去了原始的鲜亮色泽，还是让他喜欢不已，如果它个头够大，伴侣在和它私密相处时也会对它爱不释手。不过他的脑海中也会闪过一丝疑虑。现在，如果男人想看看女人对于他山魈式的炫示会有什么反应，那他多半是精神有毛病。

有时，男人们的言语中会流露出女人在看到男人的性器官时似乎会异常兴奋的意义，就像男人看到女性的裸体也很兴奋一样。也许，男人们会接受弗洛伊德的荒唐满足欲理论，认为女人如果一次都没见过男人的生殖器，她就会自以为是一生的悲剧。接下来，女人见到蛇会大喊大叫就顺理成章了，因为蛇（在很久以前）是生殖器的象征，仅此一个理由，就足以诠释女人的激烈反应。至于有的男人用下流的暴露来偷袭女人，他们的目的显然不是想引起她的爱慕，而只是想吓唬她，让她有失常的表现，这样他多半就得手了。

从美学的角度讲，普通女性尽管会从它那儿得到许多感觉上的快乐，但大概都会非常坦诚地说："好吧，我实话实说，它真的不太漂亮。"然而这说明不了问题，至少它不会生得比猿的更难看，可猿不会说出这么难理解的话。事实上，这和其他事情一样，美存在于每一位观察者的眼中，除非根本不美。身心健康的雌疣猪在见到雄性伙伴时不可能产生不悦，雄疣猪更不可能，如果真出现了这样的情况，那就太有悖常理了。所以，如果男人从女人身上能够得到更多的视觉快慰而女人无法做到，那并不表明她们的身体出了问题，出问题的一定是眼睛。

其实眼睛也没什么错，它们如实地传递着所看到的一切。关键在于眼睛后面的大脑，古老的思维定式沿袭下来，它们不但会接收视觉信息，还要控制非理性的、有时甚至是激越的情绪反应。因此，当看到什么东西产生恐惧心理时，不单纯是因为眼前的它吓到了我们，还与我们的祖先所憎恶或恐惧的事物有关。对于人类的直觉打着种族记忆的烙印这一观点，塞缪尔·巴特勒（Samuel Butler）深信不疑，也有人曾对此提出过质疑，但霍尔丹曾专门提到："本能可以进化，就如同记忆会被承袭。"

尼古·廷伯根[①]对这一现象还专门做了个很有名的实验。实验证明，当火鸡、雉鸡、灰雁等看到头上有类似飞禽的模糊影像，就会产生恐惧和畏缩的反应。这一反应有可能源自真的看到

[①] 尼古·廷伯根，全名尼古拉斯·廷伯根（Nikolaas Tinbergen，1907~1988），动物学家，现代行为生物学奠基人之一。生于荷兰海牙，后移居英国，执教于牛津大学。1973年获得诺贝尔生理学或医学奖。——译者注

了飞禽，也有可能只是受到了警示（如母亲的警告或焦躁不安的表现）。

物体的形状和运动方向至关重要。如果相同形状的东西从相反的方向过来就不会引起恐慌，因为它可能不是拖着长尾巴跟在后面的老鹰，而是一只飞在前面的没有威胁的长脖雁。但在雉鸡的大脑中却有一个不可动摇的信念，那就是不管什么形状的东西，只要闯入它们的视线，就会被认作是有害的，都意味着危险。

很可能类似的种族记忆也印在我们脑海的深处，只是我们没意识到它们的存在。几年前，美国的一位名叫赫斯的科学家研发了一项技术，它通过测量、记录眼睛在看到各种物体时瞳孔的扩张和收缩，来监测对于影像的潜意识反应。

这项研究发现，当看到微笑面孔的图片时，瞳孔会扩张；看到悲苦或恐怖的图片，就会收缩。面前出现一张血淋淋的交通事故图片，瞳孔在震惊之下急剧扩大，随后迅速收缩，因为那情景惨痛而令人悲伤。

有趣的是，这些反应在某种程度上和性别有关。在观测过程中，女人对婴儿的照片表现出强烈的兴趣，这和预料的大致相同，男人则差一些。同样可以理解，母婴在一起的照片要比婴儿单独的更令人愉悦，因为在原始环境中，婴儿独处总会引发某种不安。

当然不太容易预测男人在看到风景画时，会比女人表现出更大的兴趣，但这种差异在其他物种中存在，甚至廷伯根做实验的海鸥就是如此。雄海鸥对于它的位置、活动范围和领地的界线表现出准确、清醒的认识，而它的配偶却像吉卜林[①]的猫一样，似乎在想

[①] 吉卜林，全名约瑟夫·鲁德亚德·吉卜林（Joseph Rudyard Kipling，1865～1936），英国小说家、诗人。著名作品有《丛林故事》、长篇小说《吉姆》、诗歌《营房谣》等，1907年获诺贝尔文学奖。——译者注

"所有的地方我看来都一样"，于是它不断地受到其他海鸥翅膀的碰撞，再大叫着退回到自己看不到边界的领地。

这些瞳孔反应完全不受大脑意识的支配与控制。一个上流社会的精英分子在看到惹火的裸体画时，或许会言辞犀利、皱起眉头以示自己的不满，并称之为低级趣味，俗不可耐，但他眼睛的瞳孔却无声地发出了野狼般的吼叫。我坚信，这类现象对我们研究进化史极有帮助，对研究颌骨的结构或胎儿的个体发育都提供了很有价值的线索。

如果你给一位女性看男人裸体画，她的瞳孔也会放大，尤其是当这个男人既年轻又有魅力时。但假如你找来一台专门的设备测量她的目光落向了何处，你会发现她看男人画时会长久地注视他的头、脸、胸部以及臂膀、腹部。然而，男人在看女人画像时经常连她颈部以上的部位瞄都不瞄一眼。从某种程度说，男女观察问题的角度显然大相径庭。

所以，如果她对男人下半身的看法是正面的、不带任何偏见，她会说那是件有趣的东西，和她残留在头脑中的印象不一样。当然她不会去偷看，更不会去花钱观看，我们也不能把它简单地归为一种文化现象。可能女人不像山魈那样，她们经历了一个漫长的进化过程，在这个过程中，与此相关的事烦恼多，快乐少。即便她的情绪和身体可能都在说"很好"，她视网膜后面的大脑却在说"下流"。或许正因为此，才有了金赛报告中的奇怪现象：男人喜欢在灯光下做爱，而女人会选择黑暗，只有在黑暗中，她才能身心合一。

说到此处，我们还要提一提蜘蛛和蛇，很多人看见它们会感到毛骨悚然。看到塔兰托毒蛛，人们的瞳孔会非同寻常地收缩，把这一现象仅仅解释成某些种类的蜘蛛毒性很大是远远不够的。蜘蛛伤人的次数很少，都比不上飞虫的叮咬。见到蜜蜂我们会小心谨慎，但绝不会有很多人表现出恐惧。

德斯蒙德·莫里斯特别提出值得注意的一点，即男女在看到蜘蛛时的反应有所不同，他因此断定蜘蛛也有象征意义。他在文章中说："这方面唯一的线索是妇女们多次回答说，蜘蛛是肮脏的、毛茸茸的东西。当然了，青春期是少男少女们开始长体毛的阶段。在孩子们眼里，体毛是必不可少的男性特征……"我倒不认为这很有说服力，尽管从调查中可以看出，女性在青春期时看到蜘蛛更容易产生恶心的感觉。我之所以对此深表怀疑，是因为同一个女孩看到蜘蛛会尖叫不已，但看到浑身是毛的毛毛虫时会很兴奋，甚至会用手抓着它回家。

我认为，她的表现和雏鸡的反应一样，是简单的条件反射。依我看，对蜘蛛的厌恶是从海滩上的祖先那里沿袭而来的，来自当时的视觉反应。当时，唯一会对她和她无助的孩子构成威胁的就是行动迅速的节肢动物，比如螃蟹，它们身材矮小、腿长，行动敏捷又无所畏惧。也许在她到了生育年龄时会更担心这些节肢动物，因为她不能快速奔跑。或许那个时候的螃蟹个头大，也更凶狠。但如果你长期赤身裸体，生活在热带海滩上，那些比蜘蛛小的生物可能会更危险，因为它们有的会钻到你的皮肤下面，像寄生虫一样寄居在那里，把你的四肢咬得伤痕累累。

经常有人谈论我们对蛇所产生的病态恐惧，他们认为这和我们的祖先在树上的生活经历有关，因为如果你把一条蛇拿给动物园里的黑猩猩看，它也会惊恐万状。

可我还是无法确定黑猩猩产生恐惧的本质是否与人类相同。弗农和弗朗西斯·雷诺兹（Vernon and Frances Reynolds）曾经指出："有证据表明，野生的黑猩猩和被驯化的黑猩猩不一样，它们在见到蛇时不会表现出惊恐。阿德里安·科特兰（Adriaan Kortlandt）跟踪了许多蛇，最后生擒了一条很大的毒蛇，黑猩猩在看到它后，只是向旁边跳开了几米。"我们自然不愿意相信，在这一点上黑猩猩更缺乏理性。但实际上，害怕蛇和害怕蜘蛛一样，似乎是我们人类的特性。

可能这只是一种巧合，早期人类在浅滩生活时遇到的主要威胁很可能是以这种形象出现的。它不仅适用于海蛇，多数海蛇的毒性都很大，要比陆地上的蛇更凶险，也适用于鳗鱼。鳗鱼会躲在人们潜水处的石头下面，它们的肌肉强健有力，远远超过牙齿，一旦缠住什么就不会松开。如果不幸在水下被鳗鱼缠住了手指或脚趾，就得马上找到锋利的石头把鳗鱼头或是手指锯断，否则就必然一命呜呼。诚然，上面的推测有些牵强，但统计问卷显示，蛇是人们最厌恶的动物（其次是蜘蛛）。最奇怪的是，当调查表发下去，想弄清究竟是蛇的哪一点引起了人们的反感，多数人肯定地回答是因为它们看上去"滑溜溜"的。其实，鳗鱼才是滑溜溜的，而蛇的表皮倒更像晒干的绳子。萦绕在我们梦魇中黏滑的蛇只出没在上帝的伊甸园里，再就是人类族群记忆的深处。

当然，这一切纯粹是推理，其他对于此类现象的解释无出其右。但如果碰巧其中哪一条符合实际，那彻底解决这个问题对我们就十分重要了。

在研究性问题的专家中，尤其是研究女人对待性的态度的人中，大多数人倾向认为，一定有一种不可抵挡的、强烈而直接的生物本能让人们带着快乐和希冀去追求它，任何犹豫和担忧都必然是故作正经或人为的克制，应该受到谴责和蔑视，或许它们的起因是性反常和对性存在不愉快的记忆，对此，恰当的回答是："你有心病。"

对于无辜的草蛇的恐惧，其真正的原因极有可能来自另一个方面，即人们有种天生的忧虑意识，它完全可以通过理性和经验来克服，或者通过周围人们对此的认同来改变，可一旦受到警示性的提醒，原有的看法反而会增强。它只是一种浅层的恐惧，是感知到的情绪，我们完全可以把它看作遗传现象或仅仅是不适应的感觉，和害怕打雷没什么区别。

多数妇女在某些时刻会感到很窘迫，比如在男人变心时，在担心月经来临的"不太清洁"时，在分娩后的安产感恩礼上，或遇到其他一些粗鲁的行为时，这都是非常自然的现象。男人也同样会有肮脏、野蛮等诸如此类的感受。男女两性在对方的眼中都存在不足，如果双方都能克服缺点是最理想的，但如果我们在这方面都不过分苛求，会更令人欣慰。若是女人能善待男人，男人也会宽容地对待女人。事实上，这些共同的不安因素有着很深的历史根源。按照弗洛伊德的观点，它不是源自二十几年前的人类之初，而是要追溯到一千五百万年前的人类之初。

第 8 章
人，狩猎者

现在让我们把目光投向更新世。人类已经迁移到有河流的地方，在新形成的内陆湖边安营扎寨。千百万年来用卵石制造工具令他们很快就习惯了利用河石，并最终（在内陆地区根本没有卵石）使用能找到的各种相似的东西，如燧石。这时的人类习惯以山洞为居所，尽管内陆地区的山洞较少。他们就在有山洞的地方定居下来，并留下了骨骸和遗迹：这就是"穴居人"。

从前，人类总是把干海草铺在洞穴的地上，现在铺的是干草或兽皮。在法国的尼斯，考古学家发现了一处古代洞穴，那里保存着两种类型的遗迹。他们在洞中发现了一处用火遗迹，周围环绕着附着在海草上的软体动物的贝壳，上面有几个连着兽皮的钳子（没有骨头）。很明显，更新世雨季来临的时候，他们的生活没有发生大的改变，最多是变换了生活地点。

但是这一段时间的进化断代已宣告结束。戏剧性的是，人们在平原上又发现了原始人的骨骸，而他们的踪影已在这里绝迹了几百万年。正如阿德里所说："我们的研究又回到了起点。"是的，我们回到海洋再看人类进化的不同时期：直立的、赤身裸体的、杂食性的、会使用工具的、生物危机恢复后的第一个阶段,以及真正意义上的语言交流的最初阶段。

我准备介绍四种男性中心主义的学说,它们涉及狩猎-采集这一历史时期的主要发展与进步。第一个是罗伯特·阿德里的观点,非常浪漫但只有少部分人赞成,他认为在那个时候就已埋下了我们这个社会战乱频发的种子,因为南方古猿的两个种族一个爱好和平,一个争强好斗。后者消灭了前者,成为嗜血的人类种族的祖先。

另外三个比较重要,原因是它们已被广泛接受。专家学者可能有保留意见,但这些意见并未深入人心:走在街上的每个人已经全盘接受了。

其中第一个说法是,这一时期的男人开始打猎并食用肉类。女人不打猎,只和孩子们待在家里,等待男人带着猎物回家,否则这些妇孺就无法生存。

第二个与前面的有关,是上一种说法的结果。女人早在这个阶段就已退化为家庭主妇,对人类文化没有做出任何贡献,而男人则奠定了科技和艺术的基础。

第三个是这一时期的人类已经实现了一夫一妻。因为作为猎手的男人需要头脑冷静,前提是性方面的专有权,因此,他要把女人留在洞中,供养她和她的孩子作为性满足的回报。这样就建立了以一夫一妻制为中心的家庭模式——一个男人和一个女人,再加上他们的子孙。

首先,让我们来谈一谈南方古猿。毫无疑问,更新世的非洲出现过不止一个"类人生物"。在非洲的许多地方(几乎所有古河流遗址和古湖泊的岸边)都挖掘出过头盖骨、牙齿、大腿骨以及其他遗骸。其中两种已被确认,我们可以按一般的科目划分把他们称作粗壮型南方古猿和纤细型南方古猿。在人们的想象中，纤细型体形较小，根据他的牙齿判断，他以食肉为主，其头盖骨基本和现在的人类相同。粗壮型形体大而笨拙，厚厚的头盖骨像大猩猩一样有一块突出的地方。他的臼齿很大，表面光滑，附有一层厚厚的珐琅质，适合咀嚼植物纤维。人们发现这些牙齿都有磨损，说明他可能习惯挖一些块茎植物食用，但在吃之前没有把上面带的沙子清理干净。

并非所有的人都能区分出这两个人种，或者说亚种。但这些基本的类型确实表现了人类的不同，人们对此也做过大量的讨论，以求找出他们中的谁（如果必有其一的话）是人类的鼻祖。粗壮型南方古猿的头盖骨更丑陋，更像野兽；纤细型南方古猿的洞中存放着猎杀过的堆积如山的动物遗骨，看上去和大家熟悉的人猿泰山更相像，更让人想当然地把他作为进化行列中的"高级人种"，但不幸的是，从他的骨骼判断，他存在的时间比粗壮型更早。

罗伯特·阿德里干净利落地解决了这个问题。丝毫不用猜测他倾向于哪种意见。他把食草的粗壮型南方古猿定义为亚伯①，而把纤细型（被看作和野兽一样会残杀同类）定义为该隐。不知何时何地他曾说过："该隐遇到了亚伯，并杀了他。该隐从那时起就开始用石英岩和火山熔岩制作武器，最终成为人类的祖先。"所以我们一定是纤细型的后代，据说他们的遗址有"确凿的证据证实，第一个被确定的人已经具有猎杀能力"。任何对此持怀疑态度的人一定是无视事实存在的人。

---

① 亚伯，《圣经》中的人物，他和该隐是亚当和夏娃的儿子。根据《创世记》的说法，该隐种田，亚伯牧羊，上帝接受亚伯的贡物而不选该隐的贡物，该隐发怒而杀亚伯。于是上帝将该隐从定居地赶走。——译者注

在《非洲创世记》出版后的时间里，事情便有了一些头绪。现在似乎已经清楚，这两个人种之间的战争或者说是争斗从来就没发生过，因为整个非洲没有找到一处他们曾经共同生活过的遗迹。据分析，粗壮型南方古猿一定是因为自然的原因而灭绝，而不是因为杀戮，他们和前前后后存在的无数其他物种的命运相同。

随着时间的推移，他距离进化成智人的祖先越来越远。有种观点认为，他发明了最早的石片工具，这一观点受到了后期研究的质疑，现在一般都认为那些石器是能人发明的。最新的化石发现又引发了另一种观点：确切地说，他并不是两足动物，因为他像大猩猩一样，用关节处走路。

也许这些动物起源于森林古猿的一支，这一人种在非洲找到了某一个相对湿润的地区并设法生存下来，他们人数不多，也经历了整个上新世，但他们再没返回海洋。当地球的气候重又变得温和，他们开始向外围扩展，人数也成倍增加。由于缺乏新的生存技巧，适应性又较差，不能像水生表亲纤细型南方古猿那样合理地生活，所以未能永久生存下来。

对于阿德里的论点，我最不赞成的一条是：在远古时期，如果两个近似人类的灵长类群体相遇，结果必然是灭绝种族的屠杀。

我们可以再回过头，谈一谈物种形成的过程。

达尔文在研究了加拉帕戈斯群岛上的动物种群后发现，无论是飞禽还是走兽，每一种动物分化成两个亚种的原因都是碰到了某些障碍（一般是地理因素，比如海洋的延伸），结果阻断了它们之间的杂交。如果这一分隔时间持续太长，两个种群便开始产生变异，或者从外表，或者从行为，或者这两方面都发生变化。如果时间更长些，变异相应地更大，即使把两个种群再合并到一起，也永远不可能融合了。

如果我们回到中新世，想一想本书最早提到的小森林古猿，我们就能肯定地说它多多少少还有一片自由的生存活动空间，有大面积的森林和覆盖整个非洲的热带丛林。我们也知道，当炎热或寒冷的极端气温袭击大陆时，最远的内陆地区总是受害最深，沿海地区会相对温和些。当上新世的非洲被烘干之际，森林在减少，身处危境的大猩猩躲到了赤道地带以外的区域和高原地区。森林由内陆向沿海逐渐消失，与森林共进退的古猿不是沿同一线路返回海洋，而是分成小群体由中心向四周迁徙，沿非洲海岸从不同的地方到达安全的大海，它们要在那里生存下去，可能很长一段时间内会失去联系，但新环境对它们的影响一定大致相同。

然而，形态上的变异注定会发生，这种分散起到了催化剂的作用。在一个小的孤立群体中，任何微小的变化都有存留的机会，而在较大的群体中，则很容易被同化。但毫无疑问，那时我们的种群所显现出的变异较之今天要大很多。

有些变种已经消亡，有些则存活下来，凡是存活下来的都是那些自始至终没受到冲击的群体。比如非洲的布须曼人，他们的形体非常独特，臀部肥大，形态特征保留着水生时代的印迹。这在其他种群中绝无仅有，当然现在他们已经被排挤到地球上最贫瘠的地方了。我们来举个例子，当生物危机来临的时候，没有勃起困难的窘境就成为了一种优势。一个布须曼男子的生殖器从出生到死亡会一直处于半勃起状态，而女人的外阴部生来就有被称作"埃及小围裙"的东西盖着，这大概源于早期的水生形态，就像包裹着海豚乳头的可以缩回的表皮护套一样。

体形的大小也会有所不同。种群的分散几乎总是导致体形的变化，就拿恒温动物来说，单是地球纬度就会引发这种变化，距离极地越近，体形会越大。北纬的纬度每高出一度，海雀的体形会增大一个多百分点，斯匹次卑尔根群岛①海雀的体形比布列塔尼半岛②上的差不多大一倍。在南半球，纬度对企鹅所产生的影响也不例外。

生物学家有时用"同类群"（deme）这一术语来描述孤立生存的种群。新的问题出现了：当分散的水生猿同类群重新相聚，结果会是什么？它会偶尔发生在沿着海岸线来来回回、漫无目的的迁徙中，但在更新世万物丰沛的内地向他们敞开怀抱时，这种相遇的机会将大大增加。

他们会形同陌路地相遇。也许正如我们所了解的，他们在外形上有很大的差异，也说不定一个群体中的雄性会发起攻击，接着是一场厮杀。与从前有些作者所下的结论不同，因为不同的灵长类动物常常和平地居住在同一片森林中，即便打起仗来，也绝不可能是灭绝性的屠杀。

在这样的混战中，屈从的妇孺也不可能全部惨遭毒手。我们可以非常肯定地说，如果他们存活下来，会成为被奴役的对象。这些寡妇和孤儿会跟随着胜利者，而不会散去或离群索居，更不会在意胜利者在他们的眼中个子太高或者太矮、皮肤太黑或者毛发太长、吃奇怪的食物或者发出异样的声音。

在这一点上，"加拉帕戈斯型"的机制就会被打破。在其他多数物种中，一个未开化的分支在外表和行为上都存在着难以逾越的鸿沟。试想一下，同一个种的鸟，它们分别栖息在两个岛上，直至出现了另一个分支，在体形上只有原来的五分之一那么大。按照自然选择的规律，这些同类群即使重新聚合，一般也不会再进行杂

---

① 在挪威，位于巴伦支海与格陵兰海之间。——译者注
② 位于法国西北部。——译者注

交，而是永远保留着各自的特性，从而固定成为两个种——就像大海雀和小海雀一样。

促使自然选择得以完成的因素是雌性的挑剔，她们在选择上比较保守。所有比果蝇高级的物种，雌性都会拒绝接受雄性外表的特异和行为的超常。也是从果蝇级别的物种起（只有一个例外），交配是否成功都取决于雌性。如果她们又踢又躲，甚至甩掉产卵器，就根本谈不上"举办婚礼"了。

但是，人类在返回到陆地后，女性便不再是选择过程中的始作俑者或是终结者。跟在陌生的胜利者队伍后面的孤儿寡母，没有机会要求保持同类种群的纯洁性。其实，也许她们那时就开始失去了本能，变得和男性一样只有"模糊的目标"。总之，她们被看成了私有财产。因此，即使男人的个头高矮不一，甚至身高只有30厘米，也不会对交配构成障碍，当时不会，后来也不会。构成障碍的只有地域和文化的差异。

因此，我不能轻易接受阿德里的结论，他认为南方古猿有的体形高大，有的十分矮小，他们中必然发生了毁灭性的冲突，因而我们仍然需要判断源自哪个种系，因为其中的一个必定消灭了另一个。

他又一次忽略了女性的存在。他的意思好像在说，因为征服者威廉[①]和哈罗德国王[②]之间发生了冲突，所以我们必须断定英国人是诺曼人的后代还是撒克逊人的后代。

由于人类是生物意义上的一个物种，人性中就必然会存在变异

[①] 威廉一世（1028～1087），法国诺曼底公爵（1035～1087），英国国王（1066～1087），在黑斯廷斯打败英王哈罗德二世，自立为王，引进封建主义和诺曼人习俗并下令编制土地调查清册。——译者注

[②] 哈罗德二世（1022～1066），英格兰盎格鲁-撒克逊时期末代君主，在位仅九个月，在与诺曼底公爵威廉作战时阵亡。——译者注

性、多面性和生存的欲望。所以，无论发生什么样的新情况，地理的、社会的或其他方面的，也不管分裂出多少种群，外形、肤色或文化有多少差异，一旦重新建立联系，所有的一切就会再次融合到一起，相互充实，从总体上增强人种的进化潜能。

如果我们把这一特性及其为人类带来的生物学方面的益处都归结为女性不再作为阿德里所说的"性专门化物种"（sexual specialist），那么，生物危机对于人类就成了最具创造性的事情之一，尽管它也带来伤痛。如果不曾发生生物危机，由于人在地球上的分布比狒狒还要广，那今天的人种一定比狒狒多。事实上，不管种族主义者如何对真相置若罔闻，人类只有一种。

只有一点，那就是人类百万年来是食肉动物，后来才出现了像萧伯纳这样的文化变异。肉食灵长类动物的进化有时被当作一种新的、特有的现象。千真万确，灵长类动物绝对喜欢植物食品。栖息在树上时，植物是最丰富的食物，从某些方面看，它们已经变得专吃植物。比如，果糖的甜味，对其有着很大的吸引力，而猫一类纯正的食肉动物（奇怪的是，狗是个例外）没有品尝甜味的味蕾。如果你想取悦猫，在它的面包和牛奶中撒些糖，那会和在它的窝里放上彩色画片一样徒劳无功。甜味以及黄色、蓝色都超出了猫的认知范围。

但是这并不是真的，阿德里在《非洲创世记》中写道："灵长类物种的任何变异都可能导致其食用肉类，这必然是进化基因的转变。"这和他写此书时人们对此的认识一致。但对灵长类动物的研究进展很快，任何一本书（包括此书）都可能在短短的几个月之后就被该领域的最新发现驳得体无完肤。

不管怎样，我们现在知道了野外生存的类人猿经常食用动物肉、鱼肉，并经常主动猎杀它们。以螃蟹为食的短尾猴，其大部分蛋白质来自于捕食甲壳纲动物。狒狒吃小型动物和刚会飞的小鸟，有的捕食珍珠鸡，有的不慌不忙地追杀捕食野兔、瞪羚，甚至黑长尾猴。黑猩猩偶尔猎食丛林中的小鹿、小猪。珍妮·古道尔见过一只黑猩猩抓住了一只疣猴，并将它的脖子咬断，随后把它吃掉。

这样的行为并不是以上提到的动物们固有的习性，它们只是通过这种方法来增加饮食品种，肉类显然能吊起它们的胃口。别的黑猩猩会围到猎手旁边，伸手要求分一份，像一群孩子在领取美国军方补给部门发放的口香糖或巧克力一样。当然这样的场面不会和植物食品联系在一起，因为植物俯拾即是。

很明显，人科动物不是最早的也不是唯一的灵长类屠夫。他也不需要什么"进化基因的转变"来实现肉食品的消化，因为他众多的灵长类动物远亲早已能够轻而易举地做到。

也许一些分散的人科种群最早并不是食植性动物，而是在返回大陆之后才形成了这一习性，这并不奇怪。所有生活在海边的水生猿群落需要学会新的饮食方式，就像其中的一些那样，渐渐地从吞食昆虫到吃虾米，再到后来也吃海洋中的哺乳动物。所以，同样身处困境的其他种群完全可能由吃陆地植物改吃海洋植物——从树叶到海藻，至于最终结果要看各自的机缘。海藻是一种营养非常丰富的食物，斯特拉海牛仅靠吃海藻就能维持比我们大好几倍的庞大身躯。海藻的味道也不错，只是近来有些过时了，但仍然有一些地方把用干海藻烘烤的面包当作美味食品。

有时事情可能与我们想象的不一样，植食和肉食永远不能划分得一清二楚。比如利基博士的东非人①长有食植型的臼齿，但在他的葬处周围，有很多小走兽的骨头。他和狒狒、黑猩猩一样，在食

---

① 生活在距今 175 万年前，其化石由路易斯·利基于 1959 年发现于东非坦桑尼亚，现在一般被称为南方古猿鲍氏种。——译者注

物的选择上并不挑剔。

与此相反的情况更值得注意,已经成为肉食者的人科动物在选择食物时同样不刻板教条。我们现在多数人都食用肉类,但肉类只占我们食物总量的一小部分,可以肯定我们狩猎的祖先也是如此。似乎没有理由怀疑巴塞洛缪(Bartholomew)和伯塞尔(Birdsell)的结论,他们认为"南方古猿和当今狩猎-采集的人们一样,大概是以植物作为他们食品的主要来源"。他们赖以生存的还有"蛋类、鱼类、甲壳纲动物、昆虫、小型走兽、爬行动物、大型食肉动物遗弃的腐肉、浆果和其他水果、坚果、根茎类和真菌类植物"。

在条件恶劣时,食物的种类就会大大减少。1956年,拉尔夫·苏尔基(Ralph Solecki)在伊朗的扎格罗斯山脉地区发现了一个山洞。经调查得知,曾有一族人在那里连续生活了大约几千年——他们与南方古猿不是一个时代,而与中石器时代的智人属于同一时代——他们的生活似乎非常艰苦,既看不出有过农业产品,也没有家畜,"仅凭发现的蜗牛壳可以断定,他们的主要食物可能就是蜗牛"。早期的人类,别看他们可以气壮山河地把自己的形象刻在山洞的岩壁上,但却不能保证时时可以捕到猛犸象和羚羊来制作烤肉。

我提到这一点不是要贬低人类的成就。在壮年时,人无疑神气十足:眼睛可以寻觅猎物的脚印,其敏锐度不亚于猫科动物的鼻子;步履矫健,骁勇善战,弹无虚发,足智多谋,无与伦比。当他拿着热乎乎的烤肉回到家中,所受的欢迎自是不言而喻。他的技巧、无畏、武器和智力都是千真万确、名不虚传的。

性别关系的平衡需要重新调整。当泰山派学者自言自语地说起"食肉动物"时,他马上就会联想到狼,他会想:"是的,不错,这就是我们群体的状态,妇女和孩子们留在山洞里的家中,像刚产崽的母狼，无法外出捕猎。他们期待着男人满载而归，而自己只一味地等待分食猎物。"假如这些泰山派学者生活在一个受到母亲主义、有赡养费和行政腐败困扰的社会群体中，那他的脑海里就会定格为另一幅图画，带着下意识的推断，"她就做这么点活"，"男人所能得到的全部只是在打猎回来后和她睡上一觉。所以，上帝啊，我打赌，如果她想分得那份鹿肉的话，一定要有出色的表现"。

萧伯纳把这些通过该隐的口说了出来，在剧本《回到玛土撒拉》（Back to Methuselah）中，浪漫主义作家笔下的猎人家庭生活的精彩篇章是这样的：

> 我要去打猎，我会竭尽全力去拼搏、去奋斗。我会冒着生命危险杀死野猪，然后交给那个女人把它烧熟。看在她辛苦操劳的分上，我会分一块肉给她，除此之外，她得不到别的食物，这让她成为我的奴隶。谁要是杀死了我，就会把她当战利品带走。男人是女人的主人，不是她的孩子和劳工……只有当男人经历过搏斗、面对过恐怖和死亡，只有当他奋斗到生命的最后一息，才能体会留在女人臂弯里的那份温存。

夏娃的对答完全出自另一个角度：

> 你确实是她的主人！你更是她的奴隶！你还比不上亚当的牛，也比不上你自己的牧羊犬。你冒着生命危险打死猛虎，谁会得到漂亮的虎皮？她拿去铺在自己身下，把你无法下咽的烂肉扔给你。你去拼搏是为了让她对你仰慕、对你产生渴望。你这傻瓜，她让你去拼命是你能杀死猎物，给她带回饰品和财

富。你是什么？一个可怜虫，手里拿着一捆臭鼬皮的脏脸奴隶！……你对别的男人来说，好比白鼬和兔子，她对你来说，好比水蛭和白鼬。

这是经典的辩证法。对于人的肉食性的正反两方面观点被罩上了一层美丽的面纱。这一臆想仍然存在，活跃在那些人高马大的男人的潜意识中。

"女性，"德斯蒙德·莫里斯说，"只能待在家里照顾孩子。"似乎这是她一整天要做的全部事情。当然了，要保持两个人的紧密关系，她还要在猎人回家时做"精心准备的性表演"。

沃什伯恩（S. L. Washburn）在他更加严密、系统的文章（发表在1968年出版的关于"人，狩猎者"的专题论文集中）中表达了类似的观点："打猎改变了成年男性在群体中的地位。由于分享猎物在许多食肉动物中是很普遍的现象，因此成年男性承担的经济责任与群体中分食猎物的现象都与食用肉类有关。"言外之意，在史前的这一时期，女性变成了依赖者和消费者。

现在真相终于大白，原来这不是一个单纯简单的臆想，它是一个彻头彻尾的政治神话，用来支撑伪历史、伪人类学。这些观点认为妇女要是在经济生活中占有一席之地就是"违反自然规律"；"在遥远的古代"，男人就说过"她得不到别的食物，这让她成为我的奴隶"；而来自这样角色的女性，她们唯一的社会分工是抚慰猎人，让他们高兴，照料孩子。

事实并非如此，在现存的狩猎部族中，也没有这种现象。首先，如果女人真如他们所说，那么一定会饿死。理查德·李（Richard B. Lee）专门研究了博茨瓦纳（Botswana）的孔布须曼人（Kung Bushman）的经济生活，经过15个月的努力，他写出了下面的报道：

> 男人用一周的时间兴致勃勃地去打猎是常事，接下来的两周或三周无所事事也并不罕见。由于打猎的情况经常难以预料，会受到各种不确定因素的限制，因此猎人们时常会空手而归，于是在一个月或更长的时间里，他们会停止外出。在这期间，男人的主要活动是探亲访友，自娱自乐，尤其喜欢跳舞。

同样，在卡拉哈里沙漠的劳伦斯·范德波斯特这样记述了妇女和儿童的活动：

> 白天，年轻的妇女和儿童都会外出，手里拿着搜索用的木棍，在沙漠里的沙土中寻找食物。和他们在一起时，我总是感到非常吃惊，惊叹于他们的聪慧、勤劳以及干活时所表现出的利落。看到杂草中细小的叶片、红沙上的蒺藜，他们都会弯下腰拾起。他们用木棍熟练地在地里挖掘野生的胡萝卜、马铃薯、韭葱、芜菁、红薯，还有洋蓟。在此之前，我对这些卡拉哈里沙漠的植物一无所知。他们的一大美食是地里长的一种坚果，把它放在火上烤着吃，那味道会赛过鸡尾酒会上所有的美味。还有，他们喜欢形状各异的野生西瓜，羚羊角形的黄瓜也颇受赞扬……这是一年中最差季节的收获，我盼望着夏天早日来临，那时他们会有更丰硕的收成……

孩子们的生活是这样的：

> 一天晚上，灌木林和原野开始回响起欧夜鹰的叫声、乌鸦阴郁

的呱呱声、黑背豺的哀嚎……我们赶上了一个勇敢的小分队，他们有三四个人，身高都比杂草、荆棘高出一点，走在草丛中刚刚露出头。领头的是一个小男孩儿，他一只手拿着探物用的棍子，背着一捆植物的根、茎，还有毛毛虫，另一只手里是肉乎乎的幼虫。一个小女孩儿跟在他身后，也背着一捆野生浆果干、好吃的坚果……年纪最小的男孩儿一只手里拿着个很大的乌龟，他把手举得与肩膀齐高，要跟上前面的大孩子可不轻松，他走得上气不接下气。

要说作者非常喜欢孔布须曼人，我完全同意，他的字里行间充满了对这个部族的热爱。有的人稍稍感到不解，一时还不能悉数接受他陈述的事实。让我们再回头看看理查德·李的说法，他呈现给大家的是完全客观的、统计性的评价：

> 植物食品占他们食物总量的60%～80%，每个妇女每周要外出两天或三天采集野果。外出打猎的男人兢兢业业，但却不能总是满载而归。要是按每天劳动量这样的术语来计算，男人和女人的收入大体相当，妇女提供的食物在重量上是男人的二到三倍。

除了北极地区，这个60%～80%的数据适用于所有已知的狩猎-采集型的部落。

（爱斯基摩人和阿留申人以及其他的北极部落与此不同，那是因为一年之中大部分时间无法找到植物食品，但这些群体与我们的进化论研究关系不大，因为南方古猿是非洲人。）

这就是狩猎的灵长类动物的真实生活画卷，与那个男人在外筋疲力尽，女人却躺在堆起的兽皮中和她贪婪的孩子们等着白白分享男人果实的荒谬说法大相径庭。如果他拿着打猎的武器外出，她则会用力捣碎砧板上的野生西瓜籽或富含蛋白质的坚果,那是他们主要的食物品种。

人类学家说到世界上大多数地区的狩猎-采集型的人们,在讲到他们的饮食习惯时往往会用到下面的词语:"肉是受到称赞的重要食品……""被当作特殊的款待……""是日常绿色食物中的一次改善……"

尽管人们并未期盼深埋地下的考古遗址中会发掘出与被屠宰的动物的骨骼相同程度的植物遗存,但在一些土壤条件适合保存遗物的地方,中石器时代和旧石器时代的遗址中都出土过一些物证:有种子、坚果壳、磨石,还有挖地用的木棍,这些都进一步证实了他们的生活方式没有太大的改变。甚至人类齿列中尖牙的消失、从类人猿牙齿标准而来的变化都是铁证,它向乔利(C. J. Jolly)这样的专家郑重表示,智人独特的牙齿最初的进化不是为了啃食骨头上的肉,而是为了方便咀嚼谷物。

总体而言,认为男性在狩猎时期开始承担主要"经济责任"的观点无法成立。事实是,男人为家人提供肉食,女人为家人提供面包。

然而,还有人坚持一个荒谬的观点,认为原始社会的女人不参加生产活动。恐怕这一观点永远也无法从人类——尤其是男人——的意识中抹掉,除非我们出台一项法令,像印在香烟盒上的健康公害提示一样,要求每一本与该主题相关的书籍出版时,必须在扉页上贴个勘误标签:

智人敬启:

误:食肉动物,正:杂食动物。误:食肉的,正:杂食的。

用面包养家糊口的女人和她负责打猎屠宰的配偶构建了新的生

存方式，这一方式带来了重大的变革。现在，他们空出了很多的时间可以进行思考，而需要思考的新问题也随之而来。

一般来说，世界上只有食植动物才用几乎整天的时间来进食。比如，蚕永远在一刻不停地吃。一头野生的大象多数的走路时间都是在寻找食物，它每天要吃掉600磅各种绿色植物，才能维持它正常的活动。再说牛，吃草之后歇息时，马上就会反刍，对吃下的食物进行再加工。与此相反，一头吃饱的猛狮或是秃鹫、蟒蛇一类的动物，它们会一个上午，甚至一整天安静地晒晒太阳，有时一个星期什么都不用吃，只消化胃里的食物。

即便只吃植物，类人猿也能够控制得很好。茂盛丛林中的大猩猩不需要花一天的时间进食，灵长类动物标准的习性是中午小睡休息。

然而，新型的狩猎－采集混合模式带来了更多的闲暇时光。几年前，马歇尔·赛林斯（Marshall Sahlins）的言论引起了不小的争议，起因是他挑战这一观点，即原始社会中，男人过着高度紧张、勉强糊口的生活，还会常常出现饥饿现象。他认为，人类发展的这一阶段是"原始富足社会"，之所以定义为富足，是因为当时人的所有愿望都极易满足。

人类学家对多数狩猎－采集部落所做的详细研究报告也证实了这一点，当然，北极部族除外。弗雷德里克·麦卡锡（Frederick D. McCarthy）和玛格莱特·麦克阿瑟（Margaret MacArthur）针对澳大利亚土著人的时间与运动研究显示，用在食物的获取和准备上的时间，在一个群体中是平均每天5小时，而另一个群体还不足4小时。而孔布须曼人每周劳动的时间仅为2～3小时。詹姆斯·伍德伯恩（James Woodburn）报出的哈扎人（注：布须曼人的一支）的干活时间是平均每天2小时。这让美国工薪阶层的人忌妒得要命，他们的生存标准也不是很高,但要工作一整周才能养活自己、扶养孩子、供养没有收入的成人,还要按照营养专家拟定的《每日饮食定量参考》中的食谱进行调剂,确保饮食品种多样,摄取充足的热量和蛋白质。

如果人科动物——现在我们指的是南方古猿——生活在这种条件下,他们又朝真正的人类迈进了一步。一头饱食的狮子只会简单地躺在太阳底下睡懒觉,但一个灵长类动物,特别是处于幼年阶段的,会一刻不停地对所有的事情充满兴趣。他不会待在那里让三四周的时间白白溜走,他会坐下来,手总是在不停地削木头、修补东西或制作工具。经过不懈的努力和实践,他终于从一个脑容量很小的、只会制作石片的南方古猿成长为智人——名副其实的工匠。

历史发展到这个时期,我们就不能再责备以男性为中心的推论,沃什伯恩和兰开斯特指出:"打猎的早期工具中包括一些造型精美的手工制品、对称的两面器,特别是阿舍利文化的传统制品。"男人受到启发把那些普通的石头打造成有用的工具。女人使用这些工具,要想磨碎谷粒和坚果,你只需要一块平平的石头把它们放在上面,再需要一块圆石把它们碾碎,这两样东西,只要耐心寻找,总能在附近找到合适可用的。

而男人这时候已经在向工艺师的方向发展。他的每一项新行当都使大脑得到了锻炼,他渴望制作出能挥舞和投掷的武器。正如沃什伯恩的点评:"斧头和长矛的使用需要速度和力量,制作它们需要一定的技术,与制作刮刀和挖掘用的木棍完全不同,最初制作有效的高速度武器的想法导致最后制作出了精美的对称器具。"男人在尝试着向更高的方向发展,从工匠再到艺术家:"很显然,成功地制作出工具对大脑的进化产生了巨大影响,它创造了技巧,为艺术创作奠定了基础。"

那么女人呢,她从来就不是长矛投掷者,在这方面,她能有所建树吗?开始我们就说男女有分工,用这一点来解释为什么女性中没有出过像达·芬奇、伦勃朗或毕加索那样的大师。每每想到这些我都会黯然神伤。

我们可以想象一下女人如何打发她的闲暇时光。男人们在外出行动的时候,眼睛总是忙着寻找动物的蹄印、粪便和腐肉,不放过任何猎物和对手留下的痕迹。女人的眼睛也一刻不停,不过是在寻找满意的浆果、树叶、种子和地下的块根植物,或者是野蜂窝。他的活计需要勇气、速度和一副武器;她的则需要耐心和一个容器(现在她采到的果实自己吃不掉)。半个椰子壳就是个不错的东西;鸵鸟蛋壳更好了,可以很容易地把壳弄掉一块,在上面开个洞。然而,在广袤的平原上,很多时候她们无法找到椰子树、葫芦或鸵鸟蛋。她在空闲时经常四处走走,寻找一些有凹面的、便于携带的东西,最好是圆形的,因为她习惯使用圆形的器皿。

在水塘边的泥地上,她偶然看到了一些东西,和想象中的形状相吻合,那是动物留下的蹄印,早已被太阳晒干。她的眼前一次次地闪过一个念头:"就是它,就是这个形状。"但她的大脑还认为稍稍差一点,因为它无法携带。

照例有一天,男人在制作燧石片,她想把一个蹄印完整地挖出来,当然一定是被挖碎了。同样还有一天,也不知到底是何时,当然是在夏天,一个长长的下午,她饱餐之后,来到了水塘边。这次还是没成功,她就玩起了泥巴,捏来捏去,做成了一个椰子壳状的东西,她把它放在地上,等太阳将它晒干,自己则回去准备晚饭了。

从考古学看,陶器的起源比武器要晚得多,它不像石器那么经久耐用,早期制作的作品还很不专业,极易破碎,现在已经不复存在。尽管如此，我们还是会想，"第一件精美的对称式器具"是怎么做出来的？它们一定出自某种偶然的发现，或者出自他的矛头，或者出自她的容器。但是，容器并没有归功于她。武器是"男人"、是"猎手"发明的。而陶器，连小学生都知道，也是"男人"发明的。

通常人们都接受这种论调，也许包括很多女人在内。而大多数的作者——不知他们认真思考过没有——都有一个模糊的概念，大致是："一天，他暗自窃笑，因为注意到那个小女人用手一趟一趟地把种子拿回家。于是，他悄悄放下手中精巧的武器，暂时离开了打猎的同伴。几十天的时间里，他专门在解决这个问题。终于，他发明了陶罐。他拿回几个样品给她看，还拍了拍她的头，告诉她它们很容易破碎，之后就急忙穿越草原，追寻他的打猎队伍去了。"

是的，或许事情就是那样，没人能提出反面的证明，就像没人能证明她没在心里说过："孩子们，今天你们安静点，我在忙着给你们的父亲做碗和箭。"我只是想说这第二个夸大的故事和第一个相比更没有道理；因为需求是发明创造的源泉，由于他们的经济角色不同，而容器属于女人的需求，不属于男人，不会有人用坛子把鹿肉装回家。

在谈到史前智人的时候我们不必全靠推测。当然我们可以很有把握地断定史前时期的武器是男人创造的。人们在史前陶器上发现了制作者留下的手印，苏联考古学家特鲁亚科夫（P. N. Tretyakov）和其他许多人都提到，手印的形状清楚地表明那些陶器出自女人之手。

◎◎◎◎◎

最后要谈的一个重要问题是一夫一妻制，人们一般把它看作狩猎-采集时代的产物。那是否应该称它为"对偶"？不，我想还是不该那么做。这听起来好像很科学，但实际上是把有关人际关系本质的诸多谬误奉为了神明。

首先，智人从来就不是对偶关系的种群，这样的种群十分罕见。选择一个配偶和至死忠贞不渝的习性只存在于极少的动物之中，包括渡鸦、长臂猿、大雁和色彩斑斓的小虾。这些物种唯一的共性是雌雄对偶。它们有的食肉，有的食草；有的是鸟类，有的是哺乳动物，还有甲壳纲动物；有的物种群居，有的独居；它们生活在地球不同的地方，环境各异，甚至肌体的构造也不相同。似乎神奇的造物主在行使她的权力，把一生忠诚这份生物界的厚礼任意相赠，赐给了她随机选中的幸运儿，其中没有一页纸上写着人类的名字。

如果我们受赠的生活配偶模式和大雁一样，那么世界上任何一个角落、任何一个人类团体中都不会出现一夫多妻、乱交、独身、妻妾成群、群婚、试婚和离婚。那么，当说起"我的前妻"和说起"我的前姐妹"就没什么两样。那么对男人来说对偶关系和成长与死亡一样正常，他会和成年时结识的最满意的未婚女子双双终其一生。假如他成年时身处越南丛林，他会退而求其次，和最近的美国特种兵结成伴侣，因为没有更好的选择，美国特种兵也碰巧处在情感空虚的阶段。从此以后，身边不管有没有同性恋行为，他们都会终生不再分离。如果是那样，即使是碧姬·芭铎也没有能力去引诱其中的任何一个，使他们放弃忠诚。这是一种无法冲破的禁锢，更像吃了泰坦尼娅的春药一样没有解药。显然，人类不会误入这样的歧途。

当然，我们可以进行辩论，因为进化的实质在于改变和修正，对偶关系作为一个生物阶段仍然（或者已经）部分地在发挥着作用，对它我们既可以选择接受，也可以完全放弃。

完全放弃的可能性实际上不存在。与我们相近的物种都没有这样的行为迹象。唯独长臂猿是一夫一妻，如果有谁想把我们人类的家庭生活和这个亚洲表亲联系起来，先看看沃什伯恩和兰开斯特直言不讳的劝告：

> 这个（长臂猿家族）群体的维持一方面靠的是极端的领地意识，成年的雄性决不容忍群体中有另一个雄性存在。该群体得以维持的另一个方面是雌猿长着长长的犬齿，具有非常强的进攻性。还有第三个方面，即雄猿的性欲极低。雌雄组合就是完整的群体。长臂猿群体的生物基础与人类的家庭有所不同，它没有相对应的经济功能。尽管黑猩猩的群落生活缺少家庭式的组织，但让它进化为人类的模式要比长臂猿容易得多。

另外，如果我们假设人们结婚是向生物上的对偶阶段前进了一步，那么这一举动似乎是拼凑起来的，属于偶发现象，不具备普遍意义。然而，近来有迹象表明事情恰恰走向了反面。如此快的变化更具有文化领域而不是生物领域的特点，所以我选择了"一夫一妻制"这一文化术语，并没选择"对偶"一词。

长臂猿的"性欲极低"昭示了第三个误区：对偶关系的基础是性吸引。科拉德·洛伦兹（Konrad Lorenz）对大雁的对偶关系做过经典的研究，他明确指出："把一对大雁终生联系在一起的纽带，是成功生存的保证而不是配偶间的性关系。"的确，他引述的证据显示，一个物种中雌雄一对的紧密关系也是对抗其他同类的战斗力标志。这很有特色。如果你憎恨周围所有的同类，那就非常有必要找到一个办法，保证至少有一个配偶对你没有敌意，否则整个种群将无法延续下去。

我们拥有的不是对偶结构，而是科学家们熟知的以核心家庭为模式的组织形式——爸爸、妈妈和孩子。

这就是我们的生活，大家对它十分熟悉，很多人感到把自己的生活拿来讨论有点无从说起。我们都给孩子们讲过一些童话，比如在一所温暖舒适的房子里住着"熊爸爸、熊妈妈和熊宝宝"，当然还有后续的故事，如果熊妈妈没有对熊宝宝进行严格的训练，让它在自己单独外出前学会爬树，那熊爸爸一定会对它呵护备至。诺亚方舟式的安排被许多动物园所采用，所有的动物都是一雄一雌，父母们会大受启发，给孩子们讲："大象爸爸、大象妈妈和小象"，"长颈鹿爸爸、长颈鹿妈妈和长颈鹿宝宝"，"猴爸爸、猴妈妈和……"似乎核心家庭是厚皮动物、有蹄类动物、灵长类动物等的自然生存特性，而故事中从来不会出现猫、狗、马、鸡和羊一类的动物。

以上的故事中，多数情况下父亲的角色是单纯的传宗接代，他们和妈妈在一起时漫不经心，仅仅是为了消磨时间，而和孩子们的交流微乎其微，基本上等于零。

我们由灵长类动物进化而来确凿无疑。迈克尔·钱斯（Michael Chance）和克利福德·乔利（Clifford Jolly）在他们的《猴、猿、人的群体生活》（*Social Groups of Monkeys, Apes and Men*）中指出，大多数的雄性灵长类动物都会想方设法避开幼崽，对此雌性动物会予以接受，没有半点怨言。例如叶猴，距猴妈妈和它的幼崽大约八米以内的地方极少见到成年雄猴的影子，如果它一不留神越过了这一界线，就有可能受到猴妈妈的威吓和驱赶。

长臂猿爸爸是最古怪透顶的，它在一心一意地维持一个"核心家庭"，但留在身边的只有幼崽。一旦孩子们长大，雄性长臂猿就会和妻子一道粗暴地对待它们，直到把它们赶出家门。

但在某些动物群体中，雄性对幼崽就怀有浓厚的兴趣。对狒狒和短尾猴来说，小猴是所有群体成员关注的焦点。雄猴和雌猴一样都对小猴极为关照，常常把它们抱在怀里。成年雄猴最受正在成长的小猴们的欢迎，因为它们会任由自己淘气胡闹。在有些物种中，失去父母的幼儿往往会被一个成年的雄性或雌性"收养"。它会保护它们，使它们健康成长。

虽然列举了这么多例子，我们还是没有接触到核心家庭。一个领袖式的雄性会协助扶养后代长大，但他的角色不是父亲，而是部落中的长者，以政治的、教师的角色来指导他们，因为他和任何一个雌性的对偶关系都不稳定，彼此也不专有。这种社会模式与我们当今的社会没有可比之处。

在某一时刻，因为某种原因，我们和我们的亲戚在习性上出现了分化，形成了排他性的一个个小家庭。至于发生的时间，有证据表明是在更新世，正是人科动物狩猎-采集的全盛时期，这个时代最终创造了真正的人。它产生的原因至今还是个谜。

那些泰山派学者完全是从另一个逻辑角度出发。他们认为，应该从比爸爸-妈妈-孩子更简单、更基础的地方开始。于是他们从无法再分化的个体——一对男女着手，试图寻找家庭产生的原因。他们很自然地把一切归结到性和男性猎手的需求，他需要确认在自己外出长途奔波时，配偶对他是否忠诚，以及诸如此类的事情。

当然这纯属主观臆断。多数的灵长类动物都不会责备配偶，无论它们是否忠诚。最强悍的雄性头领可能会经常瞪大眼睛，观看几米以外自己喜欢的雌性与他人交配。实际上，长臂猿总是赶走所有潜在的对手，按我们的推断，它无法忍受其他的雄猿接近它的妻子。但更可能是不能忍受有同类靠近他自己，因为它连自己的儿女都会赶走，它谁都不喜欢。

有一点确定无疑，在两性关系中，既不存在绝对的专一，也不存在绝对的永恒。没有与生俱来的因素促使一个动物需要用性关系建立起长久的两人合作关系。而它还超出了方便的范围。能够使动物群落团结在一起的各种关系中,两性关系最为短暂,既然两性关系不是真正的原因,那一定有别的更强有力的因素在发挥作用。

让我们再回到事情的出发点:核心家庭的起始模式是男女成对。站在婚礼钟声和五彩纸屑的角度看,它不言自明,无比正确,但要从社会进化的角度看,它是空洞的无稽之谈也是不言而喻的。

在出现核心家庭之前的几百万年间绝对不可能存在爸爸-妈妈组合,只有妈妈-孩子组合。

钱斯和乔利指出:"母子关系是灵长类动物中最普遍的关系,作为亚人类灵长类动物的主要关系结构,其紧密程度远远超过男性同伴之间的关系。"

近来,沃什伯恩将这一主要结构的牢固度和重要性描述为"近几年来的一项重大发现"。它不单纯是哺育问题,也不是心理学家所谓对健康发展非常重要的身体接触。乳汁的需求和身体的抚慰在孩提时期就已告终,而母子的亲情关系却历久弥坚。

让我们再举个例子——猕猴,幼崽成年之后与母亲的关系还非常紧密。唐纳德·萨德(Donald S. Sade)观察到一个现象:"一个猕猴母亲会想办法牵制一只成年雄猴,目的是阻止它袭击自己的孩子,虽然孩子们早已长大,它还在起着保护作用。"

此外,这种关系在同科同属动物刚出生时就存在,灵长类动物越高级,母子关系越紧密。古道尔和她丈夫的著作及影片生动地描绘了野外黑猩猩的生活。欧文·德沃尔对他们做出了这样的评论:"其中,特别是近期的影片中最让我感到震撼的是那种异乎寻常的关系,那些长大成人的孩子继续留在母亲身边。我们看到的不是常见的猴群或有组织的团体,而是四个未成年的孩子围着一大群年长的雌猩猩，其中有接近成年的雄猩猩。"

日本对猴子的研究、印度对猕猴的研究都显示，这些物种中存在着类似牢固的关系。

现在我们知道，类似黑猩猩的那种关系实际上是一种强烈的互相依赖的关系，它可以延续八年以上，八年的时间对任何一个灵长类动物的一生来说都不算短，这种关系曾被描述为"母－子"关系，被认为在很大程度上只对一方有利，并且主要是从养育的角度而言。那些小资情调的老派人会觉得这颇为甜蜜，但在当今的时代，对母亲的崇拜已大打折扣，这多少让我们感到有些汗颜。但事实还保持着它本来的面目，而不像弗洛伊德的追随者所叫嚣的，他们有病、有病，还是有病。其实，这就是无拘无束的猿类本真的行为。

我发现灵长类动物的这种关系结构强大、普遍，令人难以捉摸。在更高级的动物中，起维系作用的是持久的血缘关系，一个母亲和一、二、三或者四个孩子，可以维持到所有的孩子完全长大成人，那么，顺理成章，这就是人类核心家庭的雏形，唯一缺失的角色是爸爸。

灵长类动物的家庭组织依旧是以母亲为中心，是母权式的。但男性的作用至关重要，他们或作为群体的领袖，或作为领土的卫士；对于那些成群的正在长大的男孩子来说，他们就是良师、是榜样；他们没有固定的性伙伴，而性生活同样令他们十分满意。这些自由自在、扬扬得意的生灵没有一个曾经头脑发热，想过要把自己和某一个女人永久地拴在一起，外加她身边不断增加的孩子。但是，最后他还是那么做了。我们必须问问，他为什么要那么做。

在许多物种中，父亲所起的作用不只是传宗接代，平时我们无法清楚地分辨支配它们行为的各种因素，但其中一些决定性的因素不难看出。

很多物种有着共同的特点，刚出世的幼崽不能照料自己，像婴儿、雏鸟、狼崽，不只如此，小猴、小袋鼠也不能自理，可这并没有唤起它们父亲的怜惜。

另外，在这些物种中，幼崽的生存地点固定不变——鸟巢、兽穴或是岩壁，都是父亲们必须返回的地方。这是个决定性的因素，我想不会再有比它更重要的。的确，罗伯特·阿德里提供过一个极具说服力的案例，它让我们确信对于生存地点的依赖是最基本的本能，而它对暂时栖息于此的雌性（有时是对年幼者）所提供的证明只是它们别无选择。

然而这还不足以说明问题。小猫、小熊、小兔在藏身的地方也是非常无助的，但猫叔叔、熊爸爸、兔兄弟照样无忧无虑、独来独往，似乎一切与它们无关。

如此看来，父亲的出现纯属万不得已，由于这样那样的原因，照顾下一代的任务太过艰巨，无法由父母一方单独来完成。这一条也适用于许多鸟类，雏鸟必须在短短的一个季节完全长成，它们的食量大得惊人，父母双双要把上帝赐予的所有时间都用上才能填满它们张开的大嘴。这一条也适用于海狸，因为它们的家庭或者说家，也可以说是它们的育儿地需要24小时不间断地维修，它每五分钟就要看一看堤坝是不是有缺口要堵。这一点还适用于一些生存在北极的动物，它们周围的环境极其恶劣，除非轮班作业，否则没有父亲或母亲单方就能够把蛋孵化成功的，在孵化期间父母们就可能被冻死或者饿死，且不说以后的养育。在这样的情况之下，父亲就会挺身而出：他是危急时刻的中流砥柱。而在生存环境适宜的地方，他会乐得交配，然后吹着口哨溜之大吉，从此以后，所有的事情都归雌性料理。

在以上所有的因素中，哪些适用于早期的人类？他的孩子刚出生时软弱无力，还不如大猩猩的幼崽。然而，由于大脑变得更加复杂，他们的头骨也较大，越来越需要在"早产"阶段出世，不然根本无法通过骨盆这道关口。这样一来，他们出生后不能自理的时间就会更长，由于母亲身上没有可以抓住的长毛，所以更不易带着他们四处奔波。

还有在穴居期间。由于狩猎-采集的经济模式已非常成熟，那时的他们，不论男女，常常发现食物有了剩余，就需要找个地方存放起来，再到后来，他们又想，应该找个地方把它们烧熟了再吃。在低于人类的灵长类动物中已经出现了母系家庭的萌芽，母亲会和它的孩子们一同分享食物，这和黑猩猩的情况类似。黑猩猩猎获肉食的机会不多，还总要与邻居分享。黑猩猩妈妈就不同了，只要孩子们需要，它会和它们分享所有的食物。

由于雌性人科动物采集食物的效率越来越高，对它们加工得越来越细，孩子们渐渐明白了，如果他们感到饥饿，或者眼前没有可口的食物，就可以伸手向妈妈要。他们还会到妈妈存放东西的地方或她的磨石那里，也就是说，他们会回家。那么，如果在外面发现了令人兴奋的东西，又不能马上吃掉，比如说乌龟，他们也会把它拿回家，交给妈妈来处理。

还记得吧，这种关系在猿类中都要持续八年，甚至更长的时间，每一个人科动物在自己生命的前十年要回家向一个女性要饭吃，而且会养成习惯。这在他脑子里形成了一个概念，做饭是女人的职责之一，一旦母亲去世，或与母亲的关系越来越差，他就会自动寻找另一个女性。

当然，他不会像婴儿那样完全依赖别人，他自己也常常外出捉到些小猎物，在树林里就把它们吃掉了。每当抓到大一点儿的猎物，就带回家，就像从前把小兔子和乌龟带回家一样。但当他的猎物跑了，或把自己的矛弄丢了，也可能心情不好，他会想是不是要找个地方吃个便饭。

如果他发现有的成年雄性聚集在同一个雌性的周围为所欲为，他会非常恼怒。性只是小事，周围可供选择的对象很多，即使有谁比他先到了，他自己也不会找不到另外的人。关键是食物，花两三个小时采回来的果实，又费事把它们磨碎，却被一个饿坏的冒失鬼十分钟就一扫而光。东西一旦吃完，就再也没有了。不久以后，他还发现表明性爱的态度有多么明智。因为性本身的意义越来越小，里面再掺杂进爱，就表明如果有谁把女人搂在怀里，温柔地对待她，她就会慈眉善目，眼中充满母性的光辉，而且会毫无怨言地让他吃掉很多瓜子饼。

这会让他忍无可忍。有时他会竭尽全力阻止这种事情发生，他要维护自己与那个女人在性关系中的优先权。他很少，几乎没有时间为了自己的欲望而出去和别人乱交。他对自己说："这是**我**的女人。这是**我**的地方。这个女人做的锅也属于**我**，还有她生的孩子，他们是**我**的孩子。"尽管当时他不清楚这些孩子的出生也有他的一份功劳。他已经找到了在母系家族中当父亲的感觉和状态，从而踏上了做父亲的康庄大道。

但真正意义上的人，确切地说是智人，诞生在更新世时期。在那几个躁动的千年中，人科动物在地球上四处游荡。北半球忽而冰川纪，忽而温和季，南半球则忽而干旱不断，忽而骤雨连绵。此时，第三个因素出现了。如果核心家庭到了那个时候还没有得到一个父亲，那就有必要创造一个。人类的家族一次次地历经了气候异常变化的时代，这期间，每一个活下来的孩子都离不开来自父亲的保护，他对整个家族的贡献不可替代。这并不是因为人性中具有逆流而上的高贵品质，而仅仅因为换成其他类型的父亲，孩子就无法存活下来。

不可否认，人类的狩猎时代至关重要。但我相信，人们的意识中还存在着很多误区。最突出的一点是，对它的跨度年代估计过长。男人们倾向于认为，他们的祖先从非洲平原开始学习狩猎，时间贯穿无法考证的一千万年。这段时间里，哈迪认为人类另有栖身之所。如果我们能够接受水生理论，那么从返回陆地到多数的人类群体转型为农耕畜牧的时间就可以缩短为二三百万年。现在，唯一可以在我们身上找到的当时遗留的痕迹是，男人在投掷和灵活性方面大大超过女人。这使他们天生就擅长打板球和棒球。

有一点我和泰山派学者们的认识相同：核心家庭就是在这个时代逐渐形成，但我相信它的出现更多的是因为经济原因，而不是性；另外依我看，它形成的时间比想象的还要短。还有，我认为单纯从生物的角度出发，它完全不适合我们。

如果我们断定婚姻有继续存在的价值——对此还要多说几句，尽管现在打破传统观念的人比墨守成规的人更振振有词——那就不能说，冥冥之中自然之母已为我们安排好了一切，她所需要的只是在卧室里做些文章，让一切进展得更顺利。她的确已经为长臂猿安排好了，还有那些海狸和五彩小虾，但不包括我们。

也许要保证一夫一妻顺利实施，我们还必须做些调整，因为我们一直没有谈起永久配对的哺乳动物还有一大特点。现已证实，鸟儿之间不会有永远的成双成对，哺乳动物中的范例也很少，所以我们无法做出一个肯定的结论。

有趣的是，在仅有的这几个物种中，正常的雌雄间的支配关系根本不存在。罗伯特·阿德里在他的《社会契约论》（*The Social Contract*）一书中提道："在我们已知的（灵长类）物种中，只有长臂猿是雌性更接近于支配雄性。""更接近"几个字可以清楚地看出他对此到底有多大把握。当然他引用的是卡彭特（C.R. Carpenter）的研究，卡彭特的原话为："可以概括地说，在这种灵长类动物中，成年雌猿进攻性很强，在性关系方面也相应地积极主动。"

海狸的情况也是如此，雌海狸占据主导地位，它占有领地的欲望也更强。拉尔斯·维尔松说："当雌海狸想吸引雄海狸时，会先找好一个地点，并分泌出海狸香埋在那儿，这可以保证在将来碰到满意的雄性伙伴时能激发起热情，以便尽快控制对方。"在繁育海狸时，维尔松发现最好是把一只体形大的雌海狸和一只小的雄海狸配对，因为这样能更快完成交配。但程序和刚才说过的一样，雌海狸要在交配前划出它的领地。"当雄海狸芬德斯急不可待地向她冲过来时，她冷静地站在自己的土地上，给予他应受的礼遇。经过几个回合的较量，芬德斯不得不承认被那只小小的雌海狸打败了。但她还要再激战几个夜晚，以确信自己找到了最好的配偶，这给芬德斯造成了很大的打击……"

这样的婚礼场景似乎非常可怕，但对海狸来说，这是今后幸福生活的序曲。"这种有点暴力味道的配对仪式很常见，仪式结束后，夫妻之间不会留下任何隔阂。白天的时候，他们紧紧地搂抱在一起呼呼大睡，夜晚时，他们每间隔一会儿就出去寻找对方，互相爱抚一番，有时只是肩并肩地坐一坐，用特殊的声音'说'一会儿话。在人类看来，那语调仅有细微的差别，所表达的也只有亲昵和深情。"

这种联姻会持续一生，失去伴侣的雄海狸会表现出无尽的悲伤："一个多星期他什么也不吃，不停地在他们的领地中走来走去。"要是在野外的环境中，如果不是被一只强壮的寡妇海狸牢牢控制住，他最后会选择娶自己的长女，并建立一个更大的家庭。除了有乱伦的嫌疑之外，海狸的婚姻生活称得上是模范婚姻。

青猴（*Callicebus*）是另一种对偶关系的哺乳动物，在它们当中，两性没有显著的差异，雌性和雄性一样主动。

我们时常发现，哺乳动物的一夫一妻制与妇女解放的程度相一致，当然这纯属巧合。或许一夫一妻的惯例破坏了男人曾经拥有的支配地位。也可能男人占支配地位的惯例演变为男人之间的较量，长期生活在家人中间的男人根本不需要，最终放弃了它。或许它首先可以作为两性平等的标尺，是哺乳动物对偶真正成功的必要前提。

如果情况确实如此，那么这一话题会长久讨论下去，因为男性公民对于支配权的成见由来已久，贯穿于他们从海洋到陆地进化的全过程。今天，他们的这种意识还非常强烈，一点儿不亚于他们的祖先在树顶上发出的那种号叫。我们在这里的探讨不过是皮毛而已。

第 9 章
灵长类动物的政治

接下来我们要探讨的是灵长类动物的政治，它也和性一样，是一个容易让人失去理智的领域。纯抽象的概念，如进攻的本质、因适应环境而形成的遗传等很容易引起人们的争论，但大家都谨小慎微，不过两个阵营中克制地喊出的"无政府主义者！""法西斯主义者！""马克思主义者！"却不难听清。我认为，这样的争论人人可以参与。不管怎么说，"女性主义"都是一个新称号，让生态学家们唏嘘不已。

当你翻阅论述灵长类动物的社会行为以及与人类进化相关的文章时，首先会发现，似乎人人都在谈论狒狒和短尾猴，尤其是狒狒。

初看起来这略显奇怪，因为从生物学的角度讲，人类与这些动物的关系不是很近，它们仅仅属于猴科。然而，有关人类社会遗传的最热烈的讨论唯独集中在了这两种动物身上。罗伯特·阿德里所著的《社会契约论》一书的索引列出了38条与狒狒和短尾猴有关的参考资料，而涉及其他的灵长类动物——猿、各类猴等的，每种都不超过4条。莱昂内尔·泰格在《男性群体》中，专门辟出一章讨论了雄性灵长类动物的关系，除了对叶猴略加评论外，内容大部分都集中在这两种动物身上，甚至根本没提到猿。

为什么会是这样？我们不得不承认，狒狒是常见的动物，称得上是很成功的物种。它属于大型陆栖动物，比其他动物更容易成为研究对象。但黑猩猩和大猩猩与智人的亲缘关系更近，所以引起了许多研究人员的关注，我们也因此而对它们的行为有了更多的了解。奇怪的是，科普作家们对我们最近的亲戚却所谈甚少。

在我看来，他们仅仅对我们的亲戚投入了一瞥，并且快速地得出了结论，认为黑猩猩和大猩猩的行为方式说明不了任何问题。要知道，一切都要看你想说明什么，如果你提出的论点为：人是地球上进攻性最强、杀戮成性的动物，那么这些亲戚只会让我们感到难堪。看了下面引述的话，你会明白一切。

我们先来说一说大猩猩。阿德里认为，大猩猩是一种"驯服、与世无争、温顺的动物，微小的专横行为就可以产生一个很庞大的效果"。欧文·德沃尔称它为一种"举止温和的食草动物，喜欢做自己的事"，它们"性情温和、亲善、平静……它们对种群的统治方式独一无二，但通常很友好……它们的首领一般都平易近人，雌性会偎依着它们，幼崽会在它们庞大的身躯上快活得大喊大叫，一派和睦的景象。当一群大猩猩休息时，小猩猩会玩耍，母亲会照顾孩子，其他成年猩猩会安静地躺在地上晒太阳"。从这些字里行间可以看出，它们的生活悠闲自在。

黑猩猩很像是恐怖片里吓唬人的家伙。阿德里说："温顺的黑猩猩建立的社团似乎并没依靠其他的手段，只是靠善良的天性。它们也有等级划分，但不很严格。当一支黑猩猩队伍在树林中或草原上遇到另一队时，它们会异常兴奋，而绝对没有任何敌对情绪，可以马上融为一体，在同一片树林中进食。我想黑猩猩向我们证明了一点,即我们必须对灵长类动物潜在的和睦天性有充分的认识……黑猩猩是唯一过着质朴的田园式生活的灵长类动物,我们也非常向往,那是人类无法重返的天堂……"

德沃尔说:"黑猩猩是猿类中最顺从的,它们非常喜欢鼓掌,喜欢专注……它们可以控制自己的感情。在野外,小黑猩猩会学习如何不触怒成年的猩猩,再长大些,还要学习约束天性的好动,以免在和一群幼儿玩耍时伤到它们……"

我再次重申,这两种动物从进化的角度讲与我们的关系最近。你大概很想到图书馆去,找到三四本相关的书,书中会谈到为什么智人总体上来说也算行为温和、谦逊的动物。你一定能找到这样的书!

不过狒狒也值得你认真研究。阿德里三言两语就把黑猩猩的事情讲述完毕,末了还嘲笑说态度温和固然很好,但看一看这样的态度把它引向了哪里,它是"进化过程中的失败者"(似乎只有温和的动物才会消亡)。之后,他写下了这样妙趣横生的一段:"研究人类的学者会发现狒狒是最佳的可造之材。在灵长类动物中,它的进攻性次于人类(原文如此)。它生性残暴,是天生的罪犯,生来就该被送上刽子手的绞索。它的温顺是卡车式的,善良是推土机式的,又像电力割草机一样绅士。它侵略成性,最喜欢猎杀吞吃刚出生的瞪羚。此外,它还专营偷盗……"还有一些诸如此类的话。一些男性读者贪婪地看着他写的东西,并暗自思忖:"是的,那就是我的写照,再给我讲些威胁者的事情,告诉我怎样猎取纤弱的瞪羚。"

继续往下看,就会了解到雄狒狒比雌狒狒要大一倍,它用威吓的强权维持着自己的雌狒狒群体,当有谁进入发情期时,它会非常猜忌,如果有谁误入了迷途,就会遭到它严厉的惩罚。若是有外来的雄狒狒贸然闯入，它会奋起反击。如果它十分强壮，就会把所有最好的食物据为己有，会把自己的意志粗暴地强加给弱小的雄性。它要求其他人对自己保持迅速无条件的服从，但当危险来临，它也会集结好自己的队伍，勇敢地站出来，像英雄一样与自己忠诚的伙伴肩并肩地投入战斗。

它还是与读书的男人们有所区别，但读书的人（更不用说写书的人了）会产生无尽的遐想，感到体内难以抑制的力量、热情和威猛一触即发，约束它的仅仅是有意识的智力控制。他们过去喜欢看一些与大猩猩有关的读物，那时是根据它们的面孔和吼声来判断的。当他们对这种动物了解得越多，就越觉得它们有点空洞。于是，他们不再关注灵长类动物一类的事情，忘记了他们是由猿变来的，只把自己看作狒狒，即使那意味着把自己当成了猴子。

类人猿社会结构的几种常见现象会帮助我们看清它的本来面目。我们不准备讨论那些稀有物种，比如长臂猿，它的社会只包含核心家庭，我们将关注多数具有较大队伍和群体的物种。

这些物种主要分为两大类，以集中和松散为划分标准。我这样说的依据源自迈克尔·钱斯和克利福德·乔利对于灵长类群体的详尽研究。一个非集中的群体个人主义突出，组织松散。（如果你赞同这一形式，还可以称之为民主；如果你不赞同，也可以称它为无政府主义。）一个集中的群体组织严密，成员都团结在一个或几个雄性头领周围。（如果你赞同它，可以称之为有法律和秩序的社会；如果你不赞同，也可以叫它专制。）

赤猴（patas monkey）就是个很好的松散型的例子，狒狒则是集中型的典范。

两种动物在遇到危险时做出的反应可以将它们划分得一清二楚。如果你是一只赤猴，在外出时总是会随时保持高度警觉，即便是往前走，你的眼睛也要不停地四处巡视，对周围的一切都先看个究竟，以确信自己还可以原路退回，如果可能，最好能找到一条可以快速爬上大树的线路。听到嗖嗖的甩尾声或叫喊声，你会跑得像子弹一样快，和你同样警觉的同伴也不会落后，你们全部都像爆炸的烟花一样飞散而去，跳到高处的树枝上以求安全。

但如果你是一只狒狒，你的做法刚好相反。比较而言，你对周围的环境注意得要少，你可能会处于一片平原上，那里的环境没有特征，你会感到距离很远才会出现一棵树，饥饿的猎豹和愤怒的农夫很容易就能在你跑到树上之前把你擒获。如果你们四散而逃，只能使捕食者更轻易地得手。最好的对策是大家紧密团结在一起，最安全的去处是附近有伙伴的地方，它们长着尖利的牙齿，个个具有超强的勇气。所以当你的眼睛环视周围，目的是测准自己的位置与雄狒狒头领的距离，一旦它有所行动，你就不能落在后面。如果你还没察觉危险，而它却发出了预警信号，这时，你最好信任它，然后向集体聚拢，并听从指挥。

显然，这两个群体中雄性的位置截然不同。假如一个赤猴的团队发出了危险的信号，最先发生的事情是雄性独自远远离开聚集在一起的雌性，大伙散开时它会来回跑动，以吸引进攻者的注意，而不会自己先逃。大家不用服从它，只要简单地跑开就万事大吉。四散而逃是它们应对一切的方式。赤猴中不存在服从的举止行为，因为如果它们受到威胁，只需要逃跑。无论如何，它们确实不具备进攻性，对于狒狒群体所面临的更加复杂的危险也一无所知。

总体来说，这表现出一种"顽劣"行为，猴子曾令吉卜林愤怒至极，因为他是位绅士，而顽劣的猴子却是一群无纪律的家伙，它们不会合作，无法组织起来，或者说（像他所描述的）甚至不能完成一次命令：

> 现在我们将要——算了！
> 弟兄们，把你们的尾巴都放下！

与猴子截然不同，雄性狒狒在群体中一定要表现得强硬，所有的成员都要团结在它周围。因为狒狒也并非生来就有纪律性，纪律需要反复灌输才能被接受。雌性、幼崽以及下级都得正确定位，而且会经常被提醒对自己的位置要有清醒的认识，方法有时是威胁，有时是惩罚，有时则是啃咬颈部。通常情况下，它们很快就能明白，只要首领龇龇牙、眨眨眼就可以让它们老老实实。只要它们没有出格的行为，首领的律令就是友善的，它的管理基本公正，像旧时的骑士。每当整个队伍出行时，母亲和孩子的两侧总是有保护它们的雄性卫士，当下属发生矛盾时，首领总是站在弱者一边。（或许狒狒首领的骑士风范也有发挥不当的时候：假如争端的双方是雄性下属和雌狒狒，它一般会替雄狒狒撑腰。）

如果不能从狒狒群体中得到什么启示，我们至少知道要怀疑一点——人类具有合作和构建有秩序、有严密组织社团的能力，这种能力只有通过进化得来，因为当初智人要"合作狩猎"。显然，这样的组织在狒狒中也存在，它们整体出行时的排列出自一个复杂的统治系统，其中的每个成员都与中心集权有联系，涉及年龄、性别、地位、权限以及其他的因素。狒狒的食物中90%～98%都是植物，偶尔出现的小概率猎杀行动完全没必要"具有合作精神"。简单地说，对雄性合作能力的迫切需求不过是泰山派的又一个错误认识。

莱昂内尔·泰格有一种理论，他认为狒狒型的政治体系产生的原因是"草原与树上生存环境相反"。对那些希望人类社会与狒狒群体一样的人来说，这是个不错的理论，因为它提出，尽管从生物学的角度看我们与黑猩猩类似，但从社会学的角度看却与狒狒更雷同，我们也远离了丛林，来到平原上谋生。

我们以后还会谈到这一理论，因为我相信它里面可能隐含着一些东西，尽管有不少事实与此不相符。例如，原生的松散型，如赤猴本身就生活在陆地上，它经常出没的地方严格地说与狒狒没有差别，实际上，它们进入了北方地区，那里比狒狒所处的环境更恶劣。另一方面，还有一些集中的物种，它们从来没离开过树林，如果可能，它们不会从树上下来。

由于智人与猿类的关系比较密切，下面要说的这个问题便尤为重要，即如何划分大猩猩和黑猩猩群体。它们和赤猴一样还是和狒狒一样？事实上它们与哪个都不太相像。区分它们群体组织的基本标准有两个，一是看它们有没有雄性首领，或者雄性之间有没有等级观念；二是看当它们遇到危险时，会一哄而散还是集结在一起。

两个问题的答案均表明猿类和狒狒相像，是集中型群体。但它表现得不似狒狒群体那样明显、清晰，当然不包括大猩猩首领的显而易见的支配权。但是如果你仔细观察它们的组织形态，就会消除疑虑，认定它们属于集中型。

现在摆在面前的有两大问题：我们自己的社会本能与它们非常相似吗？它们如何设法实现群体的集中管理，而没有打斗、喊叫、暴力和畏缩这些在狒狒的群体交往中的典型特征呢？

在比较人类社会与其他动物群体时会遇到一些困难，人类社会的文化因素非常突出，几乎掩盖了可能存在的遗传本能。如果你审视英国的公立学校，或纳粹党卫队，就会发现它们的特点各不相同，但都会让你相信我们的本能与狒狒相同。假如你想想人们在伍德斯托克①时集体居住在一起,再想想海特-黑什伯里②成群的嬉皮士,以及人们在地震发生时的反应,你就会坚信我们的天性相对而言混乱无序,像赤猴一样。

然而幸运的是,非常容易就能发现,遍布全世界的人类社会群体无论来自哪种文化类型,其行为举止完全一致。当然,我会提到青少年群体,他们都是六岁左右无拘无束的孩子。

阿德里安·科特兰生动地描写了黑猩猩对潜在威胁的反应。他拿了一个填充的假猎豹放在一个关键的地方,用来观察黑猩猩的反应。如果你见过(或在童年的时候亲身经历过)一群小孩在看到陌生而可怕的动物时的反应,比如见到一条大青蛇,你会发现这情景惊人地相似。

> 乍看到"猎豹"的反应是死一般的寂静,随后爆发出阵阵尖叫与哀号,与此同时,所有的成员都四处乱窜。有几个逃走了,但很快又回到集体中,它们开始前窜后跳,向"猎豹"发起攻击,有的挥舞着木棍,有的拿着树枝……阵阵毛骨悚然的号叫震耳欲聋,能把五百多米以外的人吵醒……进攻此起彼伏,忽而单独出击,忽而协同作战,它们还互相鼓励,互相安慰,或拉拉手……有的大小便失禁,有的浑身大面积出现瘙痒。它们对"豹子"的攻击很有节奏,伴随着不断增加的恐惧,它们相互壮胆,后来竟坐下来长时间地观察"豹子"。一个小时后,进攻渐渐平息下来,代之以左顾右盼地相互询问……一只黑猩猩用拳头打了它一下,另一个上前闻了闻,最后,"猎豹"的头

---

① 位于纽约州南部。1969 年 8 月在此举行了摇摆舞音乐节。——译者注
② 在美国旧金山。20 世纪 60 年代,嬉皮士多聚居于此。——译者注

被砸下，滚落地上。又上来一只黑猩猩抓住了豹尾，其余的黑猩猩拖着"豹子"的躯体跑进了树林。

这和狒狒完全不同，也完全不同于赤猴。依我看这与蒙昧时期的人类最为相似。

根据猿类集中型团体的运作方式可以知道，要想在灵长类动物中保持较高地位，最基本的要求是具有控制群体其他成员注意力的能力。实现这一点有两条途径，弗戈（H. B. Virgo）和沃特豪斯（M. J. Waterhouse）、雷纳德（V. Reynolds）和勒斯科姆（G. Luscombe）的著作中均有论述。

迈克尔·钱斯把这两种方法归类为强权模式和炫耀模式。狒狒希望能通过其巨型犬牙的啃咬和恐吓来引起同类的注意并取得支配权，这属于强权模式，它非常有效。比如现在的我们，如果昨天你被对手抓破了嘴唇，那么当你们在街上重逢时，你会高度警惕，特别是他再次拿出刀子并恶语相加时。

罗伯特·阿德里对这种建立在本能之上的灵长类动物的社会形式倍加推崇，还利用这一点向那些误入歧途的自由主义者提出了忠告："它好似真理，深藏在狒狒的潜意识中，如影随形……它成功的秘密在于那朴实、单纯的头脑。狒狒永远不会找理由说自己受到了打击后才采取进攻行为。小狒狒永远不会把它们的失败归罪于缺少父母的疼爱。如果根据狒狒的方式断定'竞争从某种程度上讲是错误的'，那头脑简单的人会想不明白；如果狒狒型的理想主义者们坚持自己的想法，那他们面对的不会是人类因讶异而扬起的眉头，只会是来自猴子威吓的眼神……"

这看起来似乎很宽容。然而，在狒狒的强权组织中也存在不足。大脑朴实单纯当然是件好事，里面没有渗透进起副作用的异端邪说。但它太干净了，很难灌输进任何东西，这样的构成过于呆板，真正的交流仅限于两种最低的程度：一种是故作姿态的狂妄自大，另一种是唯唯诺诺的恭顺依从。

　　上级和下级的冲突都是暂时的，会引发追逐或是适当距离的后退，这样就可以立刻解决问题。全部复杂的系统依靠的是每位成员各司其职，任何出格的行为举止都会打破常规，不管它被证明多么合理，也不管有多少追随者，都不会顺利进行下去。阿德里所说的狒狒"轰轰烈烈的进化成就"就是这样得来的，付出了同样的代价。白蚁群也是这样获得了它们轰轰烈烈的进化成就。这些动物逐步完善自己，它们除此之外别无选择，也不可能重打锣鼓另开张。

　　猿类热衷的炫耀模式与此截然相反，在这一点上，我们再次看到了等级制中较高地位的获得靠的是能够控制同伴注意力的突出能力。但猿比猴更胜一筹，它们已经有所发现，这一发现使得人类的智力有了飞跃式的发展。它们认识到，要想引起同伴的注意没必要去咬它们，大猩猩和黑猩猩中极少见到这样的身体侵害行为。

　　那它们具体是怎么做的？研究灵长类动物的专家学者说是通过"炫耀"，简单地说就是向同伴展示。它们通过各种方法使自己的表现与众不同：蹦来蹦去或用力摇晃树枝。它们还会找来一些新奇的东西，让同伴们来聚拢围观，看看要用这些东西做什么。掌握支配权的大猩猩长着首领特有的银背，大家对它寄托了很高的期望，它的高难度表演出类拔萃。

　　开始时，它先是大叫，大约叫40声，节奏一点点加快。接下来，它摘下一片树叶放在口中。后腿站立，抓起一把草抛向空中。用手拍着胸脯，它用微微弯曲的双手交替拍打了二十几下，期间还不失时机地向空中踢踢腿。随后马上来了个奇怪的侧身跑，头几步只用双脚，之后就像巨蟹一样横着跑，又用一条胳膊刮着地上的草，然后再拍打低矮的灌木丛，还摇晃大树枝，并将它们折断，有时还要把树连根拔起。最后，它砰砰地捶地，通常是一只手掌，但有时也两手并用，有时会说："照着做一个，小子！"当然谁都做不到，也许六个月大的小猩猩能摇摇晃晃地用后腿走路，拍拍它柔弱的胸脯，妈妈们会爱怜地在一旁观看，似乎它们都是好莱坞的希望之星第一次上镜一样。

你会发现圈养的黑猩猩无一例外地愿意学习新技巧，而且喜欢鼓掌。但你要是想教狒狒学骑自行车，那等于浪费时间，甚至想教它一些力所能及的简单技巧都不可能，它不明白那对它有什么益处。但对黑猩猩来说，这是它获得统治权的途径，增强自己的本领可以提高吸引同伴的能力，只要倾注的目光聚集在它的身上，即使那些是人类的目光，它也会引以为荣，认为自己的地位在提高，它没有错，不是吗？

炫耀模式有两个最主要的优势。首先，靠威胁而来的支配权会损害群体交往关系，而炫耀则能促进各种关系。威胁使彼此疏远，炫耀则使大家更加亲密，可以共同观赏、共同研究、互相祝贺。迈克尔·钱斯对此评述道："炫耀行为得到的回报是问候和激励，有助于个体发展多种形式的交往行为或接近行为。与同伴交往，需要各种方法结合使用，不仅要梳理毛发，而且还要隐忍克制，更要察言观色……它们的注意力也会转换到周围的环境或其他的物体上，这样能促进工具的使用……在炫耀模式中，炫耀带来的是友善、灵活的群体关系，它还可以作为群体内信息传播的媒介。"

第二大优势是可以激发创新意识，创新有利于种族的发展。狒狒咬同伴脖子的方法也能发挥作用，但它永远只是咬的动作。而年轻的猿，在与另外的猿比赛吸引注意力的过程中，每天都在接受刺激，不断探索新的东西，因为整个群体中总是不停地有一个没有说出的挑战声音："给我惊喜！"

人类社会应该属于哪一种？似乎非常明显，只有炫耀模式可以让我们一步步走到今天。如果你想进一步证实，我再次建议你去观察那些实际生活中无拘无束交往的人们。大多数的男性，在十岁之前都会和同伴一起长大，看不出有什么特别的优势，这并不是由于他们自身的原因。他们无拘无束地沿着附近的幼儿园或儿童游乐园闲逛，观看同伴们在开始建立自己的社会关系时会遇到些什么。每次碰到两个小男孩厮打在一起，都会有15到20个过来围观，于是满院子会响起叽叽喳喳的叫声"看我的！""嘿，瞧这个！""看，你会吗？""看我的，我是真正的牛仔！""看，我做了什么！""瞧瞧我的发现！""看看我的新娃娃！""过来，看看约翰尼，他能倒立！"——这时晃晃悠悠的约翰尼气喘吁吁地说："都来看我啊——快！"

你不必在个头、勇气和进攻性方面过于突出就能给人留下印象。置身于这样的群体中，如果你身怀绝技，或会摆动耳朵，或画得一手好画，或比别人的跟头翻得好，那你就会有立足之地。不管它是什么，只要它能保证在你高喊"看！"时，有人注意到就行了。

所以，出于对狒狒及其推崇者的尊敬，我断定人类作为社会性动物生来就是炫耀模式的，人的统治权靠炫耀得来。我们和同伴的关系基本上与黑猩猩十分相像，都具备亲切、灵活、好奇和表现欲，在遇到危险时会表现出小便失禁的狼狈，或想抓住别人的手——有时没来得及通知其余的人自己就迅速隐蔽起来，对于这样不光彩的事，狒狒绝不会产生负罪感。

我认为强权模式更原始，当然，它还没有完全消失或被替代，在猿中还存在，在人类中同样存在。每逢愤怒或受挫，每逢受到惊吓或走投无路，每逢对手过于强大或遇到其他的动物，他们都会用到强权模式。对这一方法的采用，男性多于女性，一方面是因为他们更关心支配权，另一方面，他们作为部落的守卫者，要更多地面对其他动物和外来的威胁。向猎豹炫耀显然没选好对象，但即使在这种情况下，一声怒吼或是拍打前胸，或者用力地蹦一蹦有时也能发挥意想不到的作用。而且人所共知，能够吓得大猩猩魂飞魄散的真正危险敌人是智人。

正因如此，我很赞同安东尼·斯托尔的观点，认为太空竞赛尽管耗费巨大，还是令那些为国家排位忧心忡忡的超级大国乐此不疲。将来我们一定会找到消除欲望的办法，但等到那天来临时，我们一定把它看作两种模式又前进了一步：氢弹是强权模式的标志，而登月则是炫耀模式的一种。作为国家，其行为会比其中的个体更缺乏理智，但值得庆幸的是我们还有一丝希望，也许会有那么一天，他们能向黑猩猩看齐。

关于部落群体的基本结构先谈这么多。接下来让我们探讨属于群体范围之内的特性：男性、女性、孩子和母系家族。孩子帮——一起玩耍的同龄少年——基本不会改变，母系家族已经进化为核心家庭。

莱昂内尔·泰格写了一本引人入胜且受到广泛称赞的书——《男性群体》，书中探讨了他称为"男人帮"的现象。最近，这一现象引起了人们对于男性群体的讨论，但女性群体并没引起人们的关注。多数人认为这个说法即使真的存在，也不能称之为帮。泰格先生说，因为"女性根本不成帮"，"不会有团伙"。

但实际上，所有灵长类动物部落中（除了少有的一雌一雄配对的长臂猿类），雌性都有明显的抱团迹象。雄性也是如此，热带草原上经常能够见到繁殖期的狒狒和大猩猩成群结队，不分雌雄，里面还掺杂着不少的幼崽。

然而在两性中，相对于雌性来说，雄性更倾向选择离开同性伙伴，把自己置身于异性当中，给一群女眷和她们的孩子当头，就像赤猴和阿拉伯狒狒那样。这样它就可以独自占有差不多九个雌性，从而打乱了正常的性别比率，剩余的雄性便集结在一起，组成了第二类雄性群体，被称作"单身一族"。

泰格在他论著的后几章中讲述了大量富有洞察力的、深刻的内容。但书的前半部分，有相当篇幅的论调招致了许多人的谴责（特别是女性），那些论点本身不能自圆其说。让我们先来看看他是怎么讲的。

开头，他先设法让人们明白雄性帮派在动物群体中或多或少是普遍存在的现象。诚然，在某种意义上，他的确非常坦白："我实施这一计划是考虑到在非灵长类动物中，雄性帮派比我了解的实际情况更不普遍。"但他没弄清楚，在他考察非灵长类动物的时候，发现的是仅仅不普遍，还是根本不存在。当然，他没能找到一个非灵长类的例子，他通常只一味地敦促研究人员再加把劲，因为只要用心观察，就一定能找到。

他随后的讨论仅限于猴子的雄性帮派，那他所谓雄性帮派到底指的是什么呢？请看他的定义："给灵长类动物的雄性帮派下个定义就是，两个或两个以上的雄性建立起一种特殊关系，它们会区别对待本帮派内的成员和帮派外的成员。"

这还说得过去，没有偏离太远。但他对此并不满足，因为这一定义略加修改就可适用于母系家族、雌性群体、孩子帮或任何其他的灵长类动物群体。他想把范围缩小，不愿与雌性扯上任何瓜葛。

他在"帮"和"集结"（有蹄类动物群可见）中间划了一条界限。集结不能算帮派，因为"它不存在选择"。他用人类做比喻，进一步说明自己的意思:"一个男人不会与他同民族的、同宗教的、同家族的或同一阶层的所有人结成帮派,他会结交那些特殊的个体,因为他对要结交的人有自己的观点和标准。"他简直是在谈论共济会成员综合征。

换句话说,他所指的帮派是有选择性的。他似乎很随意地就举了个例子:"在一个狒狒群中有八个成年雄性,或许其中的三个会结成一帮,其中的任何一个都会对另外的两个特别在意,帮派内外的雄性界限非常鲜明,这样的关系让人联想到社会群体内性关系的优先地位和责任。"

不错,这确实排除了雌性灵长类动物,问题是,它也排除了99%的雄性,因为只有两种灵长类动物显示有这样的小集团倾向行为。你能猜出它们是哪两种:我们的老朋友——狒狒和短尾猴。

欧文·德沃尔说:"帮派与国教式的统治系统是狒狒和短尾猴所特有的,人们很容易看清它存在的根源,因为猴子有好斗的天性,要维持一个较大群体的内部和平需要更强大的力量,任何单一的个体都无法做到。"

归纳的结论是,在雄性帮派理论"敏感和选择性"的背后是不争的事实,在猴类群体中,狒狒和短尾猴最为残暴,只有在这两种动物群体中,支配权力不适合由一个首领来掌管,而适合三个一组。这种联盟靠的不是个人崇拜,而是单纯的自私自利。权力的平衡稍稍出现偏差都会导致出现第二次世界大战苏联和德国那样真切而又旷日持久的关系。而我们的近亲——炫耀派的猿,根本不需要类似的帮派统治。

摆在我们面前的事实是,雄性灵长类动物会组成团伙,雌性也有同样的表现,只不过其内部的行为有所不同。这样的结论我完全赞同。

差异在哪里？真的是单一雄性群体中的关系更亲密、更热情、更友善吗？泰格先生，请原谅我的直言不讳，事实绝非如此。任何一个灵长类动物学家都会告诉你，在多数情况下，事实正与此相反。个体灵长类动物间最常见的热情、友善的表现是日常梳理行为。雌性会给雄性梳理，雄性也会给雌性梳理；母亲会给孩子梳理，当孩子们长大以后，它们也会回敬同样的举动；若是通过一些小事，确认友谊关系可靠的话，雄性也会为另一个雄性梳理，这样的例子不胜枚举。但在所有的物种中，大多数的梳理确实是起自雌性，它们也许是喜欢为孩子和雄性梳理，特别是那些地位较高的雄性。总之，最常见的情况是它们之间互相梳理。

另一种与友好关系相关的是空间意识，这一点再次证实了雌性群体团结得更紧密。或许雌性之间彼此信任，而每一个雄性都时刻警惕，它们会把自己身体周围手臂所及的地方留作"个体空间"，以防来自贴身知己的突然袭击。或者说，由于个体空间也标志着重要的地位，每个成员都要恭敬地与雄性首领保持一段距离。也许从人类的观点看，雌性更实际，不追求表面形式。

两性的差异果然如莱昂内尔·泰格所说，雌性更趋向于"情绪易变"，而雄性群体则能保持矢志不移吗？

他为了进一步证实这一点，还引用了迈克尔·钱斯的言论，繁殖期的雄性必须学习约束它们的情感反应。泰格说，而雌性则不必如此，那样更有利于它们"无拘无束地和孩子们相处"。这有些奇怪，迈克尔·钱斯在谈论约束进攻型的感情，不是脉脉温情，如果幼儿的母亲对急躁和愤怒这类的感情不加约束，那幼儿就会遭殃。

实际上，雌性群体的感情相对低调。在狒狒群中，雌雄的关系往往会很紧张，雌性是公认地会经常大声尖叫。如果我被一个施暴的雄狒狒追赶，我也会尖叫。但雌性间的纠纷很快就能解决，方法是争吵、责骂，有时甚至是连推带搡。不管什么情况，永远是很快就结束并被遗忘。但雄性间的争执完全不同，如果从属地位的雄性不迅速告饶并表示出敬意，可能会出现威胁与反抗的局面，发生面对面的较量，挑衅的紧张局势会逐渐升级，最后导致暴力。

最后，在书中第七章里，泰格强调了雄性帮派和雌性群体之间真正的、普遍的、无可辩驳的区别，即雄性更具进攻性。从常识来讲，这完全正确，不仅灵长类动物如此，大多数物种的雄性均是如此。

为什么会存在这种进攻现象呢？普遍的认识是，雄性的进攻性和身体生长的作战武器是为了保护它爱戴的对象不受危险的侵害。碰到猎豹一类的敌人时，雄狮狮会冲锋陷阵，而雌狮狮和小狮狮只会躲在后面哆哆嗦嗦，这不会有假，事实就是这样。

尽管身上的武器和进攻性会起到保护作用，但我们也不能自欺欺人地认为这是进化的初衷。雄鹿头顶高高的鹿角，颈部结实有力，足以抵御外来的撞击；海象长长的象牙足以把你挑开。但一年中的大部分时间，雄鹿独自逍遥在外，留下雌鹿和小鹿自食其力，而当争斗的季节一过，虽然捕食它们的野兽还在周围虎视眈眈，它却把武器扔到一边，以便及时蓄养起更大的一对角，为下一轮的竞争做好准备。至于海象的长牙，除了可以对付自己的同类之外，百无一用。

雄性的进攻性和与生俱来的武器绝不是用来起保护作用的，而是为了获得支配权的。如果天生的利器是用来对付其他动物的话，那么一般都是雌雄共有，没有区别，就像鹰爪和蛇毒，以及狼牙。鸟类和哺乳动物的普遍规律是两性的差别越大，雄性体能的优势与保护和捕食的关系越小。动物学家告诉我们，印度象出色的长牙用处很多，它可以用于"防御"。防谁？它的配偶比较弱小，也没有长牙，我们也无法想象什么动物会为了吃东西才长那么长的牙。差异不表现在个头上，而单单表现在好斗方面，比如斗鸡，说到这里你会恍然大悟，它的好斗一定是用来对付其他的斗鸡。灵长类动物也不例外，还有男人，进攻性都以互相打斗为目的。

在过去的十年中，与进攻性有关的哲学文章铺天盖地，表现得极为幼稚。文章的作者多为男性，对他们来说，证明男人独有的东西不可能不具有强烈的诱惑，这已引发了一场堪称"不要诋毁进攻性"的运动。诚然，作为交流手段，进攻性必不可少，但它的含量在急剧下降，特别是在知识阶层中，每当他们回首1939~1945年所发生的事件，历数那些饱受残害及失去性命的几百万人时，更是痛心疾首。

出现了这样的事情你如何加以补救？这与对进攻性如何定义有很大关系。开始你把定义下得非常模糊，结果它无所不包，甚至连小孩子都需要被激发出适当的"进攻性"，目的是培养其不屈不挠的精神。比如要解出一个二次方程式，或解开鞋带的死结，也许一个缺乏"进攻性"的孩子会放弃努力。

罗伯特·阿德里对此内容写过一段散文诗：

> 这是很多人都拒绝承认的进攻行为，它是一种天生的力量，刺激着山核桃树寻找太阳，使它出类拔萃。它是一种天生的力量，让玫瑰丛为我们提供花朵。它是一种天生的力量，容不得矛盾存在，它指引小象长大，让小海星脱颖而出，让毒蛇长得更长……我们寻找太阳，我们追逐风。我们披星戴月登上山顶，我们自言自语：现在我终于明白为什么会来到这个世上……我们得到了天、地、神合一的壮丽景色。我们找到了一张破旧的书桌，

上面堆满了古老的书籍，怀着无限欣喜，我们在发霉的过去中发现了闪光的自己，一切都写满了进攻。

现在我且不说它是一派胡言，对于那些乐于此道的人，它是美轮美奂的诗文，那它讴歌的是什么？我想是生命。我会为它干杯，无论何时。我只是想说在我提到"进攻"一词时，和大多数人在提到"进攻"时，以及阿德里自己提到雄狒狒比雌狒狒更具"进攻性"时，这个词似乎与玫瑰花蕾、满天星斗、古旧书籍和良辰美景风马牛不相及。

莱昂内尔·泰格对此有更现实的想法："我对进攻性所下的定义是，它或多或少是一个有意识的强迫过程，是一个个体和群体，包括人，把意志强加给另一个个体和群体。"把意志强加给……对，从某种意义上讲是这样。

但这一定义太过宽泛，也就是说，如果一个人抓住他跌跌撞撞奔向悬崖边的两岁儿子的小手，他的举动便意味着进攻性；如果一个醉汉深夜归来，因为找不到钥匙孔而把前门踢碎，他的举动也意味着进攻性，我认为这两个例证都令人难以接受。

在探讨这个问题时，我很希望能像马斯特斯和约翰逊在谈论性时一样，不带有任何浪漫的色彩，不把它描绘得诗意盎然，也不带有道德说教色彩，不拿人们的所作所为现身说法，我希望能科学客观地对待它。

进攻性是哺乳动物的一种生理现象，它会有如下的表现：肾上腺素分泌物进入血液，造成心跳加速、血压升高、循环系统发生变化，导致身体表面血液供应不足，大量的血液涌向肌肉和大脑，血细胞生成更快，血凝时间缩短，目光呆滞，呼吸短促滞重，口干舌燥，胃液分泌减少，蠕动放缓，血糖升高，出汗，体毛竖立。大家熟知的哺乳动物智人已经具备所有这些特征，当然，最后一条中的体毛已经退化。

生理整体就像一台完美的机械装置，为身体的战斗做好了准备，在这种状态下的出击迅速而有力，一旦受伤，失血会很少。如果不是为了格斗，它的意义就减小了，也不会出现这种表征。换句话说，进攻性为战士而存在。

例如，解鞋带或解方程的孩子就不属于这一情况，如果出现心跳加速、呼吸急促、血液中有很高的血糖和肾上腺素这些症状，反而会影响他解决问题。若是有人踢开了自己的前门闯进来，并且达到了目的，那也并非可取的最好、最快的方法。进攻性的出击发起时，身体的各部位会全力以赴，这时候理性的作用微乎其微。

毋庸讳言，其他的情感反应效果也是一样。恐惧是另一种情感，它曾经是宝贵生命的保护措施，在文明的环境下，常常会导致莽撞和错误的举动。

但这两种反应系统有着本质的区别。没有人会为恐惧撰写赞歌，因为没人喜欢那种体验，不论是较低反应程度的长期忧虑，还是较高反应程度的强烈恐惧，都会给人们带来痛苦的感受。人们会向自己的朋友倾诉，朋友则开导说："别害怕，没什么好担心的。"

进攻性则恰好相反。作为一般的冲动，它和性极为相似。它生气勃勃，令人感觉良好，可以增强自信心，是即刻的情感慰藉。它还有额外的慰藉，因为举止具有进攻性的人和没有进攻性的人相比会受益颇多。由于这些原因，人们有很强的倾向（不论男女）去寻找或重复能激发出人们进攻性感情的情境，或从头脑中回忆，一遍遍地在脑海中重现，以便肾上腺素再次使人热血沸腾。

简而言之，进攻性也可以上瘾。我们用不着去买药，也不必往血液中注射一剂肾上腺素以求使大脑飘飘然，我们平时经常能碰到这样的情况。在与朋友的相处中，我们不用压制这一苗头，就像我们自发地克服恐惧那样。更多的情况下，我们感到进攻的情绪是被激发出来的："是的，我不想惹你……太气人了……我搞不清你为什么要忍着……他该枪毙……"只有当一个人得了冠心病后，医生才突然把这种刺激列入危险之中，并说："不能再喝威士忌酒了，别让自己激动。"（病人喝酒问题能得到解决，但没有人知道怎么对付来自心底的莫名冲动。）

这就是雄性帮派蕴含的全部。莱昂内尔·泰格说："我认为雄性帮派可以说是进攻性的前提，也可以说是它的变异……""雄性帮派是进攻性的具体体现者。"

一旦外敌来犯，雄性群体成员间的隔阂会立刻消失，进攻的矛头立即指向敌人，一致对外。由同仇敌忾而引发的慰藉感觉加深了，变丰富了，因为彼此的关爱带来了温馨的感受，大家众志成城，兄弟们并肩作战。

这里有一段卡恩（F. Kahn）博士对狒狒的描写："群体的吸引力……变幻无常。猴群在物质生活条件优越的时候缺乏凝聚力，除了家庭关系……个体藐视集体。但如果听到树枝噼啪作响，猎豹来袭……一切都会发生变化，就像我们听到宣战一样……一队猴子处于临战状态，令人肃然起敬。"

这就是雄性帮派的本来面目，从其内部来说，无限美好。我们知道它一定是种慰藉（就像阴道性高潮之于动物一样），这种慰藉来自雄性想投身其中的渴望，他们希望水深火热的环境能激发出团结一致的精神，比如在决赛场上，在秘密或半秘密的兄弟间的集会上，或众人集会时，以及（至少是在过去）在战场上。我们知道那一定是至深的情感，因为从最早的岩洞壁画到早期的传奇故事，都清楚地表明战争促使男人创造了艺术和诗歌，而且又快又多，远远超过他们对女人的爱。我们清楚那必定是一种爱，一种深层次的爱，因为它创造的是奉献和自我牺牲，还有信任和服从，而且毫无条件，即使放弃独立的思想也在所不惜。"他们的行动不需要问为什么，只要去做，去献身。"

我相信这样的经历我从未有过，将来永远也不会有。我明白，当我观看描绘战争中的男人的影片时——我会像大多数儿子的母亲那样，通过这种方式更多地了解战争的真相，比我希望了解的还要多——那些场面让我坐立不安，让我觉得他们简直疯狂至极。所以，我决不赞同男人们对雄性帮派的看法，就像弗洛伊德对阴茎的看法："我们拥有它，可她们没有，这是多么的美妙，她们也一定梦想拥有它！"

不，绝对不会！历史上一些伟大的男人都做出过否定的回答，那些体验过雄性帮派好处的人，被教堂、军队和公司当作兄弟来接纳，后来才发现有点儿超出了他们遵从的原则。他们从思想上否定了这种帮派形式，不管周围的人多么疯狂，他们都不为所动，因为别无选择。这才是我理解的真正的美。

对于灵长类雄性帮派来说，最大的障碍是只有猎豹袭来时它才发挥作用。如果说它对雄性群体是安慰，那最受益的是首领。首领最清楚，一旦猎豹到来，就标志着所有的对手都化敌为友，平时不规矩的下属这刻会俯首听命，一切力量都会听它的调遣。雄狮狮首领只有在真正的敌人来临时才能体会作头领的感觉，但智人首领足智多谋，能随时创造需要的"猎豹"。按莱昂内尔·泰格的定义，就是："雄性帮派既是进攻的预设目标，也是精心策划的进攻本身。"

男人们所从事的政治和统治围绕着确定和创造一种"猎豹"的过程而展开，它能把一切可以团结的力量融合为最紧密的联盟。

在战争时期，一切都简单易行：他们有地方主义和仇外心理，也有对其他部落、民族的畏惧。但当单一民族的国家逐渐扩大，管理更加复杂，很长时间内不会爆发战争，这时候，男人就需要动力去奋斗、去合作、去执行命令。他们会细分成各类小的宗派和集团，如果这个集团有削弱的迹象，就会引来牙齿尖利的老虎。社会运转的方式很奇特，也是通过这种方式才成就了男人，这是一种心理机制，它主宰着多数的政治体制。

从政治的角度讲，"猎豹"一定是邪恶的根源，或是体制崩溃的祸首。我曾在广播中听到英国政界一个温和的正派人讲述他如何进入新议会，他祈祷保守党会做一些见不得人的事。他的祷告有了结果：保守党向南非出售军火。这样，他才又得到了薪水，他的工作才又有了着落。你得承认，这是相当奇怪的职业，你得向上帝请愿，只有你的国家出了问题，你才有立足之地。

许多人都迷惑不解，女性虽然已经享有了公民权，但进入政界的却很少，纵然涉足政坛，也极少位居高官。莱昂内尔·泰格做过统计，活跃的女政治家不超过5%，他把这种现象归因于女性的不善于"拉帮结伙"和缺乏领导才能。但是在你不了解帮派之前，在你相信有"猎豹"之前，不可能先行创造一个，而且，我坚信对一般的女性来说，这样的"猎豹"就像是皇帝的新装。

即使在战争年代，这一点也有所体现，且事例很多——她相信政府的宣传，明白敌人非常残暴——即便如此，当一个女人真正面对面地遭遇一个士兵，她首先想到自己见到的是一个男人，而有帮派意识的人则会认为见到的是敌人。她可能会为他包扎伤口，而不会理智地打死他。她也许会爱上他，结果会因为叛国罪而丢掉脑袋。

在和平时期，她愈加优柔寡断。她可能会眼睛看着电视上的发言人，心里想"可怜的老人，他在尽最大的努力"，全然忘记了自己曾为他人投了一票，还会认为她投票的那个人一定会固执己见、动机不纯，必然给国家带来灾难和羞辱。有着像她这样思想的人不适合管理一个国家，即使她真的比某个"猎豹"幻想狂更适合管理国家，那你也可以放心地断定她永远都没有机会尝试体制运行的方式。她会发现全部框架都是为另一种思维模式设计的，就像发现男人的小便池是为另一种体形的人设计的一样。成功的女政治家已经看到了希望，看到了"猎豹"，否则就不会取得今天的成就。

地球上大部分地区都有智人活动的影子，包括历史书籍和新闻电视忽略的地区和时代，忽略的原因是其中、期间没有"趣事"发生。智人成功地过着适度的合作式生活，这种生活令炫耀型的亲戚——猿盼望已久。几乎所有的男人多数时间都以此种方式生活，此外，大多数的男人一生都保持着这种生活方式。

但是，由于我们的统治全都建立在雄性帮派的基础之上，雄性帮派至多是威力不足地进攻吼叫，伴随它的是维持活力的幻象，我们永远都处于危险之中，眼睁睁看着我们的团体不时地倒退回狒狒群可怕的强权状况。此外，狒狒若是把手指放在按钮上，也能让氢弹发射出去。

"令人尊敬"是大男子主义看待现代强权的方式。但我很难找到这一机制起良好作用的例子，它劣迹斑斑：西班牙的宗教法庭、美莱村大屠杀、血流成河的伊普尔战役和斯大林格勒战役，还有广岛和长崎的肮脏行为。

这并不是说妇女在这些事情上清白无辜。妇女担心自己的家庭、身家性命，有时甚至担心财产，也会像男人一样对"敌人"表示憎恨。至于她们的行为，无论是缴械投降还是奋起反抗，总是不能表现得像男人那样可歌可泣。因为男性帮派的激情让她们汗颜，她们不愿意（最近才刚刚开始）担当帮凶的骂名。因为这一切，我相信，在绝大多数的冲突中，女人都是从犯。她们可能相信确有"猎豹"，但不会"利用"它们。

我们怎样看待猿和狒狒？显然，人类社会还有狒狒的影子，确实，环境的变化与此有着不小的联系。该领域近期的研究成果表明，在黑猩猩中间也存在着细微的、可以理解的差异。比如，生活在森林中的黑猩猩和生活在草原上的黑猩猩之间就存在着行为模式的不同，后者在遇到外来威胁时的反应更趋向于进攻。

极有可能这也曾发生在人类的身上。实际上，人类的这种行为并不需要追溯到久远的年代。如果我们接受水生理论，就可以确定——至少在海洋成为和丛林一样安全的环境之后——它在我们重新返回陆地后进化而来。这期间只有200万年或300万年，在我们的祖先出现炫耀行为后期的阶段才逐渐适应它，我们的后代仍会采用炫耀的行为模式。这证实了人类一度有很强的适应能力，在原始的环境中，速度和肌肉的力量（因进攻性而增强）比理智（因进攻性而受阻）更重要。现在它已退出了历史舞台。

当然，断定雌性完全没有进攻性也不现实。若是一对一，她们的进攻性不会比雄性逊色。至于现代女性，如果文化没有把她们改变为"顺从"的角色，她们的攻击性也会表现得野性十足。有些人甚至认为，如果女性没有学会服从，男性没有学会进攻，那在这一点上，两性根本不存在差别，但这一点很值得怀疑。文化的影响占很大的比例——大约占50%或60%——但还有两个重要原因表明它不能代表一切。

一个原因是假如给雌猴注射雄性激素，雌猴会表现得更好斗；而如果给雄猴注射雌性激素，它会表现得更温和。第二个原因是人类学家通过对不同部落的研究发现，不论在哪儿，没有什么职业需要划分为"女性的工作",更没有必要划分为"男性的工作",不论是制陶,还是纺织、农业、烹饪,包括照料孩子。唯一的例外是杀戮,原始部落中找不到一个女性战争狂,战争是雄性帮派的产物。

莱昂内尔·泰格对这一雄性现象的描述透彻而精到。他没有试图贬低当今社会一些骇人听闻的事情造成的后果,他所做的是以赞誉的口吻记述了一些辉煌的成就,他变通地使用了"与环境做斗争"这样的字眼,用以阐明男人取得的积极成果,比如漂洋过海、攀登高峰、发明电话以及发现了青霉素。但出现这一切的动机都是炫耀式的:"猜猜看,我见到了什么?瞧瞧我做的!"而都与进攻性无关。进攻为好斗的人而存在。

关于狒狒他有一点没说明,只是间接地提到了基于这方面的一些研究成果。它是一项新发现,给某些领域带来了契机,由于这类发现相对较少,值得认真对待。

迈克尔·钱斯的描述准确无误。他指出,当狒狒想提升地位,企图拥有支配权时,它万万不可肆无忌惮地表现出自己的进攻性,那样的话就永远无法实现目标。最终成为首领的狒狒都有极强的自控力,约束其好斗的天性。

事情的原委是这样的:据统计,一只参与打斗的动物如果输掉一次,下一次也不会赢,若是输掉两到三次,那它就再也没有希望成为首领了。这就是人们常说的"强者恒强"。很多次的实验都证实了这一点(比如,1943年阿利做的老鼠实验),在精密的科学测试中,任何单一概率的机会都被排除,因为这样的受试者首先是个低劣的斗士。

一只强权型的狒狒在遇到另一只级别稍高一点的狒狒时会产生进攻的想法,如果它不加以控制,就会去打斗。打斗的次数越多,被击败的概率越大,最终会失去自信。成为首领的雄性不会盲目好战,那些接近成年或进入成年期的雄性会严格控制它们的进攻反应,通常会利用各种交际手段,或推迟行动,或另想办法,以确保不会发生丢面子的事情,它们绝不会去招惹那些小集团中的成员。

这样的动物很像费边①——当它出击的时候,会竭尽全力。但经过多年的训练,它从不为了追求刺激而与同伴发生冲突,一旦成为首领,就更不会出现这样的事,到那时候,也根本不会有这个必要。重要的是这证明了人们以前的认识是错误的,即我们从动物那里沿袭了难以自制的愤怒,我们对它往往束手无策,只有苍白无力的理性信念——不发怒才是明智之举。

如果我们承认在草原时期及后来的一段时间里,智人出现了类似狒狒的雄性帮派的行为模式,那我们也要做好心理准备,接受另外的看法,至少对于个体而言是如此,当他潜在的进攻性越来越强,他的自制力也会不断增强。科拉德·洛伦兹对此表述得十分清楚:"自制是个积极的过程……说它是一个释放克制的过程也完全正确。"

这让我感到一丝欢喜,但可悲的是当雄性帮派集团真正开始摇旗呐喊,猴群"处在临战状态"时,自制力会形同虚设。个体的气愤压制住了,可群体的狂暴和战争却爆发出来。唯一可以阻止它们的途径是找到瓦解这个紧密群体的办法,可成功的希望到底有多大呢?不容乐观。但有迹象表明,如果群体内部的关系非常紧张,一定会突然爆发内部危机。

在冲突尚未化解之前,男人的意识中极少会出现中止的想法,但如我所述,这类事情在美国就出现了。或许半数的民众仍然盲目认为似乎越南北部是恶势力的象征,如果不彻底解决,将对美国

---

① 费边(约公元前280~前203年),本名费边·马克西穆斯(Fabius Maximus),又译费比乌斯。贵族出身,古罗马政治家、军事家,五任执政官。以在第二次布匿战争中采用拖延战术对抗汉尼拔,挽救了危难中的罗马而载入史册。——译者注

主体政治构成极大的危险，对所有"善良"的男人也意味着伤害。而此时，另一半的民众却尝试提出那个不太确定的问题："什么猎豹？我怎么没看见。"

绝非偶然，大概一部分人会问这个问题，特别是年轻人。他们不但反对越南战争，还对整个雄性帮派的症结提出质疑，并否定了其极端化的表现形式。

男子汉气概需要维护——他们其实不太在意是否有男子汉气概；勇气需要证明——那谁需要勇气？地位和统治权需要争取，等级需要排序——他们拒绝这一切；这是政治体制的支柱——他们鄙视这种体制；它给民族和部落带来统一和分裂——他们说自己只属于人类这个单一的种族；财产和家人的性命需要保全——他们两者都可以放弃。他们有充分的理由作依据，认为那些声称看见猎豹的人发疯了，为了明哲保身，他们与那些发疯的人划清界限，坚决抵制任何可能引诱他们的行为。他们选择的是类人猿这种较高级动物的炫耀模式，唯一能让他们所有的人关注的是音乐家。（古道尔写道，野生的黑猩猩麦克在他的队伍中有同样的影响，只要他展示新的技巧，就能非常成功地提升自己的地位，比如，在破旧的煤油罐上有节奏地敲出声响。）

我个人认为，他们排斥的太多了，而且付出了不小的代价，但至少证明了强权式的雄性机制算不上人类情感的主流。我们相信，一定还有别的。一切都摆在面前，但只能是选择，不应该是强制，因为我们身上存在着更多的黑猩猩的本质，而狒狒的本质很少。除非我们在文化方面对进攻性采取更有效的对策，或许只有这样，我们才有更大的生存希望。

第 10 章
女人的需求

弗洛伊德晚年时曾为之扼腕叹息,虽然历经多年专门的研究,最终也没能弄清"女人的需求是什么"。

这个问题看似简单,如果有人罗列了一连串的著名人士,比如阿尔伯特·施韦泽、卡萨诺瓦、甘地、爱因斯坦、亨利·福特、猫王,然后让他们概括回答这个问题:"男人的需求是什么?"他们也不会认为这很容易回答,能想到的答案无非是抽象的、概括性的,而这些答案放在女人身上同样适用。

很多人在潜意识中都认为女人头脑简单,更像是杜鹃花或者四季豆。按照这样的逻辑,眼前就有简单的答案,类似"她们需要大量的磷酸酯",一旦大家都明白了这一点,生活将变得更加简单。女人想要的都可以得到满足,那样她们就会安静下来,可以把时间和注意力从一些人(比如男人)身上移开,转而放在现实中与其他人的交往上,去处理更重要、棘手的事情。

这种想法只是男性的幻想,像口服兴奋剂,永远都不会成为现实。目前,我们所能做的是想办法找出什么会让女人不满意。

回顾女性智人及其后代的命运,从史前到有文字记载的历史时期，再到今天，所有的兴衰沉浮构成了一幅别样的历史画卷。

对女性来说，具有划时代意义的是狩猎－采集时期，这个时期，劳动有了分工，出现了核心家庭。从这一点讲，她各方面都不逊于男性，无论是自由、自立、创造性还是对经济生活所做的贡献。在没有人知道如何建造房屋、没有家庭之前，无论哪个女人也不会只做她的"家庭主妇"。

的确，她处于从属地位，但当时多数的男性也同样要听从指挥，不可能人人都当头领。此外，在灵长类动物中，生存条件并不是非常恶劣，一个下级的猴子可能会被禁止做它想做的事——吃最好的食物，或与最理想的异性交配——但它绝不会被强迫做自己不想做的事情，那是有了人类后才出现的。

部分麻烦与领地有关。一个灵长类动物群体会把某一片丛林视为自己的领地，占有的意识普遍存在，雄性过剩的进攻性会引发边界纠纷，时常会与邻近群体的雄性发生无关紧要的冲突。

可是一旦哪个雄性成为了核心家庭的首领并占据一方，他会把它看作一个小国家，会像廷伯根的海鸥一样，不管地域多么狭小，多么具有局限性，属于他的雌性都要自我约束，不能跨入其他雄性的活动范围。而当他学会了制作工具，又开始积累财富，他会认为自己的财富和雌性一样，都应该永久存留在领地上。在他的意识里，雌性是财产的一部分。不论与其他的雄性相比他的位置如何，但在自己的领土上，他是老大，他的支配权至高无上，除了配偶和子嗣之外，谁也不会影响到他。

当狩猎－采集式的经济结束后，男人步入了农业经济时代，对他而言，这一时期的领地和支配权更加重要（此时他已被称作智人）。农业生产需要辛勤的劳动，他并不想独自把田间的劳作全部完成。（在一些非洲部落中，即使在 20 世纪，地里所有的劳动地都由妇女完成。）

他认识到女性的另一种能力在经济方面对他至关重要，于是对她的控制越来越紧。雄性灵长类动物对年青一代相对宽容，他们被看作是公共财产，长辈对他们负有共同的责任。但随着核心家庭的建立，男人有了自己的女人，便认识到自己与这个女人的孩子有着特殊的关系，伴随着农业社会的来临，这种关系变得相当突出。

对于一个群居的猎手，无论哪个后生跑在他的身边都无关紧要，他的儿子也好，别人的也好，只要能帮他抓获猎物就万事大吉。但对一个农民来说，这种关系非同一般，因为如果是自己的儿子，就会在自己的田里干活。他已经掌握了如何驯化马和狗为自己做事，它们从小靠他喂养，对他依赖、服从。他可以把同样的技巧用在人身上。母牛母羊比公牛公羊更有价值，因为它们能大量繁殖后代，他的财富也会因此而增长。妇女的作用也是一样。

现在她必须永远跟随着他。他会采取严厉的措施，比狩猎－采集者的做法更强硬。他会说，这是上帝的旨意，其他的农夫们也不会反驳。他和他的女人必须彼此忠诚，至死不渝。实际上大家心照不宣，在她失去生育能力的时候，或其他某个方面不能令他满意时，他就会把她赶走。

这种关系贯穿了很长一段历史时期，由于它已经合法化，她不能离开他，也不能拥有自己的财产，受到虐待只能忍受，还不能要求报酬，这样的关系完全是主人和奴隶的关系。许多妇女会感到非常幸福，并深爱自己的丈夫，就像有些愚忠的奴隶死心塌地对待主人，但主仆关系终究是奴隶制的产物。一部分人也会欺骗她们的丈夫，还会絮絮叨叨，作威作福，就如同一些仆人也会凌驾于主人之上一样。但仆人就是仆人，身份永远改变不了。

农业社会的产生还引发了另一种现象：它创造了无尽的财富，

导致男人可以不用把注意力放在生计上，转而投向享受生活的乐趣。女人作为动产中最灵活的一种，此时又派上了用场，她们有的成为情妇，有的沦为妓女。一些男人发起雷霆之怒责骂这些女人的罪恶，正所谓制造这种需求的人也会鄙视满足他们欲望的人。

谈到这里，"女人的起源"就有了更深一层的意义，不只是在追根溯源。女人至此已开始走下坡路！在多数的人类群体中，她被看作先天的弱者，不论是体能、智力还是心理。甚至有时这种观念偏离得太远，竟把女人说成是"低等动物"，甚至被看作非人类的一部分。男人还会一本正经地讨论女人是否拥有灵魂。

很多认识明显是想当然的。如果你认为女人智力低下，就不会费心去让她们接受教育。反过来，如果不教育她们，她们的智力无疑不会提高。如果再深入一步，就可以弄清楚，对妄自尊大的男人来说，凡是女人智力正常的表现都会让他们感到不该属于女性，让他们感到厌恶和气恼。而女人，大概会采取措施掩盖或隐瞒自己的一些缺点，期望在她女儿身上消除。

然而，我们不必在此重复悲伤的故事，罗列女人在过去岁月中的失误和苦难，其中的大多数错误已经或正在被纠正。因此，许多关于女性是弱者的谬误已为世人所了解，如今的她有时认为，除了严格意义上的体能劣势，男女在其他方面根本不存在差异，也应该如此。她在法律面前拥有平等的权利（几近平等）；她拥有选举权、工作权和受教育权，外加避孕权。

然而，至少在资本主义世界，确切地说是在几个新自由主义兴盛的国家，男人们惊奇地发现这里的女人呼声最高，她们最不满意，随时准备着手执小旗上街游行，倾诉自己命运多舛，饱受挫折，被当作性对象，需要得到解放。

有些人士对这样的运动表示怀疑，因为它的出现源于中产阶级的知识分子。可几乎每次成功的革命均由中产阶级知识分子首先发起,而这一次却反响强烈,至少在西方国家是如此,人们建议把矛头对准那些流传广泛且根深蒂固的旧思想。似乎正是那些对女人来说最基本、最重要的东西不知怎么出现了问题。

我想它们包括三点:女人与孩子的关系、女人与男人的关系,还有一点不太重要,但仍需一提——女人与女人的关系。

孩子是其中的核心问题,当然也是所有经济问题的核心。不论我们争取平等的要求多么强烈,都要面对这样一个现实——女人是孩子的生育者。有些妇女,比如舒拉密斯·费尔斯通(Shulamith Firestone)曾经抱怨过这一点("生育伤害了我们"),希望这项任务能尽快由生化学家在试管中完成。恐怕她要耐心等上很长一段时间,在此期间,生小孩的现象还会随处可见。

要求同工同酬,争取平等机会。过去,大部分对此持反对意见的人都是头脑顽固的大男子主义者。工会的会员们只是从理论上坚持"就业率"的原则,但却把下面的事实作为自然现象接受下来:从事同一工种的男女,岗位相同,工作时间无异,效率一样,要养活的人口也一样,可女人所获得的报酬只有男人的一半或三分之二,原因只有一个——她是女人。

雇主更愿意看到类似这种"自然现象",他们会直言不讳地表示支持。这是因为"女人由丈夫供养",然而,单身女子不会比已婚女人多拿一分钱。还因为"男人有妻子和家人",可单身汉们也没少拿一分钱。还有的理由是"女人会抛开工作去结婚","女人会经常丢下工作,去照顾孩子",等等。实际上,在当今的英国,半数以上的女性劳动力由40岁以上的已婚妇女构成。据统计,与一般的男人相比,她们放弃本职工作选择跳槽的概率很小,也不大会动辄上街游行。没有人会因为这样的原因多付给她们薪酬。

如果忽略那些偏见和自私自利的因素，实际上一般的女性在工作中做不到像男人那么投入，原因只是她们既要做员工，又要生儿育女，还要当好妻子。校园里十六七岁的男孩就会跃跃欲试，因为他满脑子装的都是事业，而女孩会截然相反，因为她的脑子里满是家庭。她所受的教育让她认为家是她的一切，在她成长的十几年中，家庭大概真的就是她的一切。

有时这种双重角色会成为女人的优势，但更多的情况下是劣势，特殊情况下会表现得较为突出。例如，一个职场男人发现自己的工作十分艰苦，令他饱受折磨。一般来说，他会强迫自己面对困难，坚持下去，否则既丢面子，又使收入蒙受损失。而一个已婚妇女面对类似棘手的问题极有可能会知难而退，她不会有失败的感触，反而会自我安慰（像安慰别人一样），她会想自己的家庭生活也面临困境，把更多的时间倾注到家庭中责无旁贷。

另一方面，一个女人如果需要扶养几个孩子，既要做母亲，又要被迫出去赚钱（或者因为贫穷，或者因为孩子的父亲去世或离开了家），她会明白自己要同时做好两项工作，哪一项都不能放弃，那种心理和生理的极度紧张令人震撼。一个男人，即便他的妻子给他留下了孩子，他也很少会做这种尝试。这种情况有时会得到官方的关注，男人会获得"主妇津贴"，好像他的困境远远超出了他的身体可以忍受的程度。这就是雄性的血肉之躯！似乎女人是用更坚韧的材料做成的。

由于上述以及无数其他类型的不正常情况，现在一些妇女认识到，只有放下孩子这个包袱，她们才能彻底获得自由。她们仅仅是生育儿女，完全没有理由一定要忍受那些不公平的待遇，那是难以承受的痛楚。女人拥有自己的聪明才智，为什么一定要受制于这样的羁绊。

我们已经了解到智人及其配偶有许多的独特之处，但不论在哪方面，没有一个像这样地发人深省，这样地令人痛心疾首。

纵观整个动物王国，特别是哺乳动物，如果有任何答案可以回答这个悲壮的问题"雌性需要什么？"，那就是"她们要自己的孩子"。她们不是喜欢生育，也不渴望地位的象征，或是需要继承人，或是老有所养，而是一旦孩子来到世间，幸与不幸，她们都会**要**，就像需要食物那样明明白白。举个简单的例子，我们谈到过一只有性需求的雌老鼠会不断地按动操纵杆，而雄鼠则会放弃。雌鼠在想得到幼崽时会表现得更加激动，如果把一只刚出生的小鼠拿走，以此来看它的反应就能证明一切。雌鼠会用尽全部精力，一刻不停地按动操纵杆，直到和小鼠身在一处。

在灵长类动物中，母爱也表现得十分强烈，尽管母性也像性一样已经上升到意识当中，正确的为母之道和正确的交配相同，都需要学习新的方法。离群长大的猿第一次做母亲时多半会把一切搞得乱糟糟，除非它们见过别的猿怎么做。但毫无疑问，母子亲情愉悦无比。许多动物，包括不太温顺的狒狒，对刚出生幼崽的反应也非同寻常。不仅母亲的地位直线上升，其他的雌性围拢左右，举止谦恭，希望母亲可以让它们喜欢它，抱抱它。就是那些雄性头领，虽然不会有谦恭的举动，但也怀揣同样的想法。而母亲却非常谨慎，很有原则，一旦幼崽哭叫，它会立刻将它抱回。

很难相信这种从孩子身上得到乐趣的倾向会自行衰减，就像动物不会从父母的任何一方那里遗传不生育的缺陷一样，母亲的天性会代代相传，因为女人总是终其一生还嫌不够。我们在前面提到过的瞳孔反应试验表明，女人在看到孩子的图片时皮下反应既迅速又强烈。在原始社会中，这种乐趣已经凸显出来；到了文明社会，更是有过之而无不及。我还记得自己在威尔士的童年时代，当一个母亲带着出生不久的婴儿去给朋友、亲属和邻居看时，这些女人表现得淳朴圣洁，就像对待自己的孩子一样。当包裹着的婴儿露出小脸时，所有人都会不自觉地惊叹："哇！"总会有些人说："我能抱一会儿吗？"母亲则会慷慨允诺，可当孩子发出哭声，她会让他回到自己怀里。

我们偶尔也能看到少数只有女性才会犯的罪行。一个很有身份的女人会被指控从婴儿车中偷走了婴儿，在案件发生的过程中，她不顾一切的欲望和强奸犯的欲望没有差别。从个人角度讲，我从没有过类似的体验。当然，如果一个不足三岁的孩子忽然出现在我的视野中，我的眼睛会紧紧地盯住他看，那眼神一定像好色的男人看一个袒胸露背的女郎。此外，我的脸上可能还会现出一丝憨笑。

那么，当听到人们赞扬做母亲的快乐时，一些妇女解放运动者又为什么会大呼小叫呢？这一关系中真的存在不合节拍的事情吗？像维多利亚时期性交出现的那些情况一样讨厌？我们多多少少也能看到关于女人性冷淡方面的文章，那现在是否能找到一些对母性的乐趣也表现出冷淡的现象？为什么有些人会雇用别的女人为自己照料孩子，但连最最高雅的女士也从没想过要雇别的女人来替她们天天陪丈夫睡觉？

似乎流行着一种观念，认为只有傻瓜才真的喜欢照料小孩，因为和孩子说话总是单调地重复同样的话。说实在的，他们只比动物强一点。完全正确。

不过，动物真的有那么可怕吗？多数读过加文·马克斯韦尔《明亮的水环》（*Ring of Bright Water*）的人都了解他与三只水獭之间深厚的友谊，他们日夜相守，坦诚相待，彼此毫无保留，有些方面表现出人性的光辉。水獭最初对他的依恋十分感人，后来它们远走他乡，但最终又主动回到了一起。没有人会怀疑他们之间建立起的友情真挚、纯洁，也没有人怀疑这样的友情万分欣慰，尽管友谊也给他的生活带来了不少麻烦。

当然，不会有人觉得作者思维狭隘，一定要从动物那里获得快乐。的确，动物对人类不会有太大的帮助，它们的语言交流非常单一，所有的行为简单得远不及一个三岁的孩子。那为什么人们会认为照料孩子是对智力的摧残呢？

让我们把目光再回到人类身上，人类喜欢照顾孩子，让我们认真想一想，那对一个女人究竟意味着什么？

首先是身体的接触——被称作"母亲的抚摸"，当然它不完全来自母亲，它是相互的，而且这样的事很常见。这类刺激对几乎每一种有感觉的动物都是愉快的。一只驯化的猫头鹰会尽情享受你轻轻拍打它的胸部而产生的快乐，可当你把手抽回时，它会用爪子抓住你的手指，高兴地把它们拉回来，希望你再给它些拍打。就连感觉不太灵敏的鳄鱼也会非常主动地来回游动，以求得到对它皮肤表面的按摩。由此看来，接触对这两种动物来说都是件乐事。

婴儿能从触摸中得到生理方面的安慰，也会有安全感；而对母亲来说，则提高了她自身的价值。在看到孩子跑动的时候，她心情愉快，孩子所做的一切似乎都透露出聪明伶俐。如果孩子走远了，她的眼睛也时刻不离开他，心理学家认为她们心中充溢着莫大的满足。她从孩子身上得到的最重要的是威廉·布莱克（William Blake）所说的那种男女的相互需求——"两情相悦"。孩子饥饿时，她一个人就可以把他喂饱；孩子害怕时，她独自一人就可以让他感到安全；他冷了，她可以给他温暖；当他摔倒了，她会把他扶起；孩子炫耀自己刚刚掌握的本领时，她会报以掌声。她每天除了两三个小时的聚会外就是照顾孩子，很快就知道怎样用一只胳膊抱着孩子，再往后还会像印第安人那样把孩子背在身后。孩子遇到的一切问题在她那里都迎刃而解,她会因此而感到自己宽厚善良、无所不能,而和女伴们在一起时,她常常会觉得自己很无能。自然,孩子会无所保留地热爱她,接受这种爱十分开心,随后会加倍给予回报。岁月如梭,孩子逐渐长大,需求越来越多,她也可能要照顾更小的孩子,她和长子或长女之间会有一段时间不太融洽,但那可能更像是孩子们之间的友情,虽然不是十分亲密,可依然坦诚率真。无论如何,猿的真实情况就是如此。

当我们成了文明社会的公民,什么地方出了问题呢?孩子们发生了变化。人类的历史长河已经过去了几百万年,时过境迁,女人和孩子都迈进了一个崭新的阶段。华兹华斯说,"他们身披霞光而来",可事实绝非如此,他们是从原始丛林中匍匐而来。让我们设身处地地看待一切。

你的母亲饱受文明的熏陶,衣衫干净整洁,也希望你如此。她不会再整天抱着你到处乱走,她要采购、做饭、吸尘、打扫,还要洗尿布,可能还需要给瓶瓶罐罐消毒。此外,她带你外出时,你的口水会流到她的衣服上,她可是酷爱清洁,所以,大部分时间你都要被放在童车、婴儿车上——现在,可供她选择的方式不多,她的妈妈也是按部就班地把她养大,因为专家们会告诫她,孩子一哭就抱起来只会毁了孩子。

我并不是要母亲们都要像印第安人那样把孩子背在身后,也不是说你和妈妈之间变得仅仅是朋友的关系,我只是想说你们之间的关系比过去、比你所能想象的更趋向于精神方面。

很快,你已经两岁多了,代沟越来越深。你跌跌撞撞地自丛林而来,披荆斩棘,不在乎藤萝羁绊,不在意头顶的树叶,只希望看到母亲热切的目光,她却满脑子都是现实中的琐屑:一会儿桌子腿不对了,一会儿电视也出了问题,爸爸还没看的《时报》也让你撕碎了……你的确也见到了她的目光,但那目光里充满恼怒,绝对不会出现掌声。如果她满腹经纶,紧跟时尚,工作过劳,或终日为房租忧心忡忡,那你除了受到责备,很难得到关切的目光。所以,你也学会了责备,任谁也会养成这种习惯,于是,母亲开始看起来十分苦恼。

在短暂的童年时代让你了解几百万年的人类文明史是她的责任,因此尽管她可能会帮你解决一些麻烦,但实际上她就是多数麻烦的根源。她的表扬会十分随意,仅限于你的所作所为没有破坏她的环境或没有惹恼其他的成年人,这可不符合你的天性。你禁不住会觉得她难以捉摸,她对你也有同感。

你来到这个世界上,一时间她身价倍增,但她是否能维持自己的地位,就要看她的事业、穿戴、思想以及一尘不染的厨房、财富、社交、优雅的举止和热情好客——你的出现会影响这一切,她可能会神经过敏地想到自己变得粗俗了,不再专心致志地工作,一切都乱作一团,无法集中精力,做什么都没有条理,钱包越来越扁,而且深居简出,麻烦不断,无法巩固友情。如果有两三个你这样的孩子,那她的境况会更加苦不堪言。

要补偿这一切,你们之间的母子之爱必须无私忘我。有时候可以做到,但却无法保持像人类在原始状态时的那种纯洁性。几年之后,你从幼儿园回到家里,已经知道如何向妈妈暗示,其他小朋友拥有玩具和好东西而你自己没有,或至今还没有。过去,你所有的知识、信息和评判事情的标准都来自母亲,现在,你获取这些的源泉是老师、电视,你发现看待周围的一切还有别的方法,当今的孩子很少认为妈妈比大众媒体更有权威。孩子们不再认为她是完美的,你在很小的年纪就能用挑剔的眼光看待家庭,除非她极其特殊,不然,她就应该认识到这些。

并不是说这样的女人天性泯灭或不喜欢孩子。但是，如果你做个比较，看看那些眼睛盯着裸露女人想入非非的男人们的情况，我相信你会明白一切。男人确实喜欢看袒胸露乳的女人，但假如有两三个这样的女郎对他寸步不离，整天在他的办公室闲荡，不停地要求关注，还吵吵嚷嚷，手里拿着小本子大叫"帮忙"，甚至跟着他去洗手间，还闯进会议室，指责他做得不对，每隔五分钟就要求帮她们拉上拉锁，要求欣赏她们编织的东西。如果她们永远永远不走开，那么，五六个月之后，这个男人一定不会再喜欢这类性感女郎了。同样，这也不意味着他就成为了同性恋者或变得性冷淡。（大概他是被逼得发疯了。）

经过长时间的历史演变，这种情况通过社会阶层的形式得到解决。有支付能力的女人把孩子交给别的女人去扶养，先是雇奶妈，完成"母亲的抚摸"，此后，再雇家庭教师，完成孩子的启蒙教育。孩子会定期被带到母亲面前，干净、整洁、彬彬有礼，母亲会轻轻拍着他的头，对他大加赞扬，鼓励他成为优秀的人。

农妇就要自己带孩子，她会从中得到很多的乐趣和满足，因为她在任何情况下都不需要形象优雅。纵观英国的文学作品可以看出，女性受过良好教育的标志是毫无保留地善待孩子，包括正确对待性问题。简·奥斯汀作品中的女主人公们不仅仅把常说"beaux"（法语，意为非常好）看作庸俗之举，也把喜欢蹦蹦跳跳或让别人的孩子把自己的头发弄乱看成是粗俗和虚伪。大卫·科波菲尔在能够安静下来的年纪很得贝西·特洛乌德小姐的欢心，他会说："是的，姨婆。"但对从前大声哭叫吵闹的小大卫来说，奶妈辟果提温暖宽厚的怀抱才是最好的归宿。后来到了玛丽·麦卡锡（Mary McCarthy）生活的年代，她一个作品中的女主人公非常喜欢听保姆讲中低阶层人的生活："即使她们自己有大量的奶水，医生也在不停地鼓励，但她们就是不肯给孩子喂奶。她们认为给孩子喂奶是伦敦东区下等人的事……等级观念相当严重。"

关注孩子的最高呼声来自中上阶层的妇女解放运动者，她们在潜意识中认为辟果提这一角色是生活中无法改变的现实之一，你能从她们书中所阐述的奇怪论调中辨别出这类人。

舒拉密斯·费尔斯通说："那些家都很大，仆从成群……""每个家庭中的孩子都由外人哺乳……"（每个家庭？）——时至今日"妇女解除自身劳累的途径就是靠仆人阶层的存在"。

凯特·米利特（Kate Millett）解决的办法是："照料孩子，即便是从他们的认知能力刚刚形成时开始，最好由受过良好培训的男女专业人员完成。"这一建议完全正确，特别是"男女"的提法，掩盖了她在呼唤辟果提式人物的事实。有多少男人在找工作时愿意选择幼儿园？到了我们这样的时代，男人确实加入到了教育的行列，但女人真的对那些普通的城市学校很放心吗？它们也许只比一般的"传送带"强一点。而且学校里的教师真的是"选择这一行作为职业"的训练有素的理想人员吗？大多数人成为教师的原因应该和简·爱成为家庭女教师的原因没有差别，他们也要赚钱维持生活，似乎这个职业最能令他们接受。

杰曼·格里尔（Germaine Greer）劝说那些离家出走的妻子，如果可能，切勿带走孩子，因为"他可能比女人更有能力雇来管家或保姆"。她建议，解放妇女的好办法是"通过烹饪、服装、化妆品或管理家务等活动寻找乐趣"，她连想都没想过要把哺育孩子列入乐趣之中。如果家里没有保姆的话，对付男人的最佳方法是共同操持家务，这样女人也可以得到部分"解放"。

与此同时，辟果提这样角色的人也很快消失得无影无踪，她去了哪里？她的消失如今是件好事。现在的她想拥有自己的漂亮衣服和宽敞公寓，以及朋友、娱乐。她还学会了对食物的卡路里进行计数，把护手霜放在水池边。我们都在朝着女士的方向转变，当人们时而调侃地讨论"女人都要做母亲吗？"时，没有人会费神地问一句"女士们都要做好母亲吗？"因为这样的问题显然无法提出来。那好，现在我们就提一提，以后还要经常提。

我个人认为，孩子来到世上最初的四五年里，如果有成年人和他在一起，能够建立起独特的、私人的、不间断的友谊，会促进他的成长，他也会更快乐。一直以来，人们认为照顾孩子是女人的事情，正常情况下只有妈妈做得最好。我不相信导致这一传统的原因是男性的偏见和哺乳期的生理限制。但如果母亲由保姆代替，也无关大局，只要不更换就行。可这样的现实并不能帮助我们从生育中解放出来，最多是牺牲一半人的利益去成全另一半。

把一对一的个人关系换成与"受过训练的"托儿所专业人员十五分之一对一的关系，我认为这对一个孩子来说无论如何都不会一样。专业人员尽管受过训练，但他毕竟是人，在十五六个人的集体里，有一两个照顾不到也是常有的事。作为孩子-成人的关系，这肯定不合格，好比男女关系，如果某个女人发现自己属于一个"受过训练的"男人15个妻子中的一个，她也会认为这样的关系不合适。这对她远远不够，那么，如果说这对她的孩子来说已经足够了也太过轻率。

我想这个问题已经超出了生物的范围，涉及经济领域，那就让我们顺便从这个角度对它加以审视。问题在于我们谈论的是一个基本生产的过程——人的生产，这和国家的基础经济生产没有太大差别，比如农业和煤炭工业。大家都清楚，人口有可能出现过剩现象，如同其他商品的过度生产，马铃薯、鱼都会有这种情况，这会招致灾难性的后果，因为再想把它们翻回地里或倒回海里就难了。

但每个社会阶层都清醒地认识到,唯一不能一概而论的就是人,总是有能力的人轮番管理所有复杂的生产经营过程,一代接一代。

孩子到了五岁之后,社会开始愿意为他们负起责任,并提供大量的初级、中级和高级的教育,以确保他进入社会时首先能坐直、站稳,能行走、理解别人的话语,而且自己会说话,能控制大小便,会穿衣服,不胡作非为,还能继续学习阅读、写作、计算,以便对社会做出一定的贡献。

很少有人认识到社会为五岁左右的孩子所做的投入,如果从经济的角度按当今的工资水平估算,投入的总数占国民总收入的很大一部分。如果把需专人看管的新生儿也计算在内,支出总额更是大得惊人,而且有逐年增加的趋势。

我并不建议以这种方式为社会所做的贡献应该获得肯定或回报。但实际上,没有人从经济的角度对家庭主妇或母亲这种职业做出评价。从这一点讲,它也是一种非常特殊的职业,意义深远。

想一想那些每天跑到办公室工作的男人,有人会为他的工作支付报酬。在此之前,他早已算计过工作方式和地点。他可能要花一两个小时开车或坐火车去上班。他来到了城里,这里房屋密集,高楼林立,特殊设计的大楼宽敞明亮,可以用作办公场所。即使他在整个工作中的位置相当于机器上的一个小螺丝,赚的钱也不多,还是可以看出他能用最少的专注力来完成工作,而且他的工作可以分散进行,每一项都由专门的人去做,那样可以提高效率。比如,打字就可以由别人做,他可以解放出来。也许还会有人在上午的工作间歇为他递上一杯咖啡,然后他要外出办事,接下来吃午饭,可能还有几个同事相陪。回到家后,再让他做些采购、煮饭、洗衣一类的家务,他认为就有点过分了。他有充分的理由认为,妻子整天待在家里,除了照看孩子,其他什么都没做。他工作时所用到的设备就是一张办公桌和一部电话。毕竟，在他身边令他劳神费力的是自己的同事，如果想和楼下的某位联系时，打个电话就可以。

　　比较而言，生育后代的工作是经济领域重要的职业，实际上也是家庭小工业。做个设想：男人留在公寓内的家中，守着一张桌子和一部电话工作，女人上午八点出发，去做艰苦的全天候的带孩子工作。她来到一个中心，这里只建起了一排房屋，分为不同用途：有沙坑、游乐区、还有浅水游泳池、隔音的卧室、洗尿布的全自动洗衣房、放映儿童节目的电视间、配有高椅子给儿童喂饭的房间、供妈妈们轮流吃饭的餐厅，和打字员起同样作用的是几个专门做日常零活儿的人，他们要给瓶瓶罐罐消毒，晚上做彻底的清扫，就像打扫办公室一样。这样，她或许会感到自己的工作和男人的一样重要——上帝知道到底是不是一样！不过她至少需要同样多的特殊设备，至少能够和做一样工作的母亲们经常接触。如果她很有主见，又全力以赴，她可能会发现这项工作更有价值，比大多数工作更具创造力，小孩子怎么也比水獭容易看护，成群的孩子在一起不会像一个那样总缠住大人，如果她不需要关心杂七杂八的事，他也用不着大哭大叫引起她的注意。

　　也许这种特殊的请求会惹恼那些办公室职员。如果男人是经理人，妻子会在郊外拥有一所豪宅，有自己的娱乐室，还有钟点工来帮忙做家务。而如果他是个卡车司机或工厂的工人，那他对自己本身的工作条件恐怕都难以忍受。但不会很久，就会有人对自己的工作条件进行深思，他所在的工会要组织游行。若是万般无奈，他会一走了之，离开岗位，或者发誓至少让儿子不再做这种工作。这些行动的结果是，雇主会明白"不能让人们这样干活"，得把矿井口的路修好，再添加机器设备，或缩短工时、增加休假时间，否则，工人们会愤愤不平，产品会粗制滥造。

家庭主妇们、母亲们不认为游行是切实可行的好办法，她们也不可能拥有工会。但妇女解放的呼声就是劳动力不满意的一个标志，她们早已愤愤不平，如果条件得不到改善，远远落后于工业时代的标准，不满会逐渐增强，你会发现——有人认为城市中已经露出迹象——自己最终得到的会是"劣质产品"，任何人都不希望看到那一天。

第 11 章
现在和未来

对许多女人来说,母子关系所能带来的直接生理安慰已经微乎其微,主要是因为现在的环境日趋恶劣。

但女人与男人的关系却恰好相反。她从性行为本身所体验到的乐趣应该远远超过先辈们,事实也是如此。她再不必矫揉造作,不必感到害羞,也不必有罪恶感。现在,人们对她的关注程度史无前例地高——关注她的心理感受、生理反应和行为反应。人们希望她能尽情享受性爱的一切。目前,男女之间的关系总体呈现出热情、友好、和谐以及相互尊重的良好态势。

我想个体的情况确实如此,但只有那些乐观主义者还坚持认为近来的发展情况,总体上男女的体验趋向一致,不再像从前那样,无法尽兴。无数迹象表明,他们在许多方面缺少恩爱、尊敬和相互欣赏,远远比不上过去的先辈们。我们的前辈做得更好,用老一套的话说就是,男人有男人的风格,女人喜欢那样。那时人们还有贞操的观念,性是人们回避谈论的问题,还有许多的禁忌,正如瑟伯所写的:"在谈起生育和其他自然现象时,妇女们似乎常常会顾左右而言他,把话题转向'西斯廷圣母'或是北极光一类的事情。"

我们不想回到过去的岁月，很多伪善已被摒弃，人类的体验已经没有什么不可以谈论，这就是实实在在的进步。旧体制唯一的优点是从本质上讲它历史悠久，人们对它非常熟悉，知道什么地方会有它的影子，也知道它会扮演什么样的角色，这一点对 90% 的人都算得上是很大的安慰。

旧体制扮演的角色都有蓝本为基础，离不开几条基本的规则。一个是男人生来就占统治地位，以后仍将如此，因为男人力气大，智慧无穷，这是上帝的旨意。（弥尔顿："他只为上帝存在，她为上帝的他存在。"）但在现世的机械化时代，弥尔顿的上帝已经跟不上时代的发展，肌肉的力量似乎越来越无关紧要，即便是男人无穷的智慧也不再像从前那样突出了。

另一个原则是劳动分工。妇女不适合面对残酷的经济生活大潮，所以最佳的活动空间是厨房和幼儿园。既然无法摆脱这样的命运，多数女人会安于现状，也会过得津津有味，而核心家庭（最初的形成主要是以劳动分工为基础，而不是以性别划分为基础）继续保持着它的凝聚力。现在，大多数女人在特定的年龄段也会融入到严酷的现实经济生活之中，她们并不认为这样的生活无法忍受。她们还弄清楚了男性的支配权并不完全因为他们的胳膊更粗，头脑更聪明，而是另有原因：只要女人待在厨房里，那家中所有的钱就都得由男人来赚。

还有一个原则源远流长，可以追溯到"伊甸园"："你必终身劳苦。"这条规律亘古不变，每一次的性行为都有可能让女人怀孕，这对合法婚姻的妇女是"祝福"，而对婚姻以外的女性则是"惩罚"。现在，新的避孕手段虽然刚刚起步，但已经让人们看到了希望。一条长长的导火线已经点燃，但处在尽头的进化炸弹却依然没有排除。

障碍重重，男人的统治地位岌岌可危，但他可以牢牢抓住一根救命稻草，任谁也无法夺走，他还有上帝赐给他的生殖器。不管一个女人多么优秀、多么能干并经济独立，如果他闪过一丝念头，认为自己一个可以比得上她三个，那他只要提醒自己：在她优雅的外表下面不过是赤裸裸的女性胴体，基本的性特征样样俱全。如果不得已想起女人应该占什么位置，他马上会联想到——只在心里——斯托克利·卡迈克尔（Stokely Carmichael）的答案"俯卧"。（我不明白卡迈克尔先生是对"传教士体位"有性别偏见，还是他不懂俯卧和仰卧的区别，但人人都明白他指的是什么。）

当然不是所有的男人都会做出这样的反应，多数男人并非如此。很多心态良好的男人非常支持妇女解放，特别是那些明智的男人，因为他们在公司上班时要与女性接触，办公室的环境中不分男女，在家庭生活中也是一样，不会有人在一天大部分时间里关注性问题。而且，和女人谈话也是件愉快的事，她们的话题涉及面更广。

我认为，类似的反应就是性和色情描写泛滥的原因之一。这种欲望并不新鲜，它一直存在，不过是现在西方国家对它大肆渲染，看似新鲜而已。妇女解放运动中抱怨最多的一条就是，她们越来越经常地被看作"性对象"，这样说并非言过其实。

只有极少数的妇女还在"抱怨"，大多数都心满意足。性很美好，受人注目、令人艳羡、成为人们谈论的焦点也很美好。一个圈子里的"性对象们"明争暗斗，都想成为最性感的女人，于是，化妆品、香水、长睫毛、迷你裙、超短裤以及避孕药被大量需求，生产制造商们财源滚滚。

人们对这些现象的反应有着天壤之别。有些人看到了人们对待性的全新态度，认为人类已经摆脱了桎梏，重新焕发出生命的活力,而从前一直被正襟危坐的清教徒们禁锢得死气沉沉。也有人认为是另一个加大拉①的故事,所有的正派和道德荡然无存,污泥浊水,骄奢淫逸。其中的一方看到的是人们的心理越来越健康,阳光明媚,另一方看到的却是文明和秩序已然灰飞烟灭。

这两种观点都略显偏激,而且互相抵触,还充斥着恐惧、愤怒和道德方面的谴责,任何一方被完全说服都是道德在起决定性的作用。

他们彼此攻击,罗列出一些丑恶现象。一方在叹息"青春因欲望而憔悴,苍白的少女葬身皑皑白雪";夫妇们受困于不和谐的婚姻;未婚母亲遭到偏见的耻笑;孩子们饱受愧疚和恐惧的折磨,因为有人对他们说手淫是严重的过失,会导致癫痫和痴呆;同性恋者成了人们声讨和谴责的对象,仅仅因为同性相爱;玛丽·斯托普斯总是被人扔垃圾,甚至有人威胁要放火烧死她。

另一方则瞄准了一些激增的现象:性病、人流、药物堕胎;因通奸而导致家庭破裂,孩子无家可归,还有弃婴、离婚;11岁的女学生会参与乱交,12岁会怀孕;商业性的色情广告毫不负责,裸露成风,性变态把家庭娱乐片引出了电影厅和歌剧院。

人类幸福总指数的影响不太可能对上述双方同样巨大。有些事情越是"放开",往往越简单;有些则正好相反。现在人们听到一个男人说他喜欢另一个男人会觉得很正常,而这在从前却是耸人听闻;反倒是现在如果他说喜欢自己的母亲,人们会感到很尴尬,而这在以前又很值得称赞。在公共场所,女孩会大胆地亲吻男孩,但最近的一项调查表明,在许多地方,她不敢大摇大摆地搂着另一个

---

① 《圣经》中有关它的典故,说鬼入猪群,全群闯海而死(太8:28~34;可5:1~20;路8:26~39)。——译者注

女孩的腰走路，可在简·奥斯汀、狄更斯和托尔斯泰的小说中经常出现这样的情景，而且女人们都是大大方方地这么做。而现在，女孩听说了女同性恋者的事，她懂得了一种新的禁忌。

愧疚和担心并没有消除，而是转向了其他方面。小小年纪就失去了童贞并不丢人，而老大年纪还是处女会让人难堪；人们不再忌讳说"狗屎"，而更忌讳说"黑鬼"；大家不再害怕手淫会导致精神错乱，最新的看法是，如果不手淫可能会让人不正常；没有结婚就和一个姑娘睡在一起不再受到指责，但你无法让她达到性高潮会成为令你颜面尽失、心绪不宁的新问题。

容忍的限度也没有扩大，只是对象发生了变化。因为无法忍受不愉快的婚姻而同丈夫离婚会得到人们的支持，而这类事情在从前会遭受骂名；相反，如果一个女人不喜欢自己的丈夫，却还赖在他身边，不能忍受没有他的日子，这样就会受到人们的谴责，而在从前则会受到表扬。人们不再像从前那样，指责那些死于酒精中毒的人，而会对他们表现出更多的同情（"这是一种病态，真的……完全可以理解，压力的确太大了……"）。但如果有人死于肥胖，大伙则会漠不关心（"现在不能找任何借口……那只需要有点意志力就行……其他的人也应该想办法不让他们自由发展……"）。受到冲击的道德观点不受我们的掌控，想适应各种变化难度很大，无法适应的人会受到社会的非难，他们压力重重，这一切都难以改变。

至于对性本身的沉湎，则是由于所谓饱暖思淫欲。其他生理需求的满足所占用的时间和精力越来越少，于是都集中在这方面，即使在原始社会，情况也是如此。每当群体中储备了大量的食物，有几天的时间不必外出时，他们就会用盛宴款待自己，性活动的次数随之增加。

有些人的工作非常单调，又不需要太多的脑力——这种情况很常见——性就成了他们日思夜想的乐事；而对那些渴望爱和希望得到认同的人，性使他们确信至少有人在一段时间关注他们；对赢得激烈竞争的人，性可以作为胜利的奖赏，而对那些失败的人，则是一种安慰。

问题是性离开了爱，就成了单纯的消遣，会引发严重的后果。和各种各样的生理满足一样，它也遵循报酬递减的规律。对饥肠辘辘的人，任何食物都是美味佳肴；对不太饥饿的人，只有上好的食品才可口；而对于饱食终日的人，没有什么能引起他的食欲。对一个男人来说，有条件、有机会可以满足欲望，无奈自己却没有要求，这显然令人沮丧。古罗马人就遇到过这类事情，结果他们专门修建了类似（催吐）通道的地方，供人们清空胃里的东西，回来接着大吃大喝。

在一些极端现象中，性革命似乎走过了头，不必再为本能欲望的解放而奋斗，它已经达到了催吐阶段，需要将耗尽的再加以激活。

说到这一点，每个生物学家都清楚，它完全可能。当重复施加的刺激停止发出任何反应，如果再增加刺激，反应还会出现。小布谷鸟的养父母会竭尽全力扶养被遗弃的小鸟，而让自己的孩子挨饿，因为那些张得很大的嘴总比张得小的更具刺激性。很多鸟类都愿意孵化个儿大的蛋；雄蝴蝶会迷上一只假雌蝶，只是因为它的翅膀上长着夸张的斑纹。

在人类两性的交往中，这一现象能够通过多种方式表现出来。有了化妆的帮助，女人的双唇更加红润、睫毛更长、头发更亮、牙齿更白、胸部更大、腰身更细，一切都可以满足时尚的需求。然而，自然的限制也无可避免。逐渐升级的暴露要求就会陷入困境，因为脱光了之后再也不能更加裸露。前胸的全裸作为公共观瞻已不算罕见，裸露已经达到了顶点，再有超过它的就是一位卡通画家的梦魇般的杰作了，他笔下的脱衣舞女郎早已脱得精光，但还是在优雅地满足着观众的要求，她面带迷人的微笑，把自己的内脏拽出来，展示给台下贪婪的人们。

近来有迹象表明，性泛滥正逢穷途末路，当然在有些地方，还碰到了强烈抵制。这在很大程度上归因于人们熟悉的"文化冲击"现象，至少人类学家们这样认为，他们非常清楚，有些原始部落不夸张地说，就是因此而消亡。在自己的国家里，许多进步人士在看到愚蠢的帝国主义者践踏隶属的民族时会义愤填膺，可他们却看不到性对传统观念的冲击同样使自己的同胞饱受创伤。这并不意味着前进的步伐要停止，而是应该平稳进行，那句"我认为你是触电了！"不应该带有嘲笑的口吻，而应充满关切，无论这种打击来自电线还是性观念的改变。

这一切将对妇女的地位产生什么样的影响呢？他们要认真地思考，如果不想最后输掉的话，还要随时仔细调整，因为所发生的一切是制度的瓦解，有些制度本身就是糟粕，必然会被新的取代，这是人类社会前进的内在规律。与此同时，当你处在新的形势下，制度暂时没发挥作用——就像没有执法官时的野蛮西部——结果是强暴大行其道，弱小遭受欺凌。总体说来，女性不属于强暴的性别。

影响之一是属于青年男性的性问题少之又少，因为贞洁的提法早已过时，但更多的女青年却面临严峻的考验——没有经济来源就做了母亲或流产等。毫无疑问，更多的男人对随意的性关系非常满意，而更多的女性则希望保持永久的关系，男性目前在道德方面占据着主动。因此，如果一个女孩确实既想拥有爱，又想拥有婚姻，就会有人暗示她那太过分，应该心怀愧疚，及时抛弃头脑中这不理智的想法。

男性开始患上了自疑症。在过去的时代，需要温柔对待的是新娘，要想求得婚姻关系的融洽，就得对她举止得体，具有耐心。而现在应该精心呵护的是新郎脆弱的自尊，因为他长着脆弱的身体部件，它远不像过去想象的那样坚强。看过人们写给男性杂志的一些信件后，可以断定，男人的一生中有半数的时间在忧虑中度过，他会担心自己射精太快或不常射精，或者担心遇到特殊情况，那情形和妈妈们担心孩子大小便失禁一样。斯波克博士[①]曾轻描淡写地谈到这个问题，并提出了非常普遍的问题："那怎么办？"

尽管情况如此，还有一些妇女解放类型的人，他们站在性革命的最前方，提出了更高的要求，寻找各种理由说婚姻就像奴隶制形式，而性正变得越来越民主。更多的借口是到现在为止，事情已很可怕，他们想改变一切。然而，这些人多半都是横行霸道的人，知道即使碰到最不利的事，他们也能存活下来。虽然他们发现这不太容易，因为一个存在性的社会总是随时准备打出那句古老的口号"女人的地位不在于她自身"，男人的目光总是关注女人的某个部位，如果你提醒他认真地听听女人的心里话，只会让他恼怒不已。

我认为，性沉溺的社会有一个很大的弊端，对女人尤其不利，它通过一种特殊的削弱方式改变着她的生活轨迹。要解释清我的意思，还是先对灵长类动物做个回顾。

在猿类中，性需求人人都有，就像盼望上天的甘露一样平常。每一个未怀孕的雌猿都会轮流成为伙伴中最理想的对象，而且此后的生活将这样循环往复下去。雌狒狒不像人类有绝经期，只要月经还在，发情期便不会停止，更不存在报酬递减法则。它可能会老

[①] 本杰明·斯波克（Benjamin M. Spock, 1903~1998），美国儿科医师，致力于儿科研究。所著《婴幼儿保健常识》（*The Common Sense Book of Baby and Child Care*, 1946）为第二次世界大战后的畅销书之一，影响了几代父母。——译者注

去，会皮包骨，但还是会每月经历一次，每当这时，只有它是整个群体中最性感的一个，像它第一次的经历一样。

人类就不同了，由于经历了生存危机，性关系已经重新确立，感情的冲突会稍稍造成些不稳定，爱融入了一度简单的身体接触，带来了一丝迷惘，但发情期却一去不复返了。

女人的愿望和魅力可以简单地用一条长而缓的抛物线描绘出来，再也不是每四周一次的环状运动。青春期前后，女人魅力四射，她的优势逐渐显现，贯穿整个生命的中期，随后便走向衰落。这之后，她对男性的兴趣开始减小，男性对她也是一样。

史前时期，没有理由断定女人在自己的魅力无情地消退时会感到悲伤。在生存条件十分严峻的时候，性在人们担心的事情中不会列在前面，食物、饮水才是最重要的，其次是敌人、野兽、消沉的意志和生病的孩子，如果生活在热带地区还要想办法保持干燥，生活在火地岛则需要保温。

此外，随着人类的进化，年龄本身就是荣耀。人类成功进化的重要因素之一就是知识积累的能力，不但从自身的经验中受益，而且还吸取他人的教训，包括那些早已谢世的人。在文字发明之前，知识的积累靠延长的生命和部落中长者的回忆。

当"前所未有的事件"发生时，如洪水、疫病和蝗灾，以前经历过这些事的老翁老妪会回想起五六十年前的情景，并"预言"，"水不会涨过那块石头"，或者"很多人会染病，但死亡的却很少"，还可能说，"如果你这么做，一点用处都没有"。如今的世界，一日千里，上一代人的经验也可能不再适用，德高望重的爷爷奶奶们再找不到自己的用武之地。

老年妇女身上发生了意外的变化——绝经期恰到好处地顺利出现。这是人类另一个独特的现象，看似容易解释，若真正思考起来却也不尽然。

对绝经期的"简单"解释是，女人在一定的年龄之后，如果再怀孕、生产和抚育子女就会存在危险和害处，良性的进化会发挥保护作用，它从形式上加以改变，使女人免遭危险。但这并不是真实的情况，如我们前面提到过的，进化的洪流不会因为个体的利益而发生变化。

对于年老的黑猩猩和大猩猩来说，妊娠和养育都会变得艰难而又力不从心，老龄妇女也不例外。为了延长安详自由的晚年生活，从生理方面强迫其失去生育能力，在其他物种中并不存在这种现象。

同样，要是猎豹失去了牙齿，也将非常危险和不利，但自然选择不会影响没有牙齿的老豹子，因为一旦这样的动物过了它的生育高峰期，个体的长寿对整个种族就失去了价值，它只会消耗资源，如果它不占用，这些资源就可以供应它的子孙，它离开尘世越快，它的后代和种族就越受益。

解释进化过程中妇女绝经问题的唯一途径是，假定部落是一个整体，不只是单一的个体，整个部落能从年老的女性那里取得某些裨益，尽管她已经失去了生育能力，但却健康并积累了许多知识。从某种意义上讲，老奶奶们对部落整体来说有益无害，据我们所知，这在其他物种中并不存在。

从这一解释中，我能得出的结论是，她们的作用就是贮备"智慧"。前面我们已经提过，尤其是在特殊的领域——养育后代方面。那时候没有斯波克那样的医生，如果孩子腿摔断了怎么办，最好的治疗方法只有通过实践和过失总结出来。类似不常发生的灾祸只有通过人的长久记忆去回想正确的处理方法，或者曾经有哪一次处理不当，两相比较，找到正确的方法。

的确，周围还有男人，不会因为生育问题而被逼上绝路，但他们的注意力似乎集中在别的事情上。老年妇女积累了大量生儿育女的知识，老年男子积累的是狩猎知识。因此，这种变化非常适合人类，一年一度的分娩不必延续到生命的最后一刻，那样只会缩短她们的寿命。任何群体中，只要出现了绝经期现象，就将比没发生这一现象的群体更适合生存。

这样一来，灵长类动物中只有女人出现了绝经现象，因为只有她们掌握了促进种族生存的办法，而办法与子宫无关。她们能够记忆，能够思考，能把记住的东西和思想拿来交流。

来自本能的排斥可能会造成某些不便（特别是与儿媳们），而对这种事情的"深知"会出现在交往了一段时间之后，因而不是非常重要的。但时至当今，大多数的女人都受过严格的训练，不会轻易冲动。另外，当一些狂妄的大男子主义者要武断地用雌性激素和身体的内部构造来给我们下定义时，他们可以参照几百万年前，由达尔文式盲目但公平的选择力量表现出的事实：女人的价值不能仅靠评价她颈部以下的部位来衡量。

让我们再回到性吸引的话题上来，看一看最新的情况。

几代人之前，人们会很自然地对待性魅力的减弱。从面带羞红的新娘转变成地地道道的母亲，这期间不过只有短暂而忙碌的几年，多数女人都会有八九次的怀孕经历。之后，她会真诚地祈祷这样的事情很快结束。即使是维多利亚女王也强烈地感受到一个人可以同时拥有众多美妙的事，如果有人喜欢她，她也是个可爱的妻子。总是有一群孩子围着你转，要你为他们操心，然后是孙子辈的孩子，然后，就可以安心地离去了。

现在的生活发生了巨大的变化，孩子越来越少，但比从前需要更长时间的经济支持。孩子们上学以后，母亲牵扯的精力越来越少，空出了大量的时间，而以后她的生命还很长。至于祖母，照料孙儿在过去意味着要重新发挥作用，是件大喜事，这一角色几乎必不可少，但现在完全不同了，至少在西方这十分真切。在一个以性为主、青春备受推崇的社会，一个42岁的"奶奶"面对自己的头衔内心会十分复杂。随着人口的外流、大家庭的分化，人们的关系要通过来自远方的电话、生日卡片来维系，再不会有壁炉边的神话故事，也不会有曼妙的摇篮曲。

我们经常看到，一个16岁的快乐女孩已经出落成"标准的美人"——长长的睫毛总是翻卷着，眼神经过"专业"的训练，看起来成熟性感，活泼风趣，所有的一切都使她更加优秀。和她接触的人可能会说："拥有美丽是件好事，但还要坚持不懈地学习数学，你也需要知识"，或者"同酬如何？"她的回答会直截了当。她明白青春不会永驻，她的情况就像处在发情期顶峰的狒狒，会不顾一切地堕入爱河，也会被人疯狂地爱恋，并从此以后过上幸福的生活。没有人会责备她，环境造就了她的认识和思想。

但到了三十五六岁的年龄，她可能会看一看自己的一周购物清单，上面的物品让她不置可否，有抗皱霜，有新上市的、起支撑作用的胸衣，因为身体已不像从前那样丰腴饱满。随着时间的推移，自觉不自觉地，人们对她的关注越来越少，因为标准的美人在性迷恋的社会中不会有片刻的轻松自在。

这一时期，那些熟悉的神经质症状便会显现出来，在经济发达地区更是如此。如果她的丈夫在参加竞选，她就不敢有半点怠慢，因为丈夫的形象可能因为妻子而蒙受损失，她至少要尽力装扮得更性感。从前，她只要做到忠诚、耐心、能干就完全可以应付；但现在，她的形象直接关系到他是否具有男子汉魅力，能证明这一点的最可靠办法就是在他身边有一个性感女人陪着，别的男人看到了会想:"这小子,很有一套啊!"此外,婚姻也不再像以前那样附有义务。如果他感到妻子在这方面让他大跌眼镜,他大概会通过其他方式重新找回自己的形象,很有可能在刚刚步入中年的时候就娶回一个比自己小十多岁的第二任妻子。因为男人不与女人等同而论,他的地位(性方面和社会方面的一样)即使到了35岁或40岁的光景,仍然充满了许多不确定性,也许还有提升的机会,包括权力、知识和财富。

美国是最早出现这种生活态度的地方,在其他地区,类似的现象还不普遍。美国也是妇女解放最早引起轰动的地方。社会变革的新潮流,无论好坏,似乎都在西方国家兴起。如果它们像所表现的一样,是因为财富积聚而产生,又因为性和爱早已被区分对待,那这样的行为极易传播。

"女权"一词经常出现在美国人的生活中,但最精彩的评论出自普里斯特利(J. B. Priestley):"如果(美国)妇女争强好胜、欲壑难填、专横跋扈,完全是因为她们意识到在这个不属于自己的世界上,一切都需要拼搏才能得到。如果她们把性当成了武器,那一定是情急之下所为。她们像生活在被占领国的臣民,被迫接受与自己的天性格格不入的价值观和道德标准……在一个社会中,如果有男人在晚上带着自己的妻子到外面去,拿出积蓄来付账观看另一个女人脱衣表演,那就说明在这个社会里男人可以为所欲为。"妇女"被迫以虚假的面目出现在世人面前,但这也同时反映出男人的幼稚,还没摆脱孩童、少年的虚幻与梦想。维多利亚时期的女性与成熟的男人保持着持久稳定的关系。失败的女人才脱下衣服取悦他人。"如果这种趋势继续蔓延,我们都将一败涂地。

没有人能够持续谈论这个话题,并像我一样不报什么期望地在最后一章大声提出:"我们必须怎么做才能亡羊补牢?"然后再给出一个圆滑的答案。不这样做的人可能会被说成是在逃避现实。我找不出圆滑的答案，也不太在意被别人指责是逃跑主义者，因为我强烈地感到，有几件事无论如何不应该做，我们最好还是先坐下来认真思考从哪里开始着手。

一定不能做的事包括：试图建立妇女运动的拟男性帮派，把所有的男人都看成是凶猛的猎豹，对他们充满仇视。有四条充分的理由不能这么做。

第一，按伯特兰·罗素的话说就是："爱最明智，恨最愚蠢。"恨是一把双刃剑，心怀仇恨的人自身失去的会更多。

第二，"男人是可恨的"完全是借口和谎言。只有2%～3%的男人对女人怀有歹心。只不过是周围的一切事情都在不断变化，男人有时也会对自己的角色把握不准，就像我们会犯糊涂一样。如果他们明白了所处的优势，多数人会趁机加以利用，当然，多数女人碰到机会也不会轻易放过。跳探戈需要两个人，让女人成为性对象也不可能由一个人完成。新闻媒体中，女人大多备受称赞，备受尊重，一旦为博取性感所做的努力没得到相应的"赞美"，她会认为非常屈辱。假如有的女人感到受了婚姻的欺骗，那你完全可以肯定，至少有同样多的男人也共遭厄运。每一个能够清醒认识到自己现状的女人都应该留意瑟伯的肺腑之言："我们都很现实，不抱任何幻想。"

第三，作为帮派机制，它已失去了往日的作用。多数女人并不轻易对它心存幻想。你可以提高警惕，大肆宣扬，但当你真正把手指向某个敌人，不少人又会说："不，不，他们不是猎豹。那个是邮递员，那个是我儿子，那个长着漂亮蓝眼睛的对我们非常好，去年冬天下大雪时还帮过我们。"她们一点没说错。

第四，如果帮派机制内部出现了问题，从前指向"敌人"的矛头转而指向"叛徒",这在我们恰恰不能承受。不管怎么说,多数女人的自信心都不强,当她们互相揭短时,一切都会变得糟糕透顶。全职妻子会为自己辩驳,因为她觉得有工作的人认为她的生活索然无味。有工作的人也会为自己开脱,因为感到全职太太会说她们的厨房乱七八糟,又忽略了孩子。丁克家庭的主妇会写信给报社为自己辩护,认为说她们自私是不公平的,因为她们更希望拥有自由,拥有一辆新车,还要继续干好事业。家里有五个孩子的妈妈们也会振振有词地争辩人口问题。如此等等,不一而足,我们还是暂且不提。

妇女需要解放的重中之重是应该从负罪感和一些错误的感情中解放出来,这些感情有的人予以承认,有的人会加以掩饰,还有的人会做出报复的反应。一个女人心绪烦乱可能是因为家里乱作一团,她会试图通过讥笑讲究家庭摆设的邻居而找回自尊,可居家讲究到底有什么错,假如换作你,又会怎样?保持室内整洁漂亮和职业园艺师保持花园的整齐美丽是一样的工作,并不意味着它更无聊、更没有价值。

任何想把女人"组成帮派"的企图都将面临同一个结果——注定失败,此外还会给她们的自尊造成更大的伤害。应该提倡她们回归到雌性灵长类动物那样难能可贵的自然状态,她们互献殷勤,经常为对方梳理毛发,这种行为在当今社会已经演变成会话的形式(因为现在的梳理形式也发生了很大的变化)。

当然,电话是实现多数这类会话的重要途径。许多男人对此百思不解,因为女人之间的谈话基本没有实质性内容。本来,信息传递并不是要进行通话的目的,它提供的是需求,是多数女人的基本需求,她们要减少心中的孤立感,就要通过与同性伙伴的友好交往得以认证。你可能会说"用两分钟的时间就可以对她讲清一切,反正你周五会见到她"，这样的废话愚昧之至，不亚于探究猿在梳理时为什么会数扁虱的个数。

这种活动只有一个坏处，就是它存在局限性，这种交流往往发生在一些生活经历相似的女性中间。比如，照料小孩的妈妈们、寡妇、离了婚的人、女强人，所谈论的不外乎母亲与十几岁女儿间的事，或十几岁的女儿与母亲间存在的问题。在这类人群中，她们能够找到共同语言，在出现不利情况时，互相鼓励，提高士气。真正想全面提高女性地位的人如果有机会，应该主动地把友爱送到这些被忽略的人群中。

这样一来，心中的积怨便会得以释放。正是看在这一点上，我才感到凯特·米利特的《性政治》(*Sexual Politics*) 有所不妥，我也不赞成另外几个妇女解放运动者对这个问题的论述观点。米利特的书写得非常高明，书中提到了主要的几位畅销书男作家，并详细分析了他们著作中描写的性幻想。可凯特·米利特的书要给谁看？她似乎要对女同胞们说："这才是男人对我们的真正看法，充满侮辱，令人厌恶。我们理所应当憎恨他们。"

我对此表示怀疑，怀疑这样的言论是否确实与政治有关系，抑或与现实生活有关联。我可以肯定，即便是诺曼·梅勒（Norman Mailer）先生本人也并未周游美国，并对偶然碰到的女性实施粗野的性攻击，虽然我从没见过他。显然这纯属子虚乌有，像描写男人的肥皂剧，里面出现的女人只是玩偶，并不是有血有肉的活人。写这些东西的男人在清醒的时候一定深明真相，并能正常应对，否则，应该把他们送到精神病院去。

我们姑且承认在一些男人的内心深处还隐藏着这类乌烟瘴气的东西，它们积淀已久，奇怪的是为什么一直没有消失，但看不出会比"杰克与豌豆"（Jack and the Beanstalk）更具有"政治"方面的意义。证实它们的存在应该非常容易,因为一些女性也有受虐狂幻想,无疑她们与"施虐狂"们构成了绝配,共同上演卧室里卑劣的游戏,就像约翰·奥斯本(John Osborn)在他的剧中所表现的那样。关键问题是这类不法行为中"温顺"的一方是否需要在清冷的黎明到来、曙光照在新地毯时离开,或她是否会强烈感受到什么。我怀疑她不会,任何一个穿着长筒靴的"驾驭型"妓女都会把额外几千美元的费用强行加在她那不正经的客户身上。梦幻世界的一切不会对现实生活产生任何影响。

如果我们不主张憎恨,那应该提倡什么呢?摆在面前的有三个选择目标。首先是更强的自尊心,尤其是对那些以前受压抑的人群。我至今记得皮埃尔·杜鲁多(Pierre Trudeau,加拿大前总理)在面对一群年轻女性时的场面,他称呼她们"姑娘们"。她们告诉他,最近已经荣幸地长大成人了,不再是小姑娘。这让他略感惊讶,怔怔地愣了一会儿,想找到委婉礼貌的恰当词语称呼她们。"哦——女士们?"他试探着说。"我们是女人。"她们回答,那样子非常自豪,就像有人第一次大声地说出:"黑人也很美。"

其次,经济上独立。因为在每一个女人自信可以自食其力之前,我们永远不能完全消除男人的疑虑。当我们说"我需要爱,想保持长久的关系"时,那可能真正意味着"我需要饭票,想让你工作,我的后半生要靠你养"。我们不必把这理解为分工协作式家庭的结束。假如一个男人希望妻子待在家里,扶养孩子,而又发现她真的只想这样做,那再好不过了。只要他暂时确信这就是自己的需求,就像花钱消费一样;只要她停下手头的工作,问自己一个重要的问题:"开始,我要养育子女——那以后呢,以后会怎么样?"因为"以后"可能会持续40年的时间,她可不希望自己的生活虎头蛇尾。

第三，确定少生孩子，如果她不情愿，一个也不要。这不仅对妇女很重要，对所有人都一样，因为人类应该享有不可剥夺的权利，坚决不降生在不欢迎他的母亲那里。如果真能实现这一点，那每一位女性都可以自由选择是否生儿育女。

上帝用古老寓言的形式说："把你想要的拿走吧，不过，要付出代价。"如果她希望有儿女，就会不惜一切代价，当然代价也会非常高昂。她可能要花几年的时间扶养孩子，可能这期间在经济上要依靠他人（大概是丈夫）。如果她不愿意依靠他人，就有可能一贫如洗。

还有可能是，女人希望生育孩子，但会把大部分的工作让别人来完成。这并非不可能，只要她足够幸运，资金充实，赚钱能力强，或是嫁给了一个富有的丈夫。她有资格大呼小叫，抱怨连天，竭尽全力让大家都知道她所做的对社会有多么重要，应该多拿出些钱让她把工作做得更好，效果更显著。她还会联合其他妇女，结成合作小组或其他形式的团队，那样做起事来更轻松，直到上上下下都听到她的倾诉。如果她自己想要小孩，那她有权利、有责任选择嫁给一个也想要孩子的丈夫，并敦促他主动帮助自己。

一旦再也不会出现"意外"，那每一个孩子都是理智选择的结果，那她唯一要做的就是把孩子生下，不久以后就会哭哭啼啼地说："看在上帝的份上，谁来帮帮我？"如果我们采取更有效、更安全的避孕措施，可以按个人要求自由流产（我认为必须如此），我们必然要面对道德问题。做不做母亲可以自由选择，不是强制性的。如果有人认为付出的代价太大，她完全可以拒绝。从这一点讲，对孩子的绝情莫过于此，责任就此结束。从母性的角度来说，如果我们逃避做母亲的义务，就会失去所有的信誉。

婚姻又会怎样？激进的妇女解放运动者似乎喜欢攻击已有的传

统。我不明白为什么这还要有"一定之规"。当我们想过一个人的轻松生活，许多人会严令我们必须结婚，然而糟糕的是还有许多人会告诉我们一定不要结婚。的确，正如奥斯卡·王尔德在总结妇女们的夸夸其谈时说，结不结婚当然应该由姑娘们自己做决定。

不管怎样，婚姻还会长久地存在下去。舒拉密斯·费尔斯通曾哀叹："人人都在诋毁婚姻，但每个人都要结婚。"对此最经得起考验的一句话出自约翰逊（Johnson）博士之口："婚姻并不都是痛苦的，至少比生命本身快乐。"要两个不同性别的人永远密切地生活在一起又不产生摩擦太过苛求。不过，与任何一个人这样生活都不容易，包括同性的人、孩子、父母、兄弟或者同事，以及继子、群居村民（群居村的失败率至少和婚姻的失败率一样高）。最难的应该是独自一人生活在空荡荡的房子里。

一旦性更加自由开放，男人就没有了过多的后顾之忧，他们会急切地寻求挣脱婚姻"牢笼"的方法。但从生理的角度来讲，还是有家更好，一切随手可得，也不必到外面去风里雨里随处漂泊。此外，尽管他们不承认，但从心理上对稳定关系的需求和女人一样强烈，甚至超过她们。加利福尼亚州的伯克利心理研究所做过一系列的研究，一个小组的研究报告称："大众对婚姻的观点是，女人是受益者，男人是失败者……我们曾试图寻找一种结果，即那些摆脱婚姻的男人比婚姻失败的女人状态更好……事实恰恰相反。更多的单身男人比单身女人（事实显示）状态更糟，不幸更多，表现出严重的精神不健全和对社会的敌对倾向。"

因此，婚姻（或者与婚姻本质相同，形式不合法的关系）注定要存在下去，除非那些认为它是地狱的人找到了充足的理由，可以回答："和什么相比它是地狱？"我从来没见过令人信服的答案。

可是，一旦妇女获得了平等的权利又能够独立，婚姻（甚至性）还能继续存在吗？丽鱼的生活方式对此提出了质疑。这种鱼很像是"心理受挫"的男孩。其表现形式为，雌鱼不与雄鱼交配，除非雄鱼具有进攻性、好战并强悍；如果雌鱼不表现出胆怯、奉承，雄鱼不会做出任何反应。其结果似乎暗示，如果妇女获得了平等，我们可能会惊恐地发现男人不再具有阳刚之气，这是我们从心底里不希望得到的结局。

我们很少会想，人类不是鱼而是哺乳动物，心理受挫的现象在哺乳动物群体中屡见不鲜，只是表现形式大不相同。在绝大多数哺乳动物内部，唯一能使一个雄性动物心理受挫的是另一个同类雄性动物，而且非常简单，只要在公开的搏斗中打败对手就能实现。在对灵长类动物行为所做的研究中，这类现象一次又一次地被证实。牛的例子最为典型，当公牛逐渐变老，再不能与牛群中所有的母牛配种时，它们会找来几头小公牛帮助它。大公牛先是向它们挑战，和它们斗，再把它们打败，这种结果一方面导致落败的牛在心理上受挫，另一方面让胜者获得了雄性的活力，它又能信心百倍地回到它的"后宫"之中，与留下来的妻子交配。在非交配期，公牛会继续四处吼叫，像亚历山大在寻找要去征服的新世界一样。一味要玩丽鱼游戏的男人常常抱怨自己在心理上受挫，因为妻子不太听话，还会追问他最近办公室里的事情，其实这完全不必大惊小怪。

要想找出真正的答案，倒也没必要到动物王国中去寻求例子。在苏联，很久以前妇女就已享有经济上的平等权利。他们的医生和教师中，75%是女性，女技术人员占58%，女工程师占三分之一，而在经济学家中的比例则高达63%，她们几乎占据了科学家和律师的一半，所有行业的女性都与男子同工同酬。我常听到来自西方世界对俄罗斯平均主义的抨击，但却从没有人称俄罗斯男人都是娘娘腔。

最后，让我们展望未来，我想把进化史上最早出现的和最近出现的联系在一起，同时探讨，这两者分别是——达尔文和避孕药。

人们大谈特谈避孕药给社会、性关系、出生率等带来的作用，但令人奇怪的是，很少有人谈到它对遗传的影响，已经提出的大都已在1984年开庭时讨论过，关于国家会朝着哪个方向发展，应该允许什么样的男女生育的规定，还有国家希望什么类型的公民生育后代。

人类的繁衍还会继续下去，就像恐龙时代以来所发生的一样，甚至可追溯到更早，它是自然选择过程的结果。可避孕药却给自然规律带来了极大的混乱：其一，它意味着自然选择进化的作用可能朝着某个方向飞速发展；其二，人类类型的细微差别将被下一代的父母"选择"出局。

假设一些妇女身上携带着某种遗传基因，她们比其他人更适合生育后代。这样的基因已在前面的章节中提到过，被称为阶层和文化差异，大概就是如此。但几乎可以肯定，还有另外的遗传因素。比如，一些家禽种属比其他物种更倾向于"母系"，这一倾向因为有了选育而大大增强。农民不会再让母鸡坐在一窝蛋上孵化小鸡而停止产卵，他会购置孵卵器，并能用它鉴别哪些鸡"有繁殖力"，直到最后彻底消除家禽孵化的行为——"抱窝鸡现象"。如果经济利益需要，他也完全可以反其道而行之。

如果退回到丛林、海洋或是草原，一个女人若是缺乏母性，就无法捷足先登，使自己这一支代代相传，香火永继。她可能会继续生儿育女，但对孩子缺少关爱，缺少耐心，往往忽略他们的成长。很多孩子会夭折，存活下来的也不会成为统治者，她不会多子多孙，当然不排除有的孩子也可能在其他女性的护佑下健康成长。这种情况对非母性因素非常不利。它不会彻底消亡，但影响会越来越小。

文明社会进入到20世纪，一切都发生了巨大变化。不想要孩子、不喜欢孩子的女人也可能儿女成群，因为她们会堕入爱河，会希望拥有一个家，需要有安全感，还需要在家庭中占据一定的地位，孩子是这一系列活动中的一个部分。孩子们面临的危险越来越少，不太可能再出现因母亲失职而造成的孩子夭折，或因饥饿而死亡的现象。在经济发达地区，一个女人生了孩子由另外的女人扶养的情况也很多。一个女人一点儿都没有母性却又生了一大堆孩子也完全有可能，她的家族人丁兴旺，处于统治地位，特别是在上层社会。有理由相信，既然这样的女人尚且拥有了后代，那"抱窝鸡"现象就不会被淘汰。

如果我们遇到这样的情况：一个女人既可以享受性爱，又不必担心怀孕，因为孩子可能会妨碍她追求更重要的东西；保姆奇缺，雇用他们可谓极其奢侈；人口学家又在大肆宣传不生育对人类有好处。在这种环境下，女人趋向于少生孩子甚至不生，她会选择放弃生育。这种苗头来势汹汹，当进化的过程走到今天这一步，生育与否只应该由遗传因素所决定，这样她的后人才有可能得以存在下去。不生育像悬在人类头顶的铡刀。身为母亲意味着一定的社会"地位"，如今，这一传统风雨飘摇，最近更是破天荒地受到了直接攻击。那么从今以后，只有那些非常喜欢孩子的人才会生育，其余的将在一代人之后自行消亡。

150年之后，人们在读到我们的恐惧时可能会很惊讶，避孕药的结果是令女性失去了女人的功能。他们的女人都是祖母或曾祖母的后代，只有这些老一辈的女人才有活力四射的雌性激素，孩子对她们来说比生命中任何其他的东西都重要。

物竞天择对男性的影响也并非一朝一夕。冲动感性、具有唐·璜性格的人在过去的乡村随处可见，现在也发生了改变。他可能还会四处流浪，野性难改。但类似的人在下一代出现的概率会越来越小。这种类型的人最终是否会销声匿迹取决于他的基因中是否有遗传因素，或看它是否只是单纯的心理缺陷，对此，我们还不能妄下定论。

过去，女人们挑选丈夫的条件很多。外表是首先考虑的一条，这也是正确的，因为它至少能看出一个人的健康状况。另一条是做一个"养家好手"，这也没有错，因为它至少暗示着智力水平。对贵族来说，"传宗接代"尤为重要，但从遗传的角度看，这最不明智，因为贵族的名分既不代表身体健壮，也不代表智力超群。但在文明社会里，这一切的遗传作用都微乎其微。因为我们和大猩猩、狒狒不同，是一夫一妻的，"配种雄性"的特权根本不存在，能否成为父亲与漂亮、聪慧、高贵或权威性无关，只要你最终拥有了婚姻，孩子一般都会应运而生。

将来这一切可能会发生改变。真正的"无产者"家庭（毫不夸张地说孩子是他们唯一的财富，是妇女地位的唯一象征）正在逐步减少，女性的"优雅"方式（能多渠道地从生活中获得乐趣）越来越普遍。在两性平等的思想深入人心的地方，比如莫斯科，出生率迅速下降，这并不是因为国家从生态的角度进行鼓励——当局不会从中受益——而是因为更多的妇女有了更多的选择机会，她们会根据自己的意愿做出决定。

在俄罗斯、斯堪的纳维亚半岛和其他地区又出现了另一个趋势——对有独立见解的女孩来说，她们决定生育孩子却不要丈夫。显然，她们觉得丈夫比孩子还要麻烦。

如果这两种趋势都继续发展下去，那选择丈夫的过程便首次具有了遗传意义，那些只要孩子不要丈夫的女人毕竟做出的是冷静、理智的决定，大概不会不假思索地为孩子选择父亲："如果孩子能长得像他，我就很满意了。"假如15%的女性决定走这条路，放弃婚姻，那余下的85%会有更宽的选择面，更能够通过比较而决定。孩子可能不再是女性激情过后的产物，她既会享受性爱，也会为此付出一年左右的时间，在与孩子建立起良好的关系之前，她仍需要等待、观察和这个男人的关系能否和谐长久下去，这种考验不同寻常。这样的关系对男性的性需求较少，对善意的爱心需求较多，具有这种品质的男人会大受欢迎，他们会有助于培养孩子的意志。

总之，随着避孕药的出现，妇女开始自己控制生育，她今后会用它做什么，我们无法预见，但她绝不会成为公牛一样的人，因为自己比别人优秀而无止境地繁育后代。

也许对未来的人类来说，统治行为和进攻行为的极端表现形式在进化过程中会大打折扣，假如事情果真如此，他会选择逐渐放弃，就像很久以前，毅然褪掉了自己的体毛一样。

在最初的几千年里，他会有异样的感觉，因为和我们相比，缺少了那些他会不习惯，但他经历过比这更残酷的现实并存活下来，他是上帝创造的所有动物中最神奇的一种，也是世界上绝无仅有的骄子。我们需要做的就是张开热情的双臂，大声说：

来吧，生活无限美好！

后记（1985年）

这本书写于14年前，当时的情绪极为亢奋。从那之后，不论是女性研究方面，还是进化论研究方面都有了长足的发展，但我还是抵制住重写它的诱惑。我担心这会破坏掉一些精华，益处无多，得不偿失。本书曾删去了一章，这一章以科拉德·洛伦兹的论点为基础，他认为除了智人以外，所有的物种在攻击同类的时候都有一种内在的制约。但看过珍妮·古道尔的文章后，我开始怀疑它是否正确。古道尔描述了黑猩猩会相互偷盗幼崽，有时还会吃掉它们。

本书刚出版时，畅销世界各地。我收到了几千封信，最初的信件大多来自女性读者，她们都深受触动。当时的妇女运动风头正劲，我很荣幸自己在那场持续不断的革命中略尽了绵薄之力。几年过去了，与女性有关的书籍已由涓涓细流汇成滔滔江河。《女人的起源》没有再版，我收到的信件越来越少，关注的问题也有所改变。近来，读者纷纷询问："水生理论有什么进展？"这篇后记意欲对此问题做出解答。

本书的刊印在三个方面发挥了作用，它们既有即时性，又有长远性。第一个作用是使哈迪的理论获得了新生。时隔 16 年，他的水生理论如石沉大海，多数听说过它的人现都已将它忘记。哈迪本人也确立了另外的研究课题，并将全部时间都投入其中。似乎没有人表现出要捍卫这一观点，那需要有人挺身而出，既能在精神上给他支持与鼓励，而这个人又身处局外，不会计较得失，我的情况恰好如此。

第二个作用是，在当时，所有的书籍都把史前人类的经济模式称为"狩猎经济"。人类学专家们很清楚，这样的冠名有所不妥，但只有很少一部分人了解真相。科普作家们使用这一名称也确实没错，但从字面来看，它必然引起妇女们的强烈不满，因为她们明白事情的真相。从那以后，才出现了标准的称呼法"狩猎－采集经济"，我想本书对促成这一改变起到了一定的作用。

第三个作用虽然谈论得很少，却意义深远，它的影响至今依然存在。1972 年，还没有人研究智人因为什么而褪去了体毛。有人认为是为了追逐猎物时感觉更凉爽，这实际上已经是老生常谈。没有人对此提出挑战，找出它的漏洞，它成了家喻户晓的理论。1972 年以后，人们在处理事情的时候非常谨慎。新的教科书在讲到进化时对重复的旧观点表现出迟疑，因为大家已经失去了信心，但也并没准备用水生理论取而代之。所以有几年的时间，一般的对人类进化的描述——包括一些权威性的电视系列片——都对整件事情采取回避的态度。他们探讨另外的从猿到人的变化——使用工具、脑容量增大、直立的姿势等——没有一句提到人类身体的无毛现象以及出现这种现象的原因。好像一夜之间它成了烫手山芋，恰似我们日后所见，对这一难题正解的探求历经了几个重要阶段，至今仍在继续。

最初对《女人的起源》的批评意见非常中肯：它打着娱乐的

幌子，实际却是在诱导。没有书评家对水生观点的正确与否提出看法，他们大都觉得那多半是无稽之谈，但不管怎样，谁也不立即表态，大家都在等待专家的定论。

有一位期刊的评论员直到最后一刻才把他的稿子拿出来，他一直期待有权威人士可以直言不讳，用科学的铁证粉碎这些无法令人信服的推测，但始终没有人站出来说话，于是在专栏的末尾，他说出了自己的观点，认为大家都"太客气"了。

十年后，所有的赞成水生理论的论据仍然没有得到验证，我也收到了一份同样的解释，而且措辞完全一样。它来自一位年轻而热心的大学生，他说："你知道，他们都太客气了。"也许这是对的，也许在科学大观园的某块芳草地上，牢牢地锁着对水生理论犀利的驳斥，钥匙由科学的圣洁骑士加勒哈德们日夜看守。按照骑士团的规定，骑士的原则是坚持不反驳一位女士比坚持真理更重要……这一说法听起来冠冕堂皇，但我却一个字也不信，这明明就是借口。

对于此书，首先应该说清的是我所从事的专业不太对口，我主修英语文学，为电视台创作剧本。但是，能写出虚构小说的作家并不表明不能进行精确的观察和逻辑思考。比如，曾经有一位生于1866年的年轻作家深深地迷上了地衣，经过几年的潜心研究，她得出结论，地衣一定是真菌和水藻的共生体。她现已去世，但当她在邱园（英国皇家植物园林——译者注）公布研究成果时，发现自己只比别人提前了一步。这在当时，对一个植物学家来说或许是难得的好运，她会庆幸没有过早地放弃自己的想法。想象一下，那些杰出的人物竟被要求接受这样一项新的科学发现，而他们自己都是有着这样那样发现的权威！这简直是冒天下之大不韪……

即便如此,任何对地衣发现的反对意见都没持续很长时间,因为它不过是在人们已知的科学知识大厦上添砖加瓦罢了,不会有人感到有什么威胁。真正搅得天翻地覆的是那些对老一辈们毕生研究全盘否定的创新者,他们说:"真理既简单又显而易见,当你听别人说出时,会恨自己为什么没早点发现。"(实际上,提出新理论的人更容易招致嫉恨。)

达尔文就是这样一个创新者,他的经历提供给了我们一个活生生的例子。从以前的事例中我们可以看出,思想活跃的科学家和偏执的教会人员之间总是出现分歧,但这一次却是例外。最早对达尔文进行刻薄斥责的人来自科学界内部,其中有亚当·塞奇威克(Adam Sedgewick)和理查德·欧文(Richard Owen)。欧文是大英博物馆自然历史部的主任,在英国享有一流生物学家的盛名。他对达尔文著作的反应十分偏激,实际上,是他强烈要求威尔伯福斯主教于1860年6月在著名的牛津大学召开了辩论会,而他提供给主教的科学信息都已陈腐不堪,没有任何价值。

比较新近的一个例子表明,20世纪的科学工作者仍然没有摆脱人性的弱点。1912年,地质学史的重大事件——大陆漂移学说——诞生了,它是由一个名叫阿尔弗雷德·魏格纳(Alfred Wegener)的德国人提出的。20世纪20年代,他的关于这一主题的专著用五种语言出版,十分畅销,特别是在英国。很多非专业人士在看过书后都认为事实基本确凿,只等着看事态如何发展。

人们等了很久。当时世界上最大的地质学会——伦敦地质学会对这一说法置若罔闻,既不发表意见,也不刊登评论,更没有组织辩论会。这完全是本能的反应,他们根本不想去了解。魏格纳是何许人也?他连地质学家都称不上!他只是个气象工作者,他们认为鞋匠就应该做好自己分内的事。[与此同理,格雷戈尔·孟德尔[①]神父应该好好做他的祈祷，不应该奠定现代遗传学的基础；华莱士（A. R. Wallace）也应该继续研究他的标本，不应该与达尔文并驾齐驱致力于自然选择的理论；动物学家阿利斯特·哈迪更是不应该闯入人类学家独占的禁区。]

再后来，地质学会以静制动地坚持着他们的一贯策略，他们声称对魏格纳的说法已经有了答复，因为杰出的剑桥地球物理学家哈罗德·杰弗里（Harold Jeffreys）认为，魏格纳的说法论据不足，他是在为《地球》(The Earth) 一书所做的附录中说这番话的。这理应平息了整个事件。

但当时的报道清楚地表明这种拒绝非常缺乏理性。物理学家布拉格（W. L. Bragg）在曼彻斯特召集了一个会议，专门讨论大陆漂移说，结果收到的意见令他左右为难。"当地的地质学家群情激昂，简直无法用语言描述他们的冷嘲热讽，他们认为这一理论荒谬至极。"在这一理论首次提出后的第25个年头，他们的态度仍然没有改变，报刊书籍还把大陆漂移学说看成被戳穿了的谎言。又过了25年，它却成了地球历史所有观点学说的奠基石。

这一切并不能对水生理论提供任何依据，也不是在主张什么。但它提醒我们，一个权威机构不论多么具有权威性也不能对一种理论草率地盖棺定论，更不能用客气的讨论掩盖真相。新理论可能会被那些想当然的人、找理由抵制它的人、跃跃欲试发表言论的人所扼杀。所以下一步我们要列出那些反驳哈迪理论的理由。

1972年，有人对本书迅速做出了下意识的反应，这令人不可思议，因为他们甚至连书还没看到。一位人类学家自己也曾出版过

[①] 格雷戈尔·孟德尔（Gregor Mendel, 1822～1884），奥地利遗传学家，孟德尔学派创始人，原为天主教神父。1865年发现遗传基因原理，总结出分离定律和独立分配定律，提供遗传学的数学基础。——译者注

相关内容的书，有记者打电话给他，请他对书给予评论。他解释说，摩根的书没有必要看，他很熟悉哈迪的理论，没有太多的新意，几年前就已经有了定论，哈迪的一切早已被驳倒。也许他相信自己说得正确，也许他认为在什么地方看过相关的文章。他的言论得到过不少人的支持，那些人无一例外地对他深信不疑，但当被问到时，却没有人记得所谓辩驳文章出自哪里，又出自何人笔下，更无法列举出其中内容的一二。

罗伯特·阿德里在接受一份报纸的采访时，记者问他对《女人的起源》一书有什么看法，他表现出不屑一顾的态度：当然，没有人会把它当回事。他还说，伊莲·摩根显然用心看过我的书，但除此之外，她好像一无所知。德斯蒙德·莫里斯一直保持沉默，几年之后，在他所著的《图鉴人类行为》（Man Watching）中，用了五页的篇幅谈到哈迪的水生理论，公开称赞他的"伟大推测"。他是最早走出空谈，用这种方式表达自己心声的人之一，虽然还算不上确信不疑，至少对它敞开了大门。

电视直播节目制作了一些奇怪的辩论节目，在美国电视的一次讨论中，针对哈迪有关胎儿体毛问题的观点，一位教授大胆地说，要达到这种效果，胎儿必须"在羊水中一圈圈地游泳"。他没有说明这神奇的小东西是如何自行挣脱脐带的束缚——因为所有未出生的哺乳动物都悬浮在羊水中——也没说明为什么只有人类的后代应该在没出生前就做这种回旋运动。当采访者问到他体毛的消失时，他很有把握地说，已经有人对此做出了令人信服的解释，但他一时想不起具体的内容和做出这种解释的人，我后来才明白，这样的内行纵然因为我是女性而手下留情，也足以轻易毁掉水生理论了。

我曾不止一次看过人们关于贝丘的讨论文章。"如果史前的人都能潜水，那我们早就找到贝丘了。"据说，他们不能潜水的意义重大。然而，在后来得知发现了史前的贝丘时（在阿马塔①），不能潜水的意义突然消失得无影无踪。它只证明一些直立人已经能够潜水，那又有什么奇怪的呢？又有谁想否认这一点？

随着时间的推移，那些 20 世纪 70 年代的人们有着一致看法的科学资料也得到了修正。比如，罗伯特·阿德里向我们描绘的上新世炎热、干旱得骇人听闻。现在我们了解到那幅景象有些夸大的成分：当时的气候的确十分干燥，致使森林面积减小，出现了草原，但还不至于迫使怕水的猿逃到海里。有人问："这难道不会让整个理论崩溃吗？"

不会，因为与这些知识同时出现的还有对日本短尾猴的深入研究。短尾猴自己学会了下到海里，既不是害怕猛兽，也不是被干旱所逼，它们的动机只是想清洗食物上的污渍。研究人员想研究它们的群体交往，便把食物放在了岸上。短尾猴们（像浣熊一样）很快就发现，把它们放到水里去是最有效的清洗方法。有人对此做了录像，它们下到齐腰深的水中，直立起身子清洗食物，然后拿着它们回到岸边，用两条腿行走，和哈迪想的完全一致。莱尔·沃森（Lyall Watson）教授曾在非洲东海岸的一个入海口处住过一段时间。他认为，几百万年前，来自内陆的猿大概就是从那里以同样的方式开始适应水中生活的。

利昂·拉吕米埃（Leon P. La Lumiere）在华盛顿特区的海军研究所工作，他提出了另一个建设性的观点，似乎更有说服力。他对

---

① 阿马塔遗址位于法国的地中海南岸。20 世纪 60 年代晚期，法国古人类学家德鲁雷（H. de Lumley）在那里发现了柱础和椭圆形石头地基，还有用火遗迹，显然是古代的临时住所。用火遗迹经鉴定，年代是 40 万年前。遗物中有骨器，其中有一把骨锥，显然是用来缝兽皮的。遗址地面上有一些凹痕，显示出当年人们坐卧在兽皮上的情形。还发现了石器，其中的一个飞枪头是用距离它 48 公里以外伊斯特尔地区的火山岩做的。——译者注

非洲东北部的地质史做了大量研究,之后把水生理论和大家熟知的洪水期联系起来。那块陆地的大面积地区都被洪水淹没,并在海平面下沉寂了很久。拉吕米埃提出,有一个很特别的地方,现在被称作达纳基勒地垒(Danakil Horst)。它地势较高,但从前一定是个岛屿,在这里发现了一个猿的种群,洪水过后,高地成了孤岛,与世隔绝,猿被迫适应新的生活方式。

这一说法在三个方面引起了人们的兴趣。首先,我们现在明白了人的遗传方式与猿不同,近来人们更倾向认同这一点,所以人与猿之间的各种差异一定是在相当短的时间内产生。这是一条进化规律,最好的例证来自达尔文对加拉帕戈斯群岛雀科的研究,在这些群岛上,物种的进化速度比其他任何地方都快。

其次,根据我们对当时气候和植被的了解可以想象达纳基勒岛上的情况,岛的周围一部分可能被盐碱地和半淹没的森林包围。确切地说,这一地区就是现在的加里曼丹岛,我们在这里找到了唯一现存的适应水中生活的灵长类动物——长鼻猴。

最后,拉吕米埃的理论之所以引起人们的关注,原因是它解答了困扰人们很久的问题:如果这些灵长类动物非常适应近海或海中的生活,那么为什么又离开了?地质记录显示或许事情刚好相反:它们被曾经游弋其中的那片海域遗弃了,大海在非洲炎炎的烈日下渐渐干涸,最终沧海变桑田,留下了储量丰沛的盐矿。

另一个推断也已经落后了,它与化石断代时间的跨度有关。在我写作本书时,人类学家界定的化石记录年代有个"1000万年的断代",指的是从最早的类人的化石距最后的类猿腊玛古猿化石之间的一段时间。随着更多发现的不断问世,这一断代的时间得以缩短,目前只有 500 万年左右,甚至更短。铁的事实摆在我的面前,有人问我是否还敢说,在那么短的时间之内,我们的祖先最初是半适应水中的生活，后来又重新适应陆地生活。

我的回答是，看到时间缩短为 500 万年我很高兴。但人类与最近的亲戚——类人猿之间存在的巨大差异无法缩小，这些差异进化的时间越短，我们越不可能在全部那段时间里与现在草原上生活的黑猩猩有着共同的栖息地，而且两者之间除了饮食习惯上稍有不同之外，再没有任何区别。那段时间越短，促成我们从有毛的猿变成独特的人对环境急剧变化的需求就越大。

在科学工作者中，最先对这一理论给予密切关注的自然是年轻一代。本书面世以后，有些莽撞的大学生便开始质问书中所讲是否毫无价值。现在，在某些大学里，他们得到的回答是："也许。"但我们要说的是，这种恼人的话必须停止。一位人类学家在文章中大发牢骚，他说每次研究会上都会出现这样"捣乱的"蹩脚学生。

想让这些各持己见的学生三缄其口也不难，尤其，当你是著名人士，受人景仰，并咄咄逼人的时候。那时候，没有人愿意被看成傻瓜。所以，一两个人类学方面的大腕儿对时下出版的书可以随便做出些权威性的评论，学生们就会毫不怀疑地当作正确的意见全部采纳。有些评论属于意料之中，例如，斯蒂芬·杰伊·古尔德（Stephen Jay Gould）总结说："伊莲·摩根的《女人的起源》是史前人类推测性的重现，完全出自女性的角度，它和男人写给男人看的著名的夸张故事一样可笑。"

这些话至少还算公正，还可以接受，因为古尔德从来没抵制过女权主义，而且这听起来像最终的结论。从这一点讲我应该完全接受，认为这个来自圈外人所说的一切都正确，我应该认输。但有两点让我不能这么做：一是个小问题，另一点却非同小可。

我暗自思忖的小问题是，他所说的给男人看的"著名的夸张故事"确切指的是什么？大概是我批判的那些——所以他的意见可能与我相同。那为什么同行们没有一个站出来对那些新面世的书做出类似的警告，说一句："你一句都别信。那不可笑吗？"我想，可能的答案是："他们不在意是男性至上还是女性至上，他们担心的不是性别歧视，而是哈迪的观点。"他们满足于那些"过激的言论"，即使明知那是一派胡言，因为它能掩盖事实，危害不到他们多少年来持有的观点。他们之所以对水生理论的说法表现出焦躁不安，是因为它推翻了过去的一切。

非同小可的问题是，如果泰山派对人体的无毛现象、体内的脂肪以及双脚行走等的解释都是滑稽可笑的，如果哈迪派的看法也很可笑，那为什么他们不直接给我们一个不可笑的、一次性把所有问题全部解决的解释呢？

答案是他们做不到，他们一种解释都没有。非常清楚，世界上的未解之谜比比皆是，它们是科学的原动力。当初，这些人就应该把令人振奋的挑战呈现在学生们面前，应该对他们说："自然界的谜还很多，虽然我们没有找到答案，也许你们这一代将会成功。"然而，他们所谈的一切似乎都已真相大白，无疑那是误导。也许是无意之举，并没经过深思，但误导已成事实。

我开始意识到，将水生理论与女性主义放在同一本书中，再加上它的写作风格["活泼"（chipper），语出《纽约客》]，这一切都让那些权威人士有机可乘，让他们根本不需要找出理由就可以轻易地做出结论。这种结果在很多方面都表明，我所做的一切对哈迪的理论只有害处，没有益处。我知道说这些话毫无意义。来自全世界的反馈意见证明，在过去，水生是一个无人过问的词，现在又起死回生，火了起来，不同领域的专家（儿科专家、皮肤学专家、海洋生物学家等）在思考它，研究它是否与自己所属的专业中未解决的问题有关。

我决定把水生理论单列出来，重新加以论述，这一次决不能再让人轻视。于是，《水猿》（*The Aquatic Ape*，1982）一书诞生了，哈迪爵士为该书写了序言。书中的论述保持中性、新颖，风格绝对不"活泼"。这个时候，又发现了新的非洲化石，以及类人生物双腿行走的足印化石，只是没有使用工具的迹象。因此，权威人士放弃了从前的观点，不再认为双足行走是手执武器带来的结果。人们对婴儿游泳、人类的潜水和海豚都有了更深入的了解，非洲东北部新发现的年代最久远的化石表明最早的人类已经出现。利用蛋白质确定年代的方法也已经引入科学界，这使我们更加坚信人类与黑猩猩间的差别不是在丛林或者草原上经过 2500 万年逐渐进化而形成，而是在那 500 万年的化石断代期间，经过了快速的裂变而产生，具体的原因还是未知数。

总之，那时就迈出了这一步，表明了第三种假设，可以用来诠释人类的独特性。它的特征就是幼态持续现象——在成年的生活中保持着幼儿的特点。未出生的黑猩猩身体无毛，新出生的黑猩猩和成年的相比，面部更平，更像人类，还有更多其他的略微相似之处。这些相似的地方表明人类也许既不曾是狩猎的猿，也不是会游泳的猿，而是一种彼得·潘式的类人猿——永远长不大的猿。然而，这一理论使人了解了一种机制，通过它，可能产生一些重要的变化，至于为什么这些变化是必需的、为什么会适应，又为什么只局限在一个物种中并没有太多的理由。

《水猿》详细比较了三个现象（热带草原、幼态持续、水生），再版了哈迪的论文原稿和拉吕米埃的达纳基勒理论。书中所采纳的一切明显地表现出谨慎的态度，至少，它没有成为众矢之的。现在，一部根据此书内容所制作的电视片正在拍摄中。

与此同时，阻止学生们追问他们身上为什么没有毛的运动依然如火如荼。幼态持续显然没有发挥作用，因为几年前，有人曾虚构出老一套的专业回答——人是有毛的。这种观点认为，人类身体表面毛囊的数量和黑猩猩的一样多，体毛的数量也相同，所不同的只是长度而已。如果确切的数目已经改变，而争论仍在继续，那就需要做出一种新的解释，但仅仅长度不同从进化的角度看完全可以忽略不计。

我奇怪，达尔文为什么会被长颈鹿的问题困惑已久。但凡他能想到去数一数，就会发现长颈鹿脖子的数目和斑马的丝毫不差，那就什么也不需要进一步解释了。

我现在听说了这种滑稽的"毛囊"说言论，渠道不止一处，从公共讲台到电视，再到那些人云亦云、年纪轻轻的人类学学生之口，辅导老师们已把自己的观点灌输给他们，他们就认为那完全正确。然而，它显然歪曲了事实。没有人站出来大声说，妇女脸上毛囊的数目和男人的一样多，怎么没长出胡子。他们之所以得逞是因为我们对自己的模样太熟悉。假设一位动物学家碰到了一群无毛的熊，赤条条的如同好莱坞的小童星，有人让他对此做出评论，他大概不会说："太有意思了。它们的鼻口部和最相近的物种相比要短，牙齿上的珐琅质更厚。我看不出还有什么更重要的差别。"如果他确实那样说了，那我们应该明白，他如果不是傻子，就是在愚弄我们。

自然，不是人人都赞同毛囊的说法。当传统的理论被逼无奈，节节后退时，他们使出了看家的本领，其中不乏一些有力的回击，例如，极力讽刺所有的进化演变都可以用适应性来解释的观念，他们强调其中有些变化纯属偶然，由随机的突变而来。（不幸的是，没有一条硬性规定用来区分哪些是随机变化，哪些是自然选择的结果，在这个问题上，专家希望我们能够接受他们的个人判断。）

只参照一些偶然事件没有说服力。突变在所有物种里频繁发生。如果它们从生存价值①看是中性的（既不表现出适应，也不表现出不适应），那它们无关大局，会延续下去，存在下去。但这些情况都是边缘问题，一般都是最微不足道的偏差，非常罕见，如同扔硬币时结果是直立状态，而几乎所有的随机突变不是正面就是反面：如果它们对出生时的栖息地表现出不适应，就会被自然选择所淘汰；如果适应，自然选择处处对它们有利。

身体无毛算不上微不足道的特征，在生存价值方面也不是中立的。它适合水，不适合陆地。但它自发出现在陆地动物身上的情况屡见不鲜，不论是因为单纯的偶然性还是部分因为幼态持续的原因，每次都会很快地自生自灭。家猫繁育者们最近利用随机突变原理成功地培育出一种无毛的猫。这种突变体在野外也一定出现过，但如果能存活到发育期，就是不幸中的万幸。当然，类似的动物没有一种能够成功地发展成一个物种。

另外，无毛现象只是人类的显著特征之一，人类学家们对它的解释无法达成共识。如果它是一种偶然现象，那我们必然是地球上最偶然存在的生物。在植物王国、动物王国，新达尔文式的自然选择规律仍然普遍存在，仍然适用。那么，只因为一些偶然、巧合以及永远解不开的谜，就能断定它们不适合人类吗？为什么那些受人尊敬的科学家会沉湎于这样的争论怪圈，拒绝认真思考哈迪做出的选择？

它毫无神秘可言。哈迪第一次想到水生这一概念时大约在60年前，和达尔文一样，他也等了几十年才发表自己的论文。他说："我想得到教授这样的理想职位，想成为皇家学会的会员，但如果

---

① 指生物体具有的使其有可能生存和繁殖的可遗传特征。——译者注

坚持水生理论，一切都不可能实现。所以，坦率地说，我只能秘而不宣。"他的朋友曾恳求他："阿利斯特，阿利斯特，想想你的名誉吧！"最终，他将自己的理论公之于众，他在回忆人们最初的反应时说："上帝啊，我现在不敢再回到牛津去了。"

德斯蒙德·莫里斯无疑也承受了不小的压力。"这个传统的人类学家构建了人类进化的理论，却忽略了水生这一阶段，他感到有些愚昧，竟然会发生这样的事。他不希望多余的理论半路杀出，扰乱自己多年来在教室里轻松讲解的知识。要承认遗漏了这么重要的事件……实在太难了。阿利斯特·哈迪非常了不起，他是位极富想象力的科学家。他不是懦夫，和我想象中的学究气十足的科学家不一样。要知道，不折不扣的学术上的谨慎和学术上的怯懦之间有着本质的区别。"

然而，这种谨小慎微有时也会目的明确，表现在专业科学工作者既担心成为第一个为新理论喝彩的人，又担心成为最后一个表态的人。有时，今天被赞美为"无比正确"，最终可能会被认为是谬误，结果受到子孙后代的谴责。或许我们只需要一点耐心，我已经强烈地感到，大潮就要来了。

参考资料

Ardrey, Robert, *African Genesis*. Collins, 1961.
────── *The Social Contract: A Personal Inquiry into the Evolutionary Source of Order and Disorder.* Collins, 1970.
────── *The Territorial Imperative: A Personal Inquiry into the Animal Origins of Property and Nations.* Collins, 1966.
Argyle, Michael, *The Psychology of Interpersonal Behaviour.* Penguin Books, 1970.
Barnett, Samuel A., *Instinct and Intelligence: Behaviour in Men and Animals.* MacGibbon Kee, 1967.
Bell, Peter R., ed., *Darwin's Biological Work.* Cambridge University Press, 1959.
Bertram, Colin, *In Search of Mermaids: The Manatees of Guiana.* London, Peter Davies, 1963.
Brecher, Ruth, and Brecher, Edward, eds., *An Analysis of Human Sexual Response.* Panther Books, 1969.
Calder, Nigel, *The Mind of Man.* B.B.C., 1970.
Cannon, Walter B., *Bodily Changes in Pain, Fear, Hunger and Rage.* 2nd edition. College Park, Md., McGrath, 1970.
Carrington, Richard, *Elephants: A short Account of Their Natural History, Evolution and Influence on Mankind.* London, Chatto & Windus, 1958.
Chance, Michael R., and Jolly, Clifford, *Social Groups of Monkeys, Apes and Men.* Cape, 1970.
Comfort, Alex, *Nature and Human Nature.* New York, Harper & Row, 1967.
Darwin, Charles, *The Expression of the Emotions in Man*

and Animals. Chicago, University of Chicago Press, 1965.

De Vore, Irven, ed., *Primate Behaviour: Field Studies of Monkeys and Apes*. New York, Holt, Rinehart & Winston, 1965.

——— and Eimerl, Sarel, *Primates*. New York, Time-Life Books, 1965.

Huxley, Julian, *Evolution: The Modern Synthesis*. Allen & Unwin, 1963.

Kinsey, Alfred C., et al., *Sexual Behaviour in the Human Female*. Philadelphia, W. B. Saunders, 1953.

Kohler, Wolfgang, *The Mentality of Apes*. 2nd revised edition. Penguin, 1959.

Lee, Richard, B., and De Vore, Irven, eds., *Man the Hunter*. Chicago, Aldine-Atherton, 1968.

Lorenz, Konrad, *On Aggression*. Methuen, 1966.

Masters, William H., and Johnson, Virginia E., *Human Sexual Response*. J. A. Churchill, 1966.

Milne, Louis J., and Milne, Margery, *The Senses of Animals and Men*. New York, Atheneum, 1962.

Montagu, M. F. Ashley, ed., *Culture and the Evolution of Man*. Oxford University Press, 1962.

Morris, Desmond, *The Human Zoo*. Cape, 1969.

——— *The Naked Ape: A Zoologist's Study of the Human Animal*. Cape, 1967.

Read, Leslie, *The Sociology of Nature*.

Roe, Anne, and Simpson, George G., eds., *Behaviour and Evolution*. Yale University Press, 1958.

Smith, Homer W., *From Fish to Philosopher*. Boston, Little, Brown & Co., 1953.

Tiger, Lionel, *Men in Groups*. New York, Nelson, 1970.

Williams, Leonard, *Man and Monkey*. Deutsch, 1967.

新知
文库

01　《证据：历史上最具争议的法医学案例》[美] 科林·埃文斯 著　毕小青 译
02　《香料传奇：一部由诱惑衍生的历史》[澳] 杰克·特纳 著　周子平 译
03　《查理曼大帝的桌布：一部开胃的宴会史》[英] 尼科拉·弗莱彻 著　李响 译
04　《改变西方世界的26个字母》[英] 约翰·曼 著　江正文 译
05　《破解古埃及：一场激烈的智力竞争》[英] 莱斯利·亚京斯 著　黄中宪 译
06　《狗智慧：它们在想什么》[加] 斯坦利·科伦 著　江天帆、马云霏 译
07　《狗故事：人类历史上狗的爪印》[加] 斯坦利·科伦 著　江天帆 译
08　《血液的故事》[美] 比尔·海斯 著　郎可华 译
09　《君主制的历史》[美] 布伦达·拉尔夫·刘易斯 著　荣予、方力维 译
10　《人类基因的历史地图》[美] 史蒂夫·奥尔森 著　霍达文 译
11　《隐疾：名人与人格障碍》[德] 博尔温·班德洛 著　麦湛雄 译
12　《逼近的瘟疫》[美] 劳里·加勒特 著　杨岐鸣、杨宁 译
13　《颜色的故事》[英] 维多利亚·芬利 著　姚芸竹 译
14　《我不是杀人犯》[法] 弗雷德里克·肖索依 著　孟晖 译
15　《说谎：揭穿商业、政治与婚姻中的骗局》[美] 保罗·埃克曼 著　邓伯宸 译　徐国强 校
16　《蛛丝马迹：犯罪现场专家讲述的故事》[美] 康妮·弗莱彻 著　毕小青 译
17　《战争的果实：军事冲突如何加速科技创新》[美] 迈克尔·怀特 著　卢欣渝 译
18　《口述：最早发现北美洲的中国移民》[加] 保罗·夏亚松 著　暴永宁 译
19　《私密的神话：梦之解析》[英] 安东尼·史蒂文斯 著　薛绚 译
20　《生物武器：从国家赞助的研制计划到当代生物恐怖活动》[美] 珍妮·吉耶曼 著　周子平 译
21　《疯狂实验史》[瑞士] 雷托·U. 施奈德 著　许阳 译
22　《智商测试：一段闪光的历史，一个失色的点子》[美] 斯蒂芬·默多克 著　卢欣渝 译
23　《第三帝国的艺术博物馆：希特勒与"林茨特别任务"》[德] 哈恩斯—克里斯蒂安·罗尔 著　孙书柱、刘英兰 译
24　《茶：嗜好、开拓与帝国》[英] 罗伊·莫克塞姆 著　毕小青 译
25　《路西法效应：好人是如何变成恶魔的》[美] 菲利普·津巴多 著　孙佩妏、陈雅馨 译
26　《阿司匹林传奇》[英] 迪尔米德·杰弗里斯 著　暴永宁 译

27	《美味欺诈：食品造假与打假的历史》[英] 比·威尔逊 著　周继岚 译
28	《英国人的言行潜规则》[英] 凯特·福克斯 著　姚芸竹 译
29	《战争的文化》[美] 马丁·范克勒韦尔德 著　李阳 译
30	《大背叛：科学中的欺诈》[美] 霍勒斯·弗里兰·贾德森 著　张铁梅、徐国强 译
31	《多重宇宙：一个世界太少了？》[德] 托比阿斯·胡阿特、马克斯·劳讷 著　车云 译
32	《现代医学的偶然发现》[美] 默顿·迈耶斯 著　周子平 译
33	《咖啡机中的间谍：个人隐私的终结》[英] 奥哈拉、沙德博尔特 著　毕小青 译
34	《洞穴奇案》[美] 彼得·萨伯 著　陈福勇、张世泰 译
35	《权力的餐桌：从古希腊宴会到爱丽舍宫》[法] 让—马克·阿尔贝 著　刘可有、刘惠杰 译
36	《致命元素：毒药的历史》[英] 约翰·埃姆斯利 著　毕小青 译
37	《神祇、陵墓与学者：考古学传奇》[德] C.W. 策拉姆 著　张芸、孟薇 译
38	《谋杀手段：用刑侦科学破解致命罪案》[德] 马克·贝内克 著　李响 译
39	《为什么不杀光？种族大屠杀的反思》[法] 丹尼尔·希罗、克拉克·麦考利 著　薛绚 译
40	《伊索尔德的魔汤：春药的文化史》[德] 克劳迪娅·米勒—埃贝林、克里斯蒂安·拉奇 著　王泰智、沈惠珠 译
41	《错引耶稣：〈圣经〉传抄、更改的内幕》[美] 巴特·埃尔曼 著　黄恩邻 译
42	《百变小红帽：一则童话中的性、道德及演变》[美] 凯瑟琳·奥兰丝汀 著　杨淑智 译
43	《穆斯林发现欧洲：天下大国的视野转换》[美] 伯纳德·刘易斯 著　李中文 译
44	《烟火撩人：香烟的历史》[法] 迪迪埃·努里松 著　陈睿、李欣 译
45	《菜单中的秘密：爱丽舍宫的飨宴》[日] 西川惠 著　尤可欣 译
46	《气候创造历史》[瑞士] 许靖华 著　甘锡安 译
47	《特权：哈佛与统治阶层的教育》[美] 罗斯·格雷戈里·多塞特 著　珍栎 译
48	《死亡晚餐派对：真实医学探案故事集》[美] 乔纳森·埃德罗 著　江孟蓉 译
49	《重返人类演化现场》[美] 奇普·沃尔特 著　蔡承志 译
50	《破窗效应：失序世界的关键影响力》[美] 乔治·凯林、凯瑟琳·科尔斯 著　陈智文 译
51	《违童之愿：冷战时期美国儿童医学实验秘史》[美] 艾伦·M. 霍恩布鲁姆、朱迪斯·L. 纽曼、格雷戈里·J. 多贝尔 著　丁立松 译
52	《活着有多久：关于死亡的科学和哲学》[加] 理查德·贝利沃、丹尼斯·金格拉斯 著　白紫阳 译
53	《疯狂实验史Ⅱ》[瑞士] 雷托·U. 施奈德 著　郭鑫、姚敏多 译
54	《猿形毕露：从猩猩看人类的权力、暴力、爱与性》[美] 弗朗斯·德瓦尔 著　陈信宏 译
55	《正常的另一面：美貌、信任与养育的生物学》[美] 乔丹·斯莫勒 著　郑嬿 译

56	《奇妙的尘埃》[美]汉娜·霍姆斯 著　陈芝仪 译
57	《卡路里与束身衣：跨越两千年的节食史》[英]路易丝·福克斯克罗夫特 著　王以勤 译
58	《哈希的故事：世界上最具暴利的毒品业内幕》[英]温斯利·克拉克森 著　珍栎 译
59	《黑色盛宴：嗜血动物的奇异生活》[美]比尔·舒特 著　帕特里曼·J.温 绘图　赵越 译
60	《城市的故事》[美]约翰·里德 著　郝笑丛 译
61	《树荫的温柔：亘古人类激情之源》[法]阿兰·科尔班 著　苜蓿 译
62	《水果猎人：关于自然、冒险、商业与痴迷的故事》[加]亚当·李斯·格尔纳 著　于是 译
63	《囚徒、情人与间谍：古今隐形墨水的故事》[美]克里斯蒂·马克拉奇斯 著　张哲、师小涵 译
64	《欧洲王室另类史》[美]迈克尔·法夸尔 著　康怡 译
65	《致命药瘾：让人沉迷的食品和药物》[美]辛西娅·库恩等 著　林慧珍、关莹 译
66	《拉丁文帝国》[法]弗朗索瓦·瓦克 著　陈绮文 译
67	《欲望之石：权力、谎言与爱情交织的钻石梦》[美]汤姆·佐尔纳 著　麦慧芬 译
68	《女人的起源》[英]伊莲·摩根 著　刘筠 译

新知文库近期预告（顺序容或微调）

- 《无人读过的书：哥白尼〈天体运行论〉追寻记》[美]欧文·金格里奇 著　王今、徐国强 译
- 《大气：万物的起源》[美]加布里埃勒·沃克 著　蔡承志 译
- 《碳时代：文明与毁灭》[美]埃里克·罗斯顿 著　吴妍仪 译
- 《通往世界的尽头：跨西伯利亚大铁路的故事》[英]克里斯蒂安·沃尔玛 著　李阳 译
- 《纸影寻踪：旷世发明的传奇之旅》[英]亚历山大·门罗 著　史先涛 译
- 《黑色路：从里海到伦敦的石油溯源之旅》[英]詹姆斯·马里奥特、米卡·米尼奥—帕卢埃洛 著　黄煜文 译
- 《人类时代：被我们塑造和改变的世界》[美]迪亚妮·阿克曼 著　伍秋玉、澄影、王丹 译
- 《一念之差：关于风险的故事和数字》[英]迈克尔·布拉斯兰德、戴维·施皮格哈尔特 著　威治 译
- 《生命的关键决定：从医生决定到患者赋权》[美]彼得·于贝尔 著　张琼懿 译
- 《笑的科学：解开笑与幽默感背后的大脑谜团》[美]斯科特·威姆斯 著　刘书维 译
- 《小心坏科学：医药广告没有告诉你的事》[英]本·戈尔达克 著　刘建周 译
- 《南极洲：一片神秘大陆的真实写照》[美]加布里埃勒·沃克 著　蒋功艳 译
- 《上穷碧落：热气球的故事》[英]理查德·霍姆斯 著　暴永宁 译
- 《牛顿与伪币制造者：科学巨人不为人知的侦探工作》[美]托马斯·利文森 著　周子平 译

- 《共病时代:动物疾病与人类健康的惊人联系》[美]芭芭拉·纳特森—霍洛威茨、凯瑟琳·鲍尔斯 著 陈筱婉 译 吴声海 审订
- 《蒙娜丽莎传奇:新发现破解终极谜团》[美]让—皮埃尔·伊斯鲍茨、克里斯托弗·希斯·布朗 著 陈薇薇 译
- 《谁是德古拉·布莱姆·斯托克的血色踪迹》[美]吉姆·斯坦梅尔 著 刘芳 译
- 《竞技与欺诈:运动药物背后的科学》[美]克里斯·库珀 著 孙翔、李阳 译